华夏传统政治文明书系

传统士人的
家国天下

马平安 著

团结出版社

图书在版编目（ＣＩＰ）数据

传统士人的家国天下 / 马平安著. -- 北京 ：团结
出版社，2018.9
　　ISBN 978-7-5126-6250-6

　　Ⅰ．①传… Ⅱ．①马… Ⅲ．①思想史－研究－中国
Ⅳ．①B2

中国版本图书馆 CIP 数据核字 (2018) 第 073087 号

出　版：团结出版社
　　　　（北京市东城区东皇城根南街 84 号　邮编：100006）
电　话：(010) 65228880　65244790　（出版社）
　　　　(010) 65238766　85113874　65133603（发行部）
　　　　(010) 65133603（邮购）
网　址：http://www.tjpress.com
E-mail：zb65244790@vip.163.com
　　　　fx65133603@163.com（发行部邮购）
经　销：全国新华书店
印　装：三河市东方印刷有限公司

开　本：145mm×210mm　　　32 开
印　张：12.5
字　数：231 千字
印　数：5045
版　次：2018 年 9 月　第 1 版
印　次：2018 年 9 月　第 1 次印刷

书　号：978-7-5126-6250-6
定　价：39.80 元

序　言

　　"华夏传统政治文明"书系很快就要出版了，团结出版社的同志要我在前面说上几句话。

　　这四本书分别是：《走向大一统》《传统士人的家国天下》《政治家与古代国家治理》以及《晚清政治地图——十九世纪中期以来的中国和世界》。

　　四书的写作，既有个人文化使命担当的考量，也有新时代新气象召唤的使然。

　　一是梳理、总结中国政治智慧及政治文化资源的需要。中国是一个传统政治文化资源极其丰富的国度，上下五千年，政治智慧斑斓多彩。这是一份极其珍贵的文化遗产，需要国人去学习，去继承，去发展。这是中国文化走向世界，展现自己魅力的一份自信与实现中华民族伟大复兴不可或缺的一种动力。中国传统政治文化自有自己独特的魅力和特质。五千余年的历史长河，早已经铸就了极具东方特色的政治文化。这种政治文化从五帝时代开始，经过历代大浪淘沙，不断积累，不仅成为中华民族一笔巨大的文化财富，而且也成为世界政治文化的一份独特因子。它不仅是中国的，而且更是世界的。这笔财富必须继承，必须发展，更必须由人民大众来继承与发展，只有让人民大众皆知这笔财富之丰富、之重要、之价值，这笔财富才能够真正焕发出青春的活力，才能在中华民族伟大复兴中发挥它应有的、无可替代的巨大驱动作用。

二是新时代文化传播的形势发展和读者的学习需要。观现下图书市场，从通史角度对政治史概括和总结的书籍并不算多，尤其是尝试走出学术金字塔，力图从启蒙、普及、宣传、教化、通俗等角度尝试对五千余年中国传统政治文明进行梳理、分类、总结、扬弃，用大众学术精品思路铸就相关种类的书籍作品就更是寥寥。个人以为，学人的学术研究固然重要，但让自己学术成果走向大众，承担移风易俗、化育人心的责任，也同样具有十分重要的价值和意义。如果连中国古典文化、中国政治历史脉络大致是个怎样的状况，也因为研究者作品文字晦涩难懂而不能为广大民众所了解、所认可、所接受、所喜爱，不能由此登堂入室，学有所得，就不足以说明今日学术昌盛与文化发达。

三是源于本人的学术情怀及对大众学术门径的初步探索。古人治学，很注意在经济、义理、考据、辞章四个方向上同时着力，并不顾此失彼，相反倒是格局阔大，气象万千，文质彬彬，尽量在内容、意境、形式等方面追求尽善尽美，追求天人合一，追求修齐治平。这种文以载道，为天地立心，为生民立命，为万世开太平，为往圣继绝学的远大志向与目标，应该成为今日我辈努力的方向。大众学术作品就是在继承先人优秀文化传统的基础上，面向大众，服务大众，传递真善美，传递向上向善的价值观，让人们发现历史的美、文化的美、知识的美。就大众学术作品而言，首先，它应该是学术实践和思想思考的产物，是学术力与思想力的有机统一，应该是真实、严肃，充满正能量，具有感染力的东西。其次，它的服务对象应该是人民大众。这就需要它的形式、文字等要生动活泼，内容、逻辑等要深入浅出，而不是语言诘屈聱牙，内容抽象艰深而令人难学难懂。

就四书而言，各书内容虽然侧重点不同，但彼此之间又具有严格的内在联系，是对华夏传统政治文明的一种鸟瞰式的观察与小结。

《走向大一统》主要是从制度史角度对华夏早期政治文明史所作的一种简单的概括与梳理。

中国是一个传统政治文明积淀深厚的国度。大一统构成了这个地大物博、历史悠久、文化深厚的古老而常新的国度中传统政治文化的最大格局和最鲜明的符号与特征。

从中国现代政治的结构要素来看，中国现代政治与传统政治之间似乎没有直接的关系，其模式与建构成分主要来自西方所开启的现代政治文明体系，是工业化社会的产物。然而，我们不应忘记，中国现代政治是中国人自己建构起来的。尽管近代中国人在救亡形势下直接采取拿来主义，力图超越中国传统政治的价值观念与制度系统，但其所立足的政治和文化氛围仍然还是几千年延续下来的中国社会的文化体系及其价值观念等等。由此导致的一个尴尬现象是，在西方人的眼中，中国现代政治不是西方的正统模式，因而将之打入另册；而在现代中国人看来，中国现代政治不是从中国文明中自生自长出来的，是学来的，很多人也对之采取不痛不痒的态度。这种情况，就使得中国现代政治缺乏有效的自我认同与国际认同，它无法明晰地告诉世人：它是什么？从何而来？为何如此？价值何在？存在理由何在？这是当前中国政治史研究中所面临的一个难题。

就中国现代政治建构而言，人们固然可以依据现代化发展所带来的人的社会存在方式变化来探索、来建构、来说明。然而，它却无法摆脱中国人在几千年历史、社会与文化发展中所形成的独特族群存在方式及其文化价值观念的影响。对于从西周开始具有三千多年大一统的传统而言，中国人在现代国家建构中维系统一国家的行动与维系大一统的中华民族的行动是紧密联系在一起的。在传统中国，国家的统一与中华民族的大一统结构是相互影响、相互塑造、相互补充、相互促进、相互发展完善的一个和谐共生的过程，这使得中华民族大一统结构成为传统中国向现代国家转型所必须面对的现实基础和内在要求。对于传统中国社会来说，大一统既是一种政治形态，但同时也是中华民族得以生存和发展的组织形态及其文化心理形态。正是这种综合意义上的大一统，使得中国文明与中华民族能够延续、发展至今，并且还会不断地更加完善和发展下去。

《传统士人的家国天下》则是从思想史的角度对中国古代最著名的十二位思想家的主要思想进行简单的概括与介绍。

孔子是儒家学派的创始人。孔子的思想学说主要反映在《论语》《孔子家语》以及他所编定的"六艺"等书中。孔子的"仁""礼"政治思想及其高尚人生追求，他对夏商周三代文化的继承发展，他所提出的人生价值理念以及诸多解决社会问题的方案等等，都对后世的中国人影响至深至远。

孔子的学生曾参曾作《大学》一文，主张大学之道在明明德，在亲民，在止于至善。他提出人的修身实践路径——格物、致知、诚意、正心、修身、齐家、治国、平天下，至今仍为人们所尊奉、所实践。

孔子的孙子子思则在其祖父学问的基础上，进一步完善了"中庸"这条儒家最高的力行准则，要求人们注重"慎独"、立定"中"道，在好坏、快慢两个极端之间进行折中，做到不偏不倚，既不过分，也不要不及。中庸之道就是要求人们遵守社会的既定秩序，安于自己的社会地位，不做越位非分的事情。

像孔子一样，战国时期的儒家代表人物孟子也十分热衷政治事业，以一肩担承道统自任。为了推行儒家的政治主张，孟子曾周游列国，到过魏、齐、滕、鲁等国，极力游说他的"王道"和"仁政"的政治主张，虽然整个过程极其艰难坎坷，没有诸侯愿意采纳他的政治主张，但并没有击垮他的理想信念。孟子仕途不顺，最后退居讲学著书，"述仲尼之意，作《孟子》七篇"。他的思想，对后世也具有很大的影响。

荀子是战国时期继孟子稍后的另一位儒学大师。荀子以儒学为本，但并不以此为牢笼，而是博学广采，集诸子百家之所长，熔儒家的礼与法家的法为一炉，取儒法之精华，弃儒法之糟粕，别开天地，开后世历代君主专制治理理论之先河。他培养出像韩非与李斯这样对中国历史具有深远影响的学生，一位成为中国早期法家的集大成者，另一位则成为大秦帝国制度的草创者。

老子是道家学派的创始人。经过两千余年世界文化长河的大浪淘沙，《道德经》已经被证明是人类文化史上真正瑰宝之一，成为超越国界、人生修养必备的最重要的宝典之一。据有人统计，《道德经》在全球的销售量仅仅次于《圣经》，居第二位。老子思想与孔子思想一样，早已经成为中华民族文化传统中的最精髓部分。

　　韩非是中国古代法术势思想的集大成者。人们公认，他吸收了公孙鞅的"法"，申不害的"术"，慎到的"势"，同时又吸取了老子、荀子等人思想中的积极成分，经过个人熔铸和创新，使法、术、势三者有机地融合为一体，从而构成了中国法家完整的政治理论思想体系，其专著《韩非子》成为独具特色的中国帝王学的经典范本。

　　董仲舒是西汉时期著名的思想家、理论家。他上承孔子，下肩朱熹，对中国儒家学说的继承与发展起到了十分重要的承接作用。董仲舒以天为主导，以天人关系为轴心，以阴阳五行为材料，创造出一套以儒家学说为核心的，融合了先秦诸子思想的天人感应说、三纲五常说，并将它成功实践于国家政治与社会生活的各个领域。经过他的大力提倡，儒家学说成为汉帝国的官方意识形态，儒家学说也从此成为中国传统政治思想的主干，从汉至清，一直在中国思想界与官方的意识形态中处于统治的地位。

　　朱熹是中国古代著名的思想家、经学家，宋代理学的集大成者，南宋"闽学"的开山者。自元朝中期恢复科举制度后，朱熹的《四书集注》被定为官方科举考试的标准解释，朱熹理学作为官方意识形态主导思想的地位正式确立，直到1905年清廷废除科举制度，朱子之学统治中国思想界、教育界长达八百余年。

王阳明是中国心学的集大成者。他一生的活动，主要表现在两个方面：一是"破山中贼"；一是"破心中贼"。前者是指他消弭民间动乱、维护明王朝统治秩序的事功；后者是指其建立心学理论体系的学术成就。他以"辅君""淑民"为目的，在南宋陆九渊开创的心学基础上，发展和奠定了中国心学的理论体系。他精通儒、道、佛等诸家学说，是中国封建社会后期著名的哲学家、教育家、军事家、政治家，更是宋明心学的集大成者。

顾炎武是明末清初著名的思想家、学者。他在经学、史学、音韵、小学、金石考古、方志舆地以及诗文诸学等方面，皆有独到的建树。他为学以经世致用的鲜明旨趣、朴实归纳的考据方法、开辟榛莽的探索精神，以及他在众多学术领域的杰出成就，宣告了晚明空疏学风的终结，开有清一代朴学风气之先，是乾嘉汉学的"不祧之祖"。他提出的"天下兴亡，匹夫有责"的政治理念，成为激励中华民族奋进不息的精神力量。

黄宗羲则是明末清初著名的政治思想家。他提倡经世致用，于经史百家及天文、算术、乐律以及释、道无不用心研究，在学术上以"濂洛之统，综合诸家"，他的《明儒学案》《宋元学案》《明夷待访录》等鸿篇巨制，皆成为中国古代政治思想史上的不朽篇章。他的学说对曾国藩、毛泽东、蒋介石等皆有很大的影响。

《政治家与古代国家治理》是从管理史角度对中国古代十大政治家的核心政治智慧以及主要政治治理成就等方面进行初步总结和探讨。

周公是中国政治与文化史上一位极为重要的人物，谈中国传统的宗法制度、封建制度、礼乐文化，谈人文化成，谈儒家道统，都离不开周公。更为重要的是，周公对于中国传统文化价值体系的形成和发展，有着独特、杰出的贡献。他一生辅佐武王和成王，在政治上有大作为，在文化上有大开拓。他尊重传统，注意以史为鉴。他所开创的以德治国的治理模式以及早期人文主义精神，对后世中华文化传统及其政治治理都产生了极为深远的影响，为后世中国留下了不可磨灭的印记。

管仲是中国春秋时期一位杰出的政治家、思想家、军事家、改革家。他辅佐齐桓公治理齐国，在经济上，农商并重，使齐国成为当时各诸侯国中工商业最发达的国家。在政治外交上，他采取以法治国与尊王攘夷的政策，"九合诸侯，一匡天下"，帮助齐桓公建立了春秋早期的霸业。无论是在维护华夏文化之统绪，还是在创造华夏文化之新质等方面，他都做出了卓越的贡献。

商鞅是战国时期一位杰出的改革家。他以铁血手段与言必行、行必果的变法改革，开启了秦国统一天下大业的总枢纽。商鞅变法，无论对当时的秦国，还是对后世中国政治之变化，皆具有十分重要的影响。

秦始皇开创的中央集权帝国政治以及他所创制的若干重要政治制度，特别是皇帝制度、郡县制度、官僚制度等，对此后两千多年的中国政治发生了重要而深刻的影响。作为历史上第一个实现了统一的高度集权的秦帝国，其执政的理论基础即是法家的以吏为师、以法治国、以刑去刑、事皆决于法的基本思想，这为后世中国政治提供了一种颇具参考价值的治理模式。

刘邦是汉帝国的创立者。他承袭了秦帝国的全部国家制度，并且根据汉初的实际情况采用了黄老治国之道，在政治上、经济上采取清静无为、与民休息的治理政策，这不但让汉政权顺利实现了"秦果汉收"，而且还开创了中国帝制时代的第一个盛世——大汉盛世的到来。

汉武帝刘彻在位期间，北击匈奴，经营西域，设郡辽东，统一两粤、西南夷等地，使汉朝疆域版图超过了大秦帝国。更重要的是，汉武帝在治国理政诸多方面可谓开前人所未有。他罢黜百家独尊儒术，用儒家学说作为治理国家的指导思想，开创了中国思想界的大一统。在尊儒的同时，他又博采百家，重视法治。他的霸王道杂用之法，开创了后世统治者治术的百代之风。他所启动的古代丝绸之路，开创了中国与世界各国政治、经济、文化往来的先河。

唐太宗是继汉武帝之后中国历史上又一位杰出的政治家。

他统治时期，将三省六部制度高度完善，诸项治理措施得当而效果明显，国家政治清明、经济繁荣、百姓安居乐业、政绩可圈可点，他一手启动了大唐盛世。

宋太祖以文抑武，实行文官治国，代表了当时历史发展的正确方向。宋太祖的文治思想，其基本内涵就是将科举取士与文官政治相结合。他确立殿试制度，培养天子门生，压抑世家大族，改变武人政治，士大夫从此成为赵宋王朝统治大厦的基石与支柱。士大夫与皇帝共治天下构成赵宋王朝统治的主要特色，对后世中国的官僚政治影响很大。

张居正执政期间，面对明王朝出现的财政困难、政治腐败、边防松弛等状况，以其缜密而又远见卓识的谋略和果敢魄力，在政治、经济、军事等方面大刀阔斧地拨乱反正。通过他的强有力的改革，暂时解决了明王朝积重难返的一系列老大难问题。张居正的改革，就那个时代看，是非常成功的，改革也在一定程度上达到了富国强兵的目的。

康熙帝是中国历史上一位著名的政治人物。他在位六十年，文治武功兼备。文治方面，他奖励垦荒，轻徭薄赋，惩治贪污，以儒家思想治国；武功方面，他平定三藩，收复台湾，消灭噶尔丹反叛势力，进一步加强对西藏的管辖，将沙俄侵略势力赶出东北地区、实现中俄东端划界。他的业绩，为清王朝的强盛奠定了坚固的基础。

《晚清政治地图——十九世纪中期以来的中国和世界》则是从中国早期现代化史角度将中国置于世界变化发展的视野中来综合考察晚清政府的施政得失。

从秦始皇开创中华帝制，到十九世纪中期清王朝的统治出现严重危机，经过两千多年风风雨雨的侵蚀与打击，帝制这种政治运作模式已经存在太多的问题。不仅如此，屋漏偏逢连夜雨，就在传统中国政治正在寻求转型之际，以英国为首的西方列强已经完成了从农业社会到工业社会的转型，在坚船利炮开道下，他们将侵略的矛头指向了闭关锁国、自给自足的中国。在民族、国家前途出现重大生存危机的情况下，运用传统帝国制度的清政府又不能及时调整转型，对内不能革新，对外不能开放。最终，因为制度的缺陷与治理的不力，国人将全部过失清算在了帝制代表者的清政府身上，中华帝国制度也就随着清王朝的灭亡而退出了中国历史的舞台。

总结起来，清王朝统治之溃堤，从其内部来看，决非是一日之失。

清政府在1840年直至1912年在国策上所犯的错误主要有：

第一，昧于对世界大势的了解与掌握。自乾隆晚年起，面对西方国家一次又一次在政治、经济、外交上不断采取行动、意欲与中国进行沟通的现实，清政府抱着传统的夷夏观念不放，对世界形势缺乏清醒的认识，统治者不去积极了解世界已经变化了的形势，继续固步自封，结果一再丧失调整与发展自己的宝贵时机。孙中山说：世界潮流浩浩荡荡，顺之者昌，逆之者亡。观念落后，必然造成被动挨打的局面。

第二，缺乏自强自立的决心与恒心。面对西方列强的炮舰政策，清政府没有自强自立的一个长期决心，不去积极建设国防现代化、逐步改良政治、发展经济与文化，对外政策也只是以抚为主，以和为贵。真正认清世界形势的只有曾国藩、李鸿章等少数有眼光的地方督抚。他们虽然也发起过洋务自强运动，但由于不是中央政府的自发自强行为，其结果自然也就可想而知。晚清七十年，清政府的国防现代化始终没有真正启动起来。

第三，吏治腐败，权力基础癌变。晚清官场腐败黑暗，官吏做官的目的大多是求名求利，从中央到地方，没有人将国家振兴、百姓安足的事情放在心上。官员们只知贪财索贿，取宠保荣，维护国家基础的权力场已经彻底发生了病变。面对这种情况，清政府束手无策，最终官逼民反，致使统治者最终丧失了先辈们通过努力好不容易才在国民心目中建立起来的政治合法性资源。

第四，高层统治阶层争斗不停，严重削弱了自己统治的基础，最终引发了统治危机。从道光开始直到宣统时期，统治集团内部高层争斗不断。决策层不是团结一致共同对外，而是权力倾轧、利益集团崛起，这必然会引发统治混乱，从而给野心家们乱国乱政提供机会。

第五，在中央与地方关系问题上，基本上保持的是内轻外重的一种不正常的状态。经过太平天国运动、洋务运动与义和团运动，地方督抚逐渐侵夺了原本属于中央政府的诸多军政大权，尤其是经过曾国藩集团、李鸿章集团、袁世凯集团接力棒式的侵夺、腐蚀，清政府赖以维护统治的暴力工具如军队与警察最终为地方督抚及其他异己的利益集团所控制，这是引发清政府垮台的一个重要原因。

第六，利益集团的政治鼓荡。在改革过程中，清政府实际上并没有得到什么好处，相反，倒培养出了三个异己的利益集团。它们一个是以张謇为代表的国内立宪派集团。这个集团以新生的商人阶层与士大夫精英阶层为核心力量。另一个则是以袁世凯为代表的北洋军事官僚集团。这个集团以官僚阶层与军人阶层为根本。第三个是以留学生为首的各省新军团体。正是这三个利益集团不断的政治诉求与政治鼓荡，耗尽了大清帝国最后一点生存能量。因为对在清末新政过程中这三个新生的利益集团处置不力，最终导致三者在根本利益一致的情况下合流，并利用辛亥革命之机与革命党人联手推翻了清政府。

第七，最高统治者缺乏调整政策实现政治转型的应变能力。面对政治改革与对外开放所带来的一系列政治压力，清政府不是积极去根据国民的要求与形势的变化及时对政治体制进行必要、合理的调整，而是顽固守旧，能拖则拖，一再丧失其利用合法性资源及时实现政治转型的宝贵时机。虽然清政府在武昌起义后颁布了十九信条，宣布全面实现立宪，但正如雨后送伞，全然没有了任何的用处，最终民心尽失。

第八，高层满汉联盟的彻底破裂。清王朝的统治与历代王朝相比，明显有一个不同的特点，这就是清王朝是以满洲贵族为主体的满汉联盟的一代政权。清前中期这个政权所以能够从小到大，从弱到强，直至成为代表中国的合法性政权，关键之一就在于最高统治者深知满汉联盟的重要性。早期在统一过程中，满汉联盟起到了决定性的作用，但在彻底实现对全国统治的过程中，满汉地主阶级联盟的作用愈来愈大。特别是太平天国、义和团运动以后，清王朝的统治基础已经完全为汉人督抚所代替。到清末，汉人与满洲贵族联盟的代表只剩下了张之洞、袁世凯两个人。张之洞在1909年病逝，袁世凯则在1908年已被摄政王载沣罢黜回家。张之洞病逝与袁世凯被罢黜，标志着最高统治集团内部的满汉联盟彻底瓦解，表明清政府统治基础已经彻底崩溃，这就为以孙中山为首的革命党人的反清革命创造了良好的条件。

第九，清政府垮台于辛亥革命，但能够决定当时中国政治走向的力量却握在袁世凯集团的手中。辛亥革命为袁世凯重新翻盘提供了机会。没有辛亥革命，在皇权体制下，袁世凯很可能会终老于林泉。但没有袁世凯对清政府的背叛及其夺取政权的野心，辛亥革命的前途似乎也充满变数。此时的袁世凯重兵在握，他一手培植和始终暗中控制的北洋军是无人可以匹敌的，因为它本身就是清政府的依靠力量，而南方政权的军队又大多是临时组织而未经训练的新兵队伍，战斗力相对不强。可以这样说，当时只有袁世凯具有翻手为云、覆手为雨的力量，他也因此成为南北双方争相利用的抢手货。南方许其以临时大总统职位促其早日"反正"，以结束清王朝的专制统治；清政府则不得不屡次为其加官晋爵，以致使自己的命运完全捏在袁世凯的手中，为其彻底出卖自己提供了充分的条件。这个千载难逢或者说是古今中外历史上绝无仅有的"机遇"出现在袁世凯的面前，何去何从任由自便。既然清政府在1908年已经抛弃了袁世凯，在这个决定王朝命运的重大历史关头，袁世凯自然也就不会去做第二个曾国藩，用北洋军的力量去彻底平定革命派的反政府运动。这样，清政府垮台的命运最终也就不可避免。客观地说，清王朝与其说是被革命推翻的，倒不如说是因为维护自己统治的内部机制迅速烂掉而灭亡更为恰当。中外大量事实表明，堡垒往往是从内部攻破的，长于内斗、短于外争的政府是没有前途的。

总之，"华夏传统政治文明"书系是从总结政治和历史经验的角度，对中国数千年传统政治文明所作的一点简单梳理、概括和剖析，力图从中找出一点规律性、代表性的东西分享给大家，如其中能有一言片语为读者大众所接受、所运化，则笔者一片苦心即不算白费。写到这里，魏武帝曹操《短歌行》中的一句话忽然跳上心头："青青子衿，悠悠我心，但为君故，沉吟至今。"是啊！世间有做事之人，如管仲、商鞅；世间也有行教之人，如孔子、孟子。人生一世不能如草木一秋，总应该做点力所能及的事情，总应该让自己有所绽放才是。我辈不才，仰望圣人如观日月，力虽不逮，不等于只能空耗余生。小子狂妄，敢用李太白"天生我材必有用"、顾炎武"国家兴亡，匹夫有责"之言来勉励自己。值今日盛世年华，不用为衣食住行操心，更应该集中心力扬鞭奋蹄、致力耕读，以为民族文化继承和传播尽一份心，虽力不能至，然心向往之。

　　最后，四书只是笔者之谬言，不足之处在所难免，欢迎大家批评指正。

马平安

2018年夏于京西大有北里宿舍

目　录

第一章　孔子论政

孔子是儒家学派的创始人。

儒学是中国古代政治思想史上影响最为深远的学派，在春秋战国之时，也是诸子百家中最为重要的思想流派之一。关于儒家学派的特点，班固的《汉书·艺文志》中有个十分著名的概括："儒家者流……游文于六经之中，留意于仁义之际，祖述尧舜，宪章文武，宗师仲尼。"

孔子的政治思想学说，主要反映在他与其弟子及时人的谈话汇录《论语》一书中。孔子编定的"六艺"，也在一定程度上反映了他的政治思想。除此之外，《庄子》《韩非子》《吕氏春秋》《淮南子》《史记》《说苑》《韩诗外传》等书中也都多少涉及到孔子以及儒学的史料，这些都构成了我们今天研究孔子的主要文献史料。

一、孔子：一个乱世中的追梦人

孔子（约公元前 551—前 479 年），名丘，字仲尼，春秋鲁国陬邑（今山东曲阜东南）人。他是中国春秋末期的一位颇具特质的思想家和教育家，儒家学派的创始人。

孔子所处的时代，正是"邪说暴行有作，臣弑其君有之，子弑其父者有之"的礼崩乐坏的乱世。周公在西周开创时代所制定的宗法制度、分封制度、礼乐制度，发展到孔子的时代，已经弊端百出，人心思变。旧秩序无法适应时代发展的要求，新秩序还没有强有力的人或者大国诸侯能够有建立的能力。身逢这样的乱世，孔子感到忧心与尴尬。

孔子的远祖是宋国贵族，孔父为宋督所杀后，鲁桓公二年，其族避难于鲁。孔子出生在鲁国。鲁国为周公旦之子伯禽封地，对周代文物典籍保存完好，素有"礼乐之邦"之称，有"周礼尽在鲁"之说。鲁国文化传统与当时学术下移的情形对孔子思想的形成有着很大的影响。

孔子早年丧父，家境衰落。少时贫且贱，年轻时曾做过"委吏"（管理仓廪）与"乘田"（管放牧牛羊）。据孔子自述："吾少也贱，故多能鄙事。"①孟子也说他:"当为委吏矣,曰会计当而已矣。尝为乘田矣,曰牛羊茁壮长而已矣。"②孔子没有常师,而无所不师。史书所记,说他问礼制于老聃,问官制于郯子。他"入太庙,每事问"③。他还说:"三人行,必有我师焉。"④

虽然少年时期生活贫苦,但艰难困苦玉汝于成。艰难的生存环境催发了孔子的早熟。孔子十五岁即"志于学",博习诗书礼乐;到十七岁时,就由于"年少好礼",已经被鲁国大夫视为特别有发展前途的有为青年。

据司马迁在《史记·孔子世家》中记载:

> 鲁南宫敬叔言鲁君曰:"请与孔子适周。"鲁君与之一乘车,两马,一竖子俱,适周问礼,盖见老子云。辞去,而老子送之曰:"吾闻富贵者送人以财,仁人者送人以言。吾不能富贵,窃仁人之号,送子以言,曰:'聪明深察而近于死者,好议人者也。博辩广大危其身者,发人之恶者也。为人子者毋以有己,为人臣者毋以有己。'"

经过到东周洛邑的访学,孔子眼界大开。自周返鲁后,孔子

---

① 《论语·子罕》。
② 《孟子·万章下》。
③ 《论语·八佾》。
④ 《论语·述而》。

开始实现"三十而立"的人生规划，创办私学，授徒讲学，从此弟子稍益进焉。他主张"有教无类"，凡是能交纳"束脩"的，也就是真心实意想要学习的人，无论贵贱，他都收为弟子，所谓"自行束脩以上，吾未尝无诲焉"①。因为孔子办学有方，培养出了很多的有用之才，其办学也因此闻名遐迩。他早年所教的是六艺，也就是礼乐射御书数。这些知识，成为学生们从政干禄的本领。据《列子·周穆王》篇中记载，因为孔子所教，"鲁之君子多术艺"。春秋时期，孔子创设私学，打破了"学在官府"的传统，进一步促进了当时学术文化的下移。

鲁昭公二十五年（前517年），鲁国内乱，孔子离鲁至齐，企图致仕。因为齐国当权大夫的排挤，孔子在齐三年不得志，遂又返鲁，退而修诗书礼乐，弟子弥众，从远方来求学的，几乎遍及东方各诸侯国。

鲁定公九年（前501年），孔子五十一岁，才有机会见用于鲁，被任为中都宰。"行之一年，四方则之。"遂由中都宰升迁至司空，再升为大司寇。他企图实现中央集权，从朝中既得利益集团的手中夺回权力归鲁国国君，失败后匆匆离鲁流亡。

表面上看，孔子离开鲁国，是因为齐人恐鲁强而并己，乃馈女乐于鲁定公与季桓子的缘故。季桓子受齐女乐，三日不听政。

---

① 《论语·述而》。

实则是因为鲁国当权派不容孔子。孔子政治抱负难以施展，遂带领颜回、子路、子贡、冉有等十余弟子离开"父母之邦"，开始了长达十四年之久的周游列国的颠沛流离生涯。

孔子短暂致仕这段经历，司马迁在《史记·孔子世家》中有所记载。他说：

> （孔子）与闻国政三月，粥羔豚者弗饰贾；男女行者别于涂；涂不拾遗；四方之客至乎邑者不求有司，皆予之以归。
>
> 齐人闻而惧，曰："孔子为政必霸，霸则吾地近焉，我之为先并矣。盍致地焉？"黎锄曰："请先尝沮之；沮之而不可则致地，庸迟乎！"于是选齐国中女子好者八十人，皆衣文衣而舞康乐，文马三十驷，遗鲁君。陈女乐文马于鲁城南高门外，季桓子微服往观再三，将受，乃语鲁君为周道游，往观终日，怠于政事。子路曰："夫子可以行矣。"孔子曰："鲁今且郊，如致膰乎大夫，则吾犹可以止。"桓子卒受齐女乐，三日不听政；郊，又不致膰俎于大夫。孔子遂行，宿乎屯。而师己送，曰："夫子则非罪。"孔子曰："吾歌可夫？"歌曰："彼妇之口，可以出走；彼妇之谒，可以死败。盖优哉游哉，维以卒岁！"师己反，桓子曰："孔子亦何言？"师己以实告。桓子喟然叹曰："夫子罪我以群婢故也夫！"

孔子离鲁是年，已经五十五岁。孔子一行先至卫国，始受卫灵公礼遇，后又受到监视，恐获罪，适于陈。途中被围困五日。解围后欲至晋，因晋内乱，只得又返卫。卫灵公怠于政，不用孔子。孔子并没有放弃希望，他说："苟有用我者，期月而已，三年有成。"①后卫国内乱，孔子离卫经曹至宋。宋司马桓魋欲杀孔子，孔子微服过宋经郑至陈，是年孔子六十岁。其后孔子往返陈、蔡多次，曾"厄于陈、蔡之间"。据《史记·孔子世家》记载：因楚昭王来聘孔子，陈、蔡大夫围孔子，致使绝粮七日。解围后孔子至楚，不久楚昭王死，孔子并未得到楚国的重用。六十八岁那年，孔子重返鲁国。孔子归鲁后，鲁人尊以"国老"，初鲁哀公与季康子常以政事相询，但终不被重用。孔子晚年致力于文献整理和学术教育。鲁哀公十六年（前479年）孔子卒，葬于鲁城北泗水之上。

　　孔子晚年潜心于讲学授徒和整理古代文献。相传他弟子三千，贤人七十又二。对于古代文献，孔子的学术旨趣是"述而不作"，对古典文献只是整理而不是创作。据《庄子·天运篇》中记载，孔子谓老聃曰："丘治《诗》《书》《礼》《乐》《易》《春秋》六经，自以为久矣，孰知其故矣；以奸者七十二君，论先王之道而明周、召之迹，一君无所钩用。甚矣夫！人之难说也，道之难明也？"老子曰："幸矣，子之不遇治世之君也！夫六经，先王之陈迹也，岂其所以迹哉！今子之所言，犹迹也。夫迹，履

---

① 《论语·子路》。

之所出，而迹岂履哉！"如果孔子与老子的这段对话可信的话，那么所谓儒家六经，就是先王之陈迹，是先王嘉言懿行的档案记录，故而这些记录使人只知其然，而不知其所以然。换言之，所谓经，并不出之于一人之手，孔子所编六经，实际上都是先王们形成的档案文件，这是将儒家经典称之为经的最早记录。

孔子是儒家学派的创始人。儒学是中国古代政治思想史上影响最为深远的学派，在春秋战国之时，也是诸子百家中最为重要的思想流派之一。关于儒家学派的特点，班固的《汉书·艺文志》中有句十分著名的概括："儒家者流，……游文于六艺之中，留意于仁义之际，祖述尧舜，宪章文武，宗师仲尼。"

孔子的政治思想学说，主要反映在他与其弟子及时人的谈话记录《论语》一书中。他编定的六经，也在一定程度上反映了孔子的政治思想，所有这些都构成了我们今天研究孔子的主要文献史料。

孔子在政治文化上继往开来，终成一代至圣。

太史公曰：诗有之："高山仰止，景行行止。"虽不能至，然心向往之。余读孔氏书，想见其为人。适鲁，观仲尼庙堂车服礼器，诸生以时习礼其家，余祗回留之不能去云。天下君王至于贤人众矣，当时则荣，没则已焉。孔子布衣，传十余世，学者宗之。自天子王侯，中国言六艺者折中于夫子，可谓至圣矣。

二、法乎上：大同世；法乎中：小康世

政治理想是政治思想家们对理想社会的美好设计与描绘，是对社会政治终极走向的一种价值性的判断和确定，具有普遍性的意义。政治理想制约着政治思想体系的价值取向和理论构架，所以，把握政治理想对于理解政治思想十分重要。

能不能提出一个政治理想国理论和具有普遍意义的政治原则，是衡量能否成为政治思想家的一个基本标准。西方柏拉图的理想国是拥有智慧、勇敢、节制和正义这四种美德的"公正"之国。孔子的理想国则可以称为"有道之世"。"有道之世"的理想国是针对"无道"现实而发，最高境界包括"大同"和"小康"两个层次。

孔子的政治理想，概括起来具有以下几个基本特征：

首先，孔子的理想国是大一统的君主国家。

《礼记·坊记》载孔子言：

> 天无二日，土无二王，家无二主，尊无二上。

在大一统的君主国家里，天子享有至高无上的权力，国家的

一切政事出自天子："天下有道，则礼乐征伐自天子出；天下无道，则礼乐征伐自诸侯出。"①春秋时"礼乐征伐自诸侯出"，正是天下无道的糟糕表现。

孔子说："自诸侯出，盖十世希不失矣；自大夫出，五世希不失矣；陪臣执国命，三世希不失矣。天下有道，则政不在大夫。天下有道，则庶人不议。"②孔子对这种极不正常的现象非常反感，站在大一统的立场，他主张恢复周礼，恢复到周公定制的大一统政治秩序。

其次，孔子的理想社会有着严格的等级制度管理。

严格的社会等级制度是稳定的社会秩序的重要保障，正如司马谈在《论六家要旨》中所指出的，儒家有些地方尽管迂腐繁琐，"然其序君臣父子之礼，列夫妇长幼之别，不可易也"③。"贵贱有等，衣服有制，朝廷有位，则民有所让。"④在严格的等级制度上，建立安定的统治秩序，"目巧之室，则有奥阼，席则有上下，车则有左右，行则有道，立则有序"⑤；这样的社会，任何的僭越行为都是不允许的，"天下有道，则政不在大夫；天下有道，则

---

① 《论语·季氏》。
② 《论语·季氏》。
③ 《史记·太史公自序》。
④ 《礼记·坊记》。
⑤ 《礼记·仲尼燕居》。

庶人不议"。从天子到庶人，每一等级都必须谨于职守，不在其位，不谋其政。

再次，孔子的政治理想追求道德完善、上下和谐。

在孔子看来，尽管有道社会等级分明，但各个等级之间应该是和谐的。有道社会里，君臣之间，"君使臣以礼，臣事君以忠"①。君民之间，君对民以爱，民事君以敬，凡民有丧，君则扶服救之。君臣上下之间待人以仁让，克己以中和，和谐相处。这是一个君贤民和、上下有序、社会稳固、道德完善的理想社会。

孔子的"有道之世"的理想国是针对"无道"之现实而发的，"有道之世"的最高境界包括"大同"和"小康"两个层次。

《礼记·礼运》篇中记载了孔子所推崇的"天下为公"的大同理想：

> 大道之行也，天下为公，选贤与能，讲信修睦。故人不独亲其亲，不独子其子。使老有所终，壮有所用，幼有所长，鳏寡孤独废疾者，皆有所养，男有分，女有归。货恶其弃于地也，不必藏于己；力恶其不出于身也，不必为己。是故谋闭而不兴，盗窃乱贼而不作，故外户而不闭，是谓大同。

这个理想国的总纲是"天下为公"，这是一幅以原始公有制

① 《论语·八佾》。

社会为摹本而设计出来的理想社会蓝图,其间人们对远古社会美好的回忆清晰可辨。在这个理想社会里,财产公有,政治民主,人人各尽其能,人与人之间平等、博爱,各得其所,社会安定,没有盗贼,也没有战争,一派安定和谐的景象。

这个天下大同的理想社会,不是发思古之幽情,更不是要求历史倒退,它表达了孔子对"礼崩乐坏""天下无道"的现实的不满和批判,也寄寓了孔子对美好社会的向往与憧憬。

大同,是儒家政治大一统追求的最高目标。

儒家的"大同"理想,不仅是对人类公平、正义和美好社会的追求,而且也是对政治社会合理性、合法性的高层面的期冀。这一政治理想,曾经对中国社会与历史产生过深远的影响。自孔子提出"大同社会"方案以后,"大同"便成了一个令先贤圣哲上下求索的社会理想,一个令志士仁人前仆后继的世代憧憬,一个令炎黄子孙魂牵梦萦的千年情结。

大同世界,也是近现代中国人追求的最高目标。

从康有为到孙中山再到毛泽东,近代先进的中国人一直没有停止其追求的步伐。戊戌变法前,康有为著《新学伪经考》《孔子改制考》。他说,人类社会是依"据乱世"——"小康世"——"大同世"循序渐进的。一人专制是据乱世,君主立宪是小康世,民主共和是大同世。他认为这是孔子的真经,以此为其变法维新提供理论根据。中国民主革命的先行者孙中山也把《礼

运》篇中的大同世界作为自己为之终生奋斗的社会理想的最高
形式。

1935 年 10 月，一代伟人毛泽东在其《念奴娇·昆仑》一词
中大笔一挥：

> 横空出世，莽昆仑，阅尽人间春色。飞起玉龙三百万，
> 搅得周天寒彻。夏日消溶，江河横溢，人或为鱼鳖。千秋功罪，
> 谁人曾与评说？
>
> 而今我谓昆仑：不要这高，不要这多雪。安得倚天抽宝剑，
> 把汝裁为三截？一截遗欧，一截赠美，一截还东国。太平世界，
> 环球同此凉热。

彻底改造人类社会，实现共产主义的大同梦想，毛泽东的气
势栩栩然跃上纸面。

世界大同，今日似乎尚遥不可及，与“大同”等而下之的便是
“小康”社会。

《礼记·礼运》篇接下来描述道：

> 今大道既隐，天下为家。各亲其亲，各子其子，货力为己。
> 大人世及以为礼，城郭沟池以为固。礼义以为纪：以正君臣，
> 以笃父子，以睦兄弟，以和夫妇，以设制度，以立田里，以
> 贤勇知，以功为己。故谋用是作，而兵由此起。禹、汤、文、

武、成王、周公，皆由此其选也。此六君子者，未有不谨于礼者也。以著其义，以考其信，著有过，刑仁讲让，示民有常。如有不由此者，在势者去，众以为殃。是谓小康。

儒家所讲的小康社会则是夏、商、周三代的"天下为家"的理想社会。

在这样的社会里，尽管大道已隐，但城池坚固，以"礼义"来维系君臣、父子、兄弟夫妇之间的关系，人们谨慎地依礼法行事，并且用礼来表明道义，考查诚信，辨明过错，效法仁爱，讲求谦让，向民众昭示为人做事的常规。如果有不遵守这种礼法常规的人，即使是执掌权力者，也要撤职去位，被民众视为祸殃。可见，孔子的所谓"小康"是一种礼法完备、赏罚严明、秩序井然、君主圣贤、人人和谐相处的社会状态。在这种社会中，虽然人们"各亲其亲，各子其子，货力为己"，但是，毕竟礼法整肃，赏罚有度，诚信仁爱，谦恭礼让，帝王亦谨行其礼，民众皆遵守常规，违背礼法者，一律加以处罚，即使是当权者也不例外。在孔子所处的时代，这无疑也是一种理想的社会模式。①

---

① 丁小萍著：《中国古代政治智慧》，浙江大学出版社2005年版，第33—35页。

三、主张仁，讲求礼

仁与礼是孔子政治思想的两大支柱。

孔子将治理国家与人际关系的处理作了较好的结合，把人际关系概括为君臣、父子、兄弟、朋友四个方面，夫妇问题基本没有涉及。如何处理好人际关系，他用过许多概念，如仁、义、礼、智、信、温、良、恭、俭、让、忠、恕、孝、悌等等，要之，还是以仁、礼为总纲，以此上升为他的治国理政纲领。

第一，仁是孔子的伦理政治之本，是孔子的最核心的政治精神。

"'仁'这一个词在孔子以前已广泛应用，但作为哲学范畴的提出，是从孔子开始的。"[①]

春秋时，人们把亲敬尊长、爱众庶、忠君主皆称为仁。孔子把春秋时期仁的观念发展为系统的仁学。

据杨伯峻先生在《论语译注》一书中统计，在《论语》中，孔子讲"仁"的地方共 109 次，讲礼的地方出现了 75 次。孔子提出"仁"的概念可以说是他全部思想的核心，它是"礼"的根本内涵，是伦理道德的基本依据，是做人的根本道理，是人们应该追求的最高境界。在《论语》中，孔子从各个角度论述了仁的本质、含义、

---

① 任继愈主编：《中国哲学史》第一册，人民出版社1963年版，第72页。

致仁的方法。

大致来说，"仁讲的是处理人际关系的精神指导，要之可归纳为三点，即克己、爱人、复礼"①。

仁主要包括以下几方面的内容：

仁，指的是血缘关系范围内的"爱亲"。"爱亲"是仁的一个最基本的规定。

早在孔子之前，就已有"为仁者，爱亲之谓仁"②的说法；而在孔子之后，孟子也曾指出："亲亲，仁也。"③《中庸》里说："仁者人也，亲亲为大。"《说文》则直接把仁定义为"亲也"。所谓亲也、亲亲、爱亲等等，都是指在一定血缘关系范围内人们之间的相亲相爱的一种秩序状态。

孔子把"爱亲"作为仁最基本的含义，并视其为仁之本质与根本。《论语·学而》里有一个经典的表达："君子务本，本立而道生。孝弟也者，其为仁之本与！"基于血缘的爱亲，是仁之根本。反之，就是不仁。《论语·阳货》中孔子斥责认为三年之丧太长的弟子宰我说："予之不仁也！子生三年，然后免于父母之怀。夫三年之丧，天下之通丧也。予也有三年之爱于其父母乎！"

① 刘泽华、葛荃主编：《中国古代政治思想史》，南开大学出版社2011年版，第34页。
② 《国语·晋语一》。
③ 《孟子·告子下》。

孔子的仁以"孝弟"为本，而又不局限于爱亲。他把基于血缘之爱的仁扩展到爱无血缘关系的其他人。所谓仁者，爱人也。《论语·颜渊》里载："樊迟问仁，子曰爱人。"《论语·学而》提倡："泛爱众，而亲仁。"仁的最高境界是"博施于民，而能济众"。

但是，孔子的泛爱众，不是无差别的平等之博爱。他的仁者爱人，强调爱有差等。他主张根据人与人之间血缘关系的远近和政治地位的尊卑，爱人要有差等。如君对臣之爱，符合礼即可，所谓"君使臣以礼"，而臣对君之爱，则表现为忠，所谓"臣事君以忠"。因尊卑不同，爱应有差等。同样，因血缘远近，爱也应有程度之别。

仁表现在外，就体现为五种品质。《论语·阳货》里，子张问孔子什么是仁，孔子曰："能行五者于天下为仁矣。"子张请问是哪五种品德，子曰："恭、宽、信、敏、惠。恭则不侮，宽则得众，信则人任焉，敏则有功，惠则足以使人。"

如何行仁？孔子提出了由己及人的践行方法。当子贡请教他："有一言可以终身行之乎？"孔子回答："其恕乎！己所不欲，勿施于人。"[①]"夫仁者，己欲立而立人，己欲达而达人。能近取譬，可谓仁之方也已。"[②]"己所不欲，勿施于人"是恕，"己欲

---

① 《论语·卫灵公》。
② 《论语·雍也》。

立而立人，己欲达而达人"是忠。孔子的弟子曾参曾经总结说："夫子之道，忠恕而已矣。"①

孔子的忠恕即从眼前的事情推及其他，从自身推及别人的实践仁道的方法。忠在尽己，恕以及人。孔子的己立己达，是忠；立人达人，是恕。孔子认为，忠恕，可以做到，却不容易推行。如果真正能行忠恕之道，则"违道不远"，可成圣人了。君主能践行，不仅本人可以成为圣人，而且能成就王道政治。

关于如何践仁，孔子还提出了另一个重要的命题："克己复礼为仁。一日克己复礼，天下归仁焉。为仁由己，而由人乎哉？"②在这里，复礼是行仁的最终目的，而克己则是复礼之必由途径。

在《论语》里，孔子从各个角度来谈如何"克己"。

"修己"是其中一途。子路问什么叫君子，孔子的答案是"修己以敬"，"修己以安人"，"修己以安百姓"③。

"约"则是孔子提出的另外一重要方法。他说："以约失之者鲜矣。"④意思是以礼约束自己，所犯错误就会减少。他又说："君子博学于文，约之以礼，亦可以弗畔矣夫！"⑤颜渊说："夫

---

① 《论语·里仁》。
② 《论语·颜渊》。
③ 《论语·宪问》。
④ 《论语·里仁》。
⑤ 《论语·雍也》。

子循循善诱人，博我以文，约我以礼。"①颜回就是约束自己的典型，所以孔子盛赞道："贤哉，回也！一箪食，一瓢饮，在陋巷，人不堪其忧，回也不改其乐。贤哉，回也！"②

"自戒"是克己的又一种方式。孔子说："君子有三戒：少之时，血气未定，戒之在色；及其壮也，血气方刚，戒之在斗；及其老也，血气既衰，戒之在得。"③《论语·学而》里说："君子食无求饱，居无求安，敏于事而慎于言，就有道而正焉，可谓好学也已。"这也是教人"自戒"。

孔子还提倡"自讼""自省"和"自责"，其意仍在于克己。子曰："见贤思齐焉，见不贤而内自省也。"④《论语·学而》里，曾子把这个问题讲得更清楚，"吾日三省吾身：为人谋而不忠乎？与朋友交而不信乎？传不习乎？"在《论语·卫灵公》里，孔子说："躬自厚而薄责于人，则远怨矣。"因此，对于当时人少有自我检讨的情形，孔子感慨良多："已矣乎！吾未见能见其过而内自讼者也。"⑤

除此之外，《论语》中还多次讲到"慎言"与"慎行"，

---

① 《论语·子罕》。
② 《论语·雍也》。
③ 《论语·季氏》。
④ 《论语·里仁》。
⑤ 《论语·公冶长》。

这也算是克己的方式。尤其是，孔子还讲到一种极端克己的方式——"无争"。《论语·八佾》里说："君子无所争。"《论语·卫灵公》里说："君子矜而不争。"《论语·泰伯》里曾子说："犯而不校"，即便别人触犯自己也不去计较。

由此可见，在孔子看来，把克己的精神用于对人就是忠恕，就是爱人。孔子的仁是指一个人内在的道德品质，它源于血缘之亲，立足于自我，以反身求己的实践为根本。所以，孔子在谈到为人处世的准则时说："为人由己，而由人乎哉？"[①]克己、爱人、复礼形成三位一体，内在精神修养与外在行为规范相互制约、相互补充。孔子由此把高尚和平庸、内美和外辱、精神满足与自我约束高度统一起来，成为统治者最理想的伦理原则。

第二，礼是孔子的伦理政治的实体。

礼讲的是处理人际关系的行为规范。"在实践活动中，孔子的礼是人的界碑。"[②]孔子所要实行的礼，基本是周礼，正如他自己所讲："周监于二代，郁郁乎文哉！吾从周。"[③]孔子认为他生活的时代是"天下无道"的时代，"有道"时代是西周。由于周礼已衰，而自己对春秋以来的礼崩乐坏又十分不满，故而孔子提

---

① 《论语·颜渊》。

② 刘泽华著：《中国政治思想史集》第一集，人民出版社2008年版，第229页。

③ 《论语·八佾》。

出了"复礼"① 的主张，并且以此作为他终身的使命。

孔子认为，做一个合格的统治者，必须在思想上行动上符合周礼的规定。

把礼作为治国之经纬，是西周以来的传统思想。孔子的政治思想继承了这一点，认为礼是治国之本。"为国以礼"② 集中表达了孔子对礼在政治中的地位和作用的认识。孔子一生很大一部分时间都用在恢复周礼的上面。在他看来，恢复周礼的政治措施即是"正名"，恢复周礼的思想保证是贯彻仁的原则。孔子信而好古，对传统礼乐文化有渊博的学识和精深的研究。孔子自称"吾从周"，他关于礼的思想是对周礼的全面继承，同时又有所损益。《论语·为政》里，子张问今后十世的礼仪制度是否可知，孔子答道："殷因于夏礼，所损益，可知也；周因于殷礼，所损益，可知也。其或继周者，虽百世，可知也。"在实践中，他也的确有过损益。《论语·子罕》里说："麻冕，礼也。今也纯，俭，吾从众。"意思是说，帽子用麻织，本来是礼的规定，可是现在人们都用丝织品，比用麻织品节省。我也从众，改用丝织，因为这合乎孔子所说的"与其奢也，宁俭"③ 的原则。

---

① 《论语·颜渊》。

② 《论语·先进》。

③ 《论语·八佾》。

礼在西周作为行为规范，已经具有道德准则和社会政治制度的双重含义。礼在孔子那里同样具有双重性。一方面，礼是社会生活必须遵守的道德规则。孔子要求处处以礼为规范，"博学于文，约之以礼"，要求"非礼勿视，非礼勿听，非礼勿言，非礼勿动"[①]。因为在他看来，"不学礼，无以立"[②]。"不知礼，无以立也。"[③]所以，孔子对遵礼的要求十分严格，有时甚至达到刻板和迂腐的程度。《论语·八佾》记载："子贡欲去告朔之饩羊。子曰：'赐也！尔爱其羊，我爱其礼。'"古代秋冬之时，周天子向诸侯颁发第二年的历书，诸侯接受历书后，把它藏于祖庙。每月初一，杀一只活羊到祖庙祭祀，然后回朝廷听政。这种仪式称"告朔"。举行这种仪式时所用的羊称"饩羊"。当时鲁国君主既不亲自去告朔，也不听政，只是让有关部门杀一只活羊应付了事。子贡想去掉这种有名无实的形式，把杀羊一事也免了。孔子则认为，尽管如此，保留这种形式还是比去掉的好。所以，孔子看到子贡欲去其羊，颇为感慨。

另一方面，礼不仅是社会生活中的行为规范，而且还是个政治规范。为君者好礼，就能治理好民众，"上好礼，则民莫敢不

---

① 《论语·里仁》。
② 《论语·季氏》。
③ 《论语·尧曰》。

敬"①；"上好礼，则民易使也"②。孔子甚至把礼提高到治理国家的根本政治制度的重要地位上，"为政先礼，礼，其政之本欤"③？把礼视为"政之本"。

第三，在仁与礼的关系问题上，仁为礼的内在精神，礼是仁的外在表现。

仁是基于血缘之亲而扩展的内在的道德品质，礼则是外在的行为规范和社会政治规范。两者既相互区别，又相辅相成，共同构成孔子政治思想的两个核心概念。

首先，仁重自律，礼在他律。前者作为一种道德品性，重在自我修养，所谓"君子求诸己，小人求诸人"④。后者作为外在规范，强调遵守。

其次，仁是礼的内在精神，礼是仁的外在表现。孔子认为："人而不仁如礼何？人而不仁如乐何？"⑤如果没有仁的内在品质，就不可能使自己的视听言动都符合礼的规范。仁学，是在"礼崩乐坏"的背景下产生的。三代以来的礼乐文化，到了春秋之时，已逐渐难以维系人心，礼作为外在的规范和制度也已废弛，社会陷

---

① 《论语·子路》。
② 《论语·宪问》。
③ 《礼记·哀公问》。
④ 《礼记·卫灵公》。
⑤ 《论语·八佾》。

入无序状态。孔子在这样的背景下为礼这种外在的硬性规范找到了一个内在的支撑点。

再次，仁是礼的最高境界，礼是实现仁的途径。如前所述，"克己复礼为仁，一日克己复礼，天下归仁焉"。孔子主张通过礼的节制，达到天下归仁的境界。人的言行视动，都在礼的约束下，才是归仁的途径。礼则是仁的政治目标。

最后，仁与礼结合，实际上是血缘关系与社会等级关系的结合，人道与政治的结合。仁是一种伦理观念和品德，礼是一种伦理规范和政治制度。一方面，用道德的力量来促进和约束人们遵守礼制；另一方面，可利用礼制的强制力量来保证仁德的修行。复礼和归仁互为因果，最终达到维护西周以来的宗法等级秩序的政治目的。[①]

四、中庸和执中

孔子不只是以政治和伦理原则教人，他更主张在实际政治与社会生活中培养人"中庸之道"的思维方式。

孔子的政治思维方式即中庸之道。

[①] 丁小萍著：《中国古代政治智慧》，浙江大学出版社2005年版，第35—39页。

　　"中庸之道"是儒家思想的重要组成部分，它不仅仅是一个道德范畴，还是儒家思想最高的道德准则和思维方式，决定着儒家如何处理政治关系和作出政治决策。

　　"中庸"是孔子提出来的，"中庸之为德也，甚至矣乎！民鲜久矣！"[①]孔子提出的中庸继承自古代圣贤"中"的思想。《论语》记载道："尧曰：'咨！尔舜！天之历数在尔躬，允执厥中。四海困穷，天禄永终。'舜亦以命禹。"[②]尧禅让帝位给舜时告诫说，舜呀！天让你坐上帝王的位子，你治国爱民要一视同仁，做到公平、公正。如果四海的人民都很穷困，你的帝位就坐不成了。舜禅让帝位时也这样告诫禹。这里的中是公正、公平的意思。孔子把尧舜的治国方针推广到人们处事的一切言行，首次提出了中庸的概念。孔子之孙子思记录了孔子在这方面的论述，并将之传于孟子，辑成一书名曰《中庸》。《中庸》亦被后人推崇为"实学"，被视为人们可以终身享用的儒学经典。

　　那么，什么是中庸呢？

　　中庸有几层基本含义：

　　第一，是用中、执中、中正。

　　在孔子看来，中是礼，用中、执中，就是符合礼。用中，即

---

① 《论语·雍也》。
② 《论语·尧曰》。

是坚持原则。孔子处处事事都以礼分是非，臧否人物。他提出"非礼勿视，非礼勿听，非礼勿言，非礼勿动"[1]的政治原则，分明就是证明礼与中是一致的。

中庸之道要求人们按照一定的道德原则和规范，自觉地调节个人的思想感情和言论行动，使之不偏不倚，无过无不及，严格保持在儒家规定的道德规范所许可的范围之内。所以，中庸的这层含义指的是不偏不倚以礼为言行准则，即坚持原则的意思。

在孔子看来，当时的政治是偏险不正的，何以正之？他主张用仁义正之。孔子惶惶然奔走于列国，就是试图以仁义以匡正之，匡正而不得才退而著述讲学。用中之道、中正之道是其后儒家从道不从君，坚持仁义的最高原则的理论依据和渊源。

第二，孔子从日常生活到政治行为，一再提出要避免"过"与"不及"。中庸不仅是一种为人处世要坚持原则的观念，还是一种方法论。这种思维方法认为"过"和"不及"都是不对的，因为他们都不符合"中"的标准。作为一种重要的决策原则和方法，中庸之道反对做事走极端，主张任何事情都要遵循一个适当的标准"度"。"过"就是过火，"不及"就是火候不到，过和不及都是应该反对的，凡事都要适中和适度。在一定意义上讲，整部《论语》都是在论述中庸之道，如"子温而厉，威而不猛、恭而

---

① 《论语·颜渊》。

安"①。"乐而不淫,哀而不伤。"②"君子矜而不争,群而不党。"③"质胜文则野,文胜质则史。文质彬彬然后君子。"④这都是在论述"度",即事物都有一个限度,超过了一定的限度,事物就会发生质的变化。要做到中庸就要时刻注意这个度。孔子认为舜是这方面的典范,他说:"舜其大知也与!舜好问而好察迩言,隐恶而扬善,执其两端,用其中于民。其斯以为舜乎!"⑤这是说舜能够听取各种不同的意见,善于审察不大引起注意的言论,能够容忍别人的缺点,充分发扬大家的长处,权衡人们言论中过与不及的两个极端,采用正确的主张来治理国家,这就是中庸之道,这就是舜所以能够成为大智的圣贤呀!

《论语》中有个十分通俗的解释。

一次,学生子贡问孔子,他的同学"师(子张)与商(子夏)也孰贤"?孔子回答说:"师也过,商也不及。"子贡又问:"是不是师比商好一些呢?"孔子回答说:"过犹不及。"从此之后,过犹不及成为人们衡量中庸的尺度,比如勇敢是中庸,鲁莽就过了,怯懦是不及,超过了一定的限度,勇敢就成了鲁莽或怯懦。

---

① 《论语·述而》。
② 《论语·八佾》。
③ 《论语·卫灵公》。
④ 《论语·雍也》。
⑤ 《中庸》。

第三，中庸的另一个含义是中和。

《中庸》提出，"中和"是天下之"大本""达道"。"喜怒哀乐之未发，谓之中；发而皆中节，谓之和。中也者，天下之大本也；和也者，天下之达道也。致中和，天地位焉，万物育焉。"①《论语·学而》说："礼之用，和为贵。""和"，是与"同"相对立的思维方式。"同"是重复、叠加、附和，"和"则是异质的事物、因素的对立统一。《国语·郑语》里说："以它平它谓之和"，《中庸》里说"发而皆中节谓之和"。一种声响不成音乐，一种颜色不成文采，一种味道不成佳肴，只有各种不同的事物、因素、成分合理配置，甚至相反的事物、因素、成分相成相济，处置得恰到好处，无过无不及，才能形成和谐，产生新的事物。"以它平它"的对立面是"以同裨同"，是同一事物、因素、成分的机械重复、简单相加。"中和"实际上指的是对立面之间的调和、平衡、相辅相成、整合。"中和"的目的是追求人与人、人与社会、人与环境之间的和谐。但这种和谐并非是无原则的，更不是盲目的附和。中庸要求人们追求"和而不流"。孔子主张"和"，反对"同"，甚至把"和"和"同"作为君子和小人的区分。他说："君子和而不同，小人同而不和。"②

---

① 《中庸》。

② 《论语·子路》。

儒家把"中和"原则运用到政治上，如齐国的晏婴认为君臣关系应和而不同："君所谓可而有否焉，臣献其否以成其可；君所谓否而有可焉，臣献其可以去其否。是以政平而干，民无争心。"①君主认为可行的事，但其中也隐藏着不可行或行而不利的因素，臣下把这一方面意见提出来使君主能考虑得更为周全，以避免不利因素；反过来也一样，君主认为不可行的事情，其中可能存在着可行的、有利的因素，臣下把这些因素说出来以使君主放弃其认为不可行的决定。这是一种君臣之间的"中和"：对君主的意见不盲从，作理性分析，进行必要的补充，促其完善，甚至放弃原来的意见而形成更好的决策。那种一味逢迎附和的臣子，则是"以同裨同"，不利于治国。正因为这样，孔子才称前者为"君子"，而后者为"小人"。

第四，中庸还有一个含义是"时中"。《中庸》引孔子的话说："君子之中庸也，君子而时中。"这里中是原则性，不可变；时是灵活性，是可变的，目的是更好地实现原则。"时中"就是坚持原则能审时度势，不死抱教条。孔子说："君子之于天下也，无适也，无莫也，义之与比。"②这句话也是说，没什么事必须怎样去做，或绝不能怎样去做，而是要根据实际情况怎样能合于义

① 《左传·昭公二十年》。
② 《论语·里仁》。

就怎样去做。孔子在教育学生方面有个例子：一次子路问，听到了应该要办的事就要去办吗？孔子答，有父母在，怎么能听到了就去办呢！冉有问同样的问题，孔子肯定地说，听到了就要去办。公西华不解，请老师解惑。孔子答："求也退，故进之；由也兼人，故退之。"① 意思是冉有平时畏缩怕事，所以鼓励他大胆去干；子路好胜争强，所以让他冷静一下。所以，孟子称孔子是"圣之时者也"，称道他"可以速则速，可以久则久，可以处则处，可以仕则仕"②。

"时中"，也就是通权达变。孔子对管仲的评价也颇能说明问题。齐桓公、公子纠都是齐襄公的弟弟。襄公无道，鲍叔牙侍奉桓公逃往莒国，管仲和召忽侍奉公子纠逃往鲁国。后来襄公被杀，桓公先入齐为君，兴兵伐鲁，迫使鲁国杀了公子纠，召忽因此而自杀，管仲却归附桓公，还做了宰相。子贡问孔子，管仲不是仁人吧？齐桓公杀了公子纠，他不但没有以身殉主，还为相辅佐齐桓公。孔子答道："管仲相桓公，霸诸侯，一匡天下，民到于今受其赐。微管仲，吾其被发左衽矣。岂若匹夫匹妇之为谅也，自经于沟渎而莫之知也？"③ 在孔子看来，管仲就是一个懂得"权"

---

① 《论语·先进》。
② 《孟子·万章下》。
③ 《论语·宪问》。

的人，他不以小信（忠君自杀）而失大信（使百姓得益）。

孔子在谈到时中时，还说过一段十分精辟的话："可以共学，未可与适道；可以适道，未可与立；可以立，未可与权。"① 意思是说，可以一起学习仁义道德的人，不一定能达到道；可以一起和他达到道的人，不一定做到坚守；可以和他一起做到坚守的人，不一定能做到通权达变。这样，孔子就把权作为中庸的最高境界，即只有能够通权达变的人才能真正理解和实行中庸之道。孟子对这个问题作了很多精彩的注解，他说："执中为近之，执中无权，犹执一也。所恶执一者，为其贼道也，举一而废百也。"② 意思是说，能做到不偏不倚，无过无不及，近乎中庸了，但是固执一端，客观情况变了，他还死抱教条，不懂得通权达变，那还是偏颇的。我们之所以厌恶那种固执偏颇的人，就是因为他们损害了中庸之道，只顾一隅不顾全局呀！孟子还对权作了一个很通俗的解释："男女授受不亲，礼也，但嫂溺于水，伸手援救，就是权。"③

第五，孔子还提出了不可则止的运动原则。

不可则止就是权的思想的具体体现。孔子认为处理事情要注意分寸，不可使行动突破质的规定。譬如，在处理君臣关系中，

---

① 《论语·子罕》。
② 《孟子·尽心上》。
③ 《孟子·离娄上》。

他一方面强调臣子要"君使臣以礼，臣事君以忠"①。"从道不从君""以道事君"，但如果进谏不听，臣子应适可而止，或引退以洁身。"所谓大臣者，以道事君，不可则止。"②"邦有道，则仕；邦无道，则可卷而怀之。"③"用之则行，舍之则藏。"④"天下有道则见，无道则隐。"⑤如果遵照这样的理论行事，臣绝不会对君构成威胁。对于朋友也是一样，"忠告而善道之，不可则止，毋自辱焉"⑥。可见，中庸就是根据实际情况，寻求正确的方法，以达到所追求的目标。

第六，中庸还有一种方式，即无可无不可。

如果说"中庸"是折中主义不尽妥帖，那么"无可无不可"则无疑是典型的折中主义了。孔子把自己同一些逸民作了比较，他说伯夷、叔齐"不降其志，不辱其身"；柳下惠、少连"降志辱身矣"，但仍然"言中论，行中虑"。虞仲、夷逸表现又不同，"隐居放言，身中清，废中权"，他们虽然过着隐居生活，说话随便，但保持自身洁白；虽然离开职位，但仍合乎权宜。这三类人虽有

---

① 《论语·八佾》。
② 《论语·先进》。
③ 《论语·卫灵公》。
④ 《论语·述而》。
⑤ 《论语·泰伯》。
⑥ 《论语·颜渊》。

高低之分，但各有自己的行为哲学，孔子很敬重这些人。他自己呢，与这些人又不同，他的行为原则是"无可无不可"①。孔子这一方面的言行极多，这里仅举数例：

一方面信神，"祭神如神在"；另一方面又怀疑神。

一方面主张人"性相近"；另一方面又认为"有生而知之者"②，"惟上智与下愚不移"③。

一方面认为自己是学而知之；另一方面又说自己是天命的承担者，"天生德于予"④。

一方面主张"杀身以成仁"⑤，"见危授命"⑥；另一方面又主张"危邦不入，乱邦不居"⑦。

以上所说的并不是一个事物的两个方面，而是对待两种不同的事物的两种态度。依据它们的性质，两者之间不能调和，只能二者必居其一，但孔子却要无可无不可。从理论上说，无可无不

① 《论语·微子》。
② 《论语·季氏》。
③ 《论语·阳货》。
④ 《论语·述而》。
⑤ 《论语·卫灵公》。
⑥ 《论语·宪问》。
⑦ 《论语·泰伯》。

可似乎也可以说得过去，应该算是一种通权达变的智慧吧。①

中庸不是折中主义。孔子一生主张仁义，是非分明，反对调和，他曾严厉指责："乡愿，德之贼也。"②对于孔子这句话，后世的万章疑惑不解，曾问孟子：全乡人都称赞的好人，为什么孔子责骂他是破坏道德的贼呢？孟子回答说："非之无举也，刺之无刺也，同乎流俗，合乎污世，居之以忠信，行之似廉洁，众皆悦之，自以为是，而不可与入尧舜之道，故曰'德之贼'也。"孟子说这种人表面上似乎样样都好，挑不出毛病，但他们不分是非，与尧舜之道是格格不入的。

所以，孔子首创的中庸与无原则的折中、调和，并不是一回事。

孔子及其后儒家的"中庸"政治思维，以"用中"为本义，以"中和"即对立面的统一，系统的整合来求"中正"，"时中"和"权"是根据情势的变化灵活追求实现"中正"。"用中""中和""时中"和"权"在以儒家思想为主流的中国古代政治文化中，起着重要的政治价值论、方法论的作用。中庸思想可谓"致广大而尽精微，极高明而道中庸"，内中蕴含着妙不可言的政治智慧和政治艺术。

---

① 刘泽华、葛荃主编：《中国古代政治思想史》，南开大学出版社2011年版，第41页。

② 《论语·阳货》。

诚然，"中庸"思想在政治层面上，旨在维护帝业，使君臣相济、上下相安，以及维护等级秩序、劝民安身守己等内容，但其"和而不同""发皆中节""中正不倚""无过不及""通权达变"等具有恒常价值的因素，在今日的政治关系乃至一般的社会关系中，仍然是极具启迪价值的。[①]

五、以德治国

孔子的政治主张是德治。他十分强调道德在政治中的作用，主张政治应该与道德实践相结合，甚至认为政治中的根本问题就是如何保证民众道德的实践问题。

首先，孔子认为，德政是统治者影响民众和获得民众支持的根本所在。

在孔子看来，所谓德治，实际上就是仁、礼学说在治国方式上的具体体现。既然仁是礼的内在精神，礼是仁的外在表现，那么，礼最终归依于内在品质仁的培养。

孔子说："为政以德，譬如北辰，居其所而众星共之。"[②]统

---

① 俞荣根著：《儒言治世——儒学治国之本》，四川人民出版社1995年版，第78—84页。

② 《论语·为政》。

治者自身有良好的道德品质，并且依据优良的道德品质治理国家，以优良的道德品质影响民众，就可以获得民众心理上的支持。在《论语·为政》里，孔子提出："道之以政，齐之以刑，民免而无耻；道之以德，齐之以礼，有耻且格。"孔子认为，不懂得以礼的基本精神来治理国家，礼制本身也就失去了意义。他说："能以礼让为国乎，何有？不能以礼让为国，如礼何？"礼治的关键是要懂得以道德品质为基础的礼让。

其次，孔子主张以礼治国，要求以礼来辨别等级名分的差异。

孔子说："非礼无以辨君臣、上下、长幼之位也。"① 这就要求每个人确认其在礼仪制度中的身份地位，其视听言行合乎自身的地位身份，所谓"不在其位，不谋其政"② 也。作为一种治国模式，孔子提出的德治所维护的社会秩序是一种上下有分、尊卑有序的等级社会。这种社会秩序以礼来维系。这就是孔子的以礼治国的主张。"为政先礼，礼，其政之本欤？"③ 在孔子看来，在一个秩序优良的社会中，从天子至于庶人，都应该谨于职守，第一个等级都应该做与自己的社会地位相应相称的事情。因此，在孔子看来，礼所规定的名分等次是绝对不可僭越的。季氏八佾舞于庭，

① 《礼记·哀公问》。
② 《论语·泰伯》。
③ 《礼记·哀公问》。

孔子愤愤然："是可忍也，孰不可忍也？"①因为周礼规定，天子用八佾，诸侯用六佾，大夫用四佾，士用二佾。季氏作为大夫，依礼只能用四佾，他却越级用八佾，孔子认为这是一种不能容忍的僭礼行为。

为贯彻礼治主张，孔子提出了正名思想。孔子对不同社会地位的等级制度作了集中的概括，这就是他的正名思想。

"正名"的思想是孔子在游卫时讲的。子路问他："卫君待子而为政，子将奚先？"孔子答道："必也正名乎！"子路觉得老师有些迂腐，孔子说："名不正，则言不顺；言不顺，则事不成；事不成，则礼乐不兴；礼乐不兴，则刑罚不中；刑罚不中，则民无所措手足。"②所以，正名在政治领域中是个至关重要的问题。正名指的是按照其名分行事，确切地说就是"君君、臣臣、父父、子子"。即君的言行举止要符合君的身份，臣、父、子亦然。

再次，孔子提出了德刑并用，先德后刑、以德去刑的治国理政主张。

德与刑是政治中的两手。孔子主张两手并用，先德后刑、以德去刑。

在治国理政上，孔子首先强调德优于刑，强调道德感化的作

---

① 《论语·八佾》。
② 《论语·子路》。

用，主张先教后刑。"道之以政，齐之以刑，民免而无耻；导之以德，齐之以礼，有耻且格。"所谓"导之以德"，就是指统治者必须推行德治，表现为宽惠使民，轻徭薄赋，省法轻刑。同时要为人民树立道德榜样，启发民众的心理自觉。所谓"齐之以礼"，一是统治者要模范遵守礼的规定，从而感化和影响群众；二是所有的人都应该用礼来规范自己，用礼来约束自己。这样，道德教化和礼教的结合就能防止犯罪和反叛。行政命令与刑罚手段，只是一种外加的强制和威慑，可以使人畏惧、服从，免陷于罪，但却不能以犯罪为耻，达不到至善的境界。

最后，应该指出的是，孔子的德治思想以德为主，当道德与法律发生冲突时，孔子的选择是舍法取德。

据《论语·子路》记载："叶公与孔子曰：吾党有直躬者，其父攘羊，而子证之。孔子曰：吾党之直者异于是，父为子隐，子为父隐，直在其中矣。"其父偷了人家的羊，其子告发，这从法律角度来说是一种正直的行为；但用父慈子孝的道德规范来评价，却是一种有悖道德的行为。孔子主张父子相隐，是他德重于刑、礼重于法的思想的反映。既然仁德为治国施教之本，父慈子孝作为仁德之体现，父子之亲不能互相庇护，是不合逻辑的，也是不符合统治者的根本利益的。孔子"父子相隐"的主张，被后世封建刑律采用后，一直是封建法制的重要内容和指导原则。在封建法典中，称为"亲亲相隐不为罪"。这是中国古代法不外乎人情，情大于法的普遍法观念的源头之一。

实际上，孔子并非不重视刑罚的作用，只不过是他主张德主刑辅。

在强调德教、礼治主导作用的同时，孔子主张以刑罚辅助德教。对于不可教化之民，孔子亦主张以刑禁之，以刑治之。

《孔子家语·刑政》中说："圣人之治化也，必刑政相参焉：太上以德教民，而以礼齐之；其次以政导民，以刑禁之，刑不刑也；化之弗变，伤义以败俗，于是乎用刑矣"。孔子主张"先教后诛"。在一般情况下，孔子反对杀人。如季康子问政于孔子："如杀无道，以就有道，何如？"他回答说："子为政，焉用杀？子欲善而民善矣。"① 他还认为，"善人为邦百年，亦可以胜残去杀矣"②，把克服残暴、免除虐杀作为善人治国百年的政治成果。但对于那些罪大恶极、非杀不可的人，孔子认为只有在当政者曾施行过德教，使百姓都知道什么是善，什么是恶，什么是美，什么是丑，懂得如何做人之后，对那些不接受教化、不改其恶的人，再判处死刑。

---

① 《论语·颜渊》。
② 《论语·子路》。

六、"子帅以正，孰敢不正"

在政治诸种因素中，孔子最注重执政者的作用。孔子把政治的实施过程看作是道德化过程，十分强调领导者自己在政治实践中的以身作则。

《论语》中很多地方对此都有记载。

"季康子问政于孔子。孔子对曰：'政者，正也，子帅以正，孰敢不正？'"又说："子为政，焉用杀？子欲善而民善矣。君子之德风，小人之德草。草上之风，必偃。"①孔子还说过："其身正，不令而行，其身不正，虽令不从。""苟正其身矣，于从政乎何有？不能正其身，如正人何？"②"君子笃于亲，则民兴于仁。"③有人问孔子："子奚不为政？"孔子说："《书》云：'孝乎惟孝，友于兄弟，施于有政。'是亦为政，奚其为为政？"④在孔子看来，从政不必当官，宣传孝道就是参政。所以有子说："其为人也孝弟，而好犯上者，鲜矣；不好犯上而好作乱者，未之有也。"

---

① 《论语·颜渊》。
② 《论语·子路》。
③ 《论语·泰伯》。
④ 《论语·为政》。

曾子也说："慎终，追远，民德归厚矣。"[1]

在孔子看来，君臣之间不只是权力制约关系，而且要靠礼、忠、信等道德来维系。"君使臣以礼，臣事君以忠。"[2]这种关系维系的主要纽带便是执政者、管理者之间都要遵守道德的准则。孔子主张，培养官僚不是首先讲如何学会政治之道，而是首先从事道德训练与培养。子张学干禄，子曰："多闻阙疑，慎言其余，则寡尤；多见阙殆，慎行其余，则寡悔。言寡尤，行寡悔，禄在其中矣。"[3]孔子的话包含了一部分认识和处理问题的方法，从基本精神上看是讲处世之道、官场之术，而不是讲统治之理。子张又一次问为政，子曰："居之无倦，行之以忠。"[4]同样是讲道德修养。这样，孔子主张人治，把政治视为道德的延伸和外化，这一认识构成了人治的理论基础。[5]

在治国理政问题上，孔子重视管理过程中的策略的运用，主张软硬兼施、德威并用、宽猛相济。

《左传·昭公二十年》中说："政宽则民慢，慢则纠之以猛；

---

[1]　《论语·学而》。

[2]　《论语·八佾》。

[3]　《论语·为政》。

[4]　《论语·颜渊》。

[5]　刘泽华、葛荃主编：《中国古代政治思想史》，南开大学出版社2011年版，第37页。

猛则民残，残则施之以宽。宽以济猛，猛以济宽，政以是和"。
孔子主张管理百姓有张有弛，"张而不弛，文武弗能也；弛而不张，
文武弗为也。一张一弛，文武之道也"①。孔子反对苛政，认为"苛
政猛于虎也"。但他并不一味地反对重刑，据《韩非子·内储说
上》记载，孔子认为"殷之法刑弃灰于街者"，不算严酷，却是"知
治之道"，因为弃灰易引起争斗，甚至"三族相残"的严重后果。
而且"重罚者，人之所恶也；而无弃灰，人之相易也，使人行其
所易无罹其所恶，此治之道"，是合乎人之常情和心理状态的，
从而可以减少犯罪。

在治国理政上，孔子很重视人才在治理中的作用，提出过类
似贤人政治的观点。

孔子主张德治，但德治必须由人来体现、来实行，因而其政
治思想必然强调人的作用。人定法，人执法。有了人，才能制定良法，
执行良法，使社会安定，国家昌盛长久。"文武之道，布在方策。
其人存则其政举，其人亡则其政息。"② 所以孔子的结论是"故为
政在人"③。孔子认为，当政者都要以文王、武王为榜样，律己严，
施仁政，言必信、行必果，要善于考察和选用官吏，用以作为实

① 《礼记·杂记》。
② 《中庸》。
③ 《中庸》。

施治理国家的基础，才能求得统治者的长治久安。在选拔德才兼备的人才问题上，孔子说："举直错诸枉，则民服"①。即把正直的人提拔到奸佞的人的上面，这样就能使百姓服从。相反，如果"举枉错诸直"，民众就不会服从。有一次，樊迟请教孔子什么叫"知人"，孔子说："举直错诸枉，能使枉者直。"②孔子认为重用正直的人，置其于奸佞之人之上，还能使奸佞之人也变得正直起来。子夏进一步解释说："舜有天下，选于众，举皋陶，不仁者远矣，汤有天下，选于众，举伊尹，不仁者远矣。"③对于贤才的标准，孔子说："志于道，据于德，依于仁，游于艺。"④既要有良好的道德品质，又要有一技之长。也就是德才兼备。孔子还提出了举贤之途，即"学而优则仕"。孔子反对樊迟学稼，因为他认为学稼不足以治民，只有礼义才能治民。孔子主张出仕任官一定要有礼乐知识。他认为出身于社会下层的人，首先学习了礼乐知识，然后才能入仕；而出身于卿大夫世家的贵族子弟，入仕后也必须学习礼乐知识。孔子"学而优则仕"的举贤观，明确反对商周以来的世卿世禄制度。在孔子的弟子中，孔子认为雍父为贱人，出身贫微，但有德行，"雍也可使南面"；仲弓可担任一个地方或

---

① 《论语·为政》。

② 《论语·颜渊》。

③ 《论语·颜渊》。

④ 《论语·述而》。

部门的长官；子路，如果有一千辆兵车的国家，可负责兵役和军政方面的工作；冉求，可做千户人口的县的县长，或有一百辆兵车的大夫封地，可叫他做总管；公西赤，可以穿着礼服，立于朝廷之中，接待外宾，办理外交；等等。他认为弟子中凡学而优者，皆可以量才而用。孔子关于选拔贤才的思想，反对商周以来的世卿世禄制度，而且强调从文化素质较高的人中选拔国家官吏的思想，在当时具有一定的进步意义，对后世影响也极为深远。

孔子在治国理政中强调富民、使民、教民的重要性。

在经济与政治的关系上，孔子主张先经济后政治，对于民众，先富而后教。子贡问政。孔子说："足食，足兵，民信之矣。"①孔子认为，治理一个国家，最起码得具备三个条件：食、兵、信。还是将"食"放在首要地位。

先秦诸子，一般均重视经济问题，如管仲就有"衣食足而后知荣辱，仓廪实而后知礼节"之论。孔子及其学派亦不例外。在《论语·颜渊》篇中，孔子在回答子贡关于政事的问题时，首先提到的就是"足食"问题。因为"民以食为天"，如果百姓食不果腹，时处饥馑之中，还去侈谈什么社会安定？孔子在与冉有的对话中提出，对于民众百姓，统治者不但要对之"足食"，而且

---

① 《论语·颜渊》。

要"富之";不但要"富之",而且要"教之"①。《论语·子路》里记载:"子适卫,冉有仆。子曰:'庶矣哉!'冉有曰:'既庶矣,又何加焉?'(子)曰:'富之。'"富民,是孔子的一贯思想。所以,有若在答鲁哀公"年饥,用不足"的提问时说:"百姓足,君孰与不足?百姓不足,君孰与足?"②而为了民殷国富,还须"节用而爱人,使民以时"③,反对聚敛。所以,当冉有帮助季氏聚敛时,孔子便十分生气,说:冉有"非吾徒也!小子鸣鼓而攻之可也"④。"使民以时",使民要像祭祀那样慎重,"使民如承大祭"⑤。孔子还提出过以义使民、先惠而后使民等等。针对当时统治者的横征暴敛,孔子反对厚敛,主张应取民有度,少征用民力,少收赋税。⑥通过调整分配关系和节用民力,达到"博施于民而能济众",这是孔子的最高理想。

长期以来,孔子的政治主张在中国历史上很有地位,其价值不应低估。

中国历史已经证明,封建统治者最先采用法治,继而又采用

① 《论语·子路》。
② 《论语·颜渊》。
③ 《论语·学而》。
④ 《论语·先进》。
⑤ 《论语·颜渊》。
⑥ 丁小萍著:《中国古代政治智慧》,浙江大学出版社2005年版,第48—50页。

无为而治，都行之一时，而当孔子的政治思想一登上历史舞台，便占据统治地位长达两千余年之久。北宋宰相赵普说过："半部论语治天下。"从某种程度上讲，《论语》就是一部关于中国人自己的政治管理学。今天反省中国政治，孔子的治国之方和统治之道自应当加以重视、研究和扬弃。

第二章　孟子之狂

像孔子一样，孟子也十分热衷政治事业，以一肩担承道统自任。孟子曾自称："五百年必有王者兴，其间必有名世者。由周而来，七百有余岁矣！以其数则过矣；以其时考之则可矣。夫天未欲平治天下也；如欲平治天下，当今之世，舍我其谁也？"为了推行自己的政治主张，孟子曾周游列国，到过魏国、齐国、滕国、鲁国等，极力游说他的"王道"和"仁政"的政治主张，虽然整个过程极其艰难坎坷，没有诸侯愿意采纳他的主张，但这并没有击垮他的信念。孟子仕途不顺，最后退居讲学著书。"述仲尼之意，作《孟子》七篇。"

一、亚圣的渊源

孟子名轲，约生于公元前 372 年，卒于公元前 289 年，邹国人，享年八十四岁。

高寿八十四，不要说是在战国年代，即使就按物质生活、医疗条件已很发达的今天来看，这无疑也是一个高寿的年纪。

相传，孟子是鲁国贵族孟孙氏的后裔。他幼年丧父，家庭贫困，但幸运的是，他有一个极有远见、十分热爱并懂得孩子教育的严厉的母亲，正是这位对孩子十分负责的妈妈，将孟子的人生拔高到了一个普通人无法企及的高度。

孟母三迁的故事广为人知。

著名的孟母三迁讲的是：为了孩子将来有个好一点的前程，孟母将家迁到鲁国的都城。因为家贫，为了省钱，孟子一家就在墓葬区附近落下脚来。这是个哭丧的地方，小孟子就经常模仿着别人哭葬；孟母看到这种现象，认为这对孟子的成长不好，就将家迁往闹市区；闹市区是商人做生意的地方，小孟子又很快学着商人和别人讨价还价来；孟母认为这对孟子的教育也不利，于是将家再迁到书院的旁边。于是，小孟子就又跟着学生们诵读诗书。孟母认为这对教育孟子最好，于是就在书院旁边定居下来。

孟母三迁的故事反映出这样一种现实情况：

近朱者赤，近墨者黑。一个人所处社会环境的好坏往往对具体个人的成长影响很大。

小孩子都是善良的，社会环境好不好，会影响到小孩的品德情操的养成，这为以后孟子人性善的提出奠定了理论基础。

另外，孟母断机喻学的故事也流传甚广。

在家庭教育上，孟母可谓是教子有方。

孟子小时候厌倦学习，有一天不愿读书，早早就离开学校回了家。孟母正好正在织布，见孟子逃学回来，一句话没讲，就把织布的梭子给弄断了，这意味着马上将要织成的一匹布全毁了。孟子非常孝顺与敏感，忙跪下来问："母亲为什么要这样做？"孟母告诉他："读书求学不是一两天的事，就像我织布一样，必须从一根根线开始，然后不能停下来，一寸一寸地积累才能织成一匹布，而布只有织成一匹了，才有用，才可以做衣服。读书也是这个道理，如果不能持之以恒，像你这样半途而废、浅尝辄止，以后怎能有望成才呢？"孟子的根基毕竟不同于常人，为了供他上学，母亲起早贪黑地织布。断机让孟子如梦初醒、恍然大悟，他立即向母亲认错，从此一心向学，不但不随便旷课，而且倍加努力。孟子崇拜孔子，受业于子思的门人。因此，孟子继承孔子、子思的学术，成为战国中期最著名的儒学大师。现在邹县有孟庙、孟府、孟林，加上孟母林，合称四孟。孟子好学深思，最后终于学有所成，继孔子之后而成为儒家的"亚圣"。

就像孔子一样，孟子十分热衷于政治，在政治上也有远大抱负，同时他也十分自信，以一肩担承道统自任。孟子曾经自称："五百年必有王者兴，其间必有名世者。由周而来，七百有余岁矣！以其数，则过矣；以其时考之，则可矣。夫天未欲平治天下也；如欲平治天下，当今之世，舍我其谁。"①

为了推行自己的政治主张，孟子也曾周游列国。

据不完全统计，孟子到过魏国、齐国、滕国、鲁国等国，极力游说他的"王道"和"仁政"的政治主张。其间历时二十余年，虽然整个过程极其艰难坎坷，没有诸侯愿意采纳他的政治主张，但这并没有击垮他的信念与执着。与孔子一样，孟子仕途不顺，最后退居讲学著书。

当时，"天下方务于合纵连衡，以攻伐为贤，而孟轲乃述唐、虞、三代之德，是以所如者不合。退而与万章之徒序《诗》《书》，述仲尼之意，作《孟子》七篇"②。在收徒教学活动中，孟子得到了很大的慰藉。他说："君子有三乐，而王天下不与存焉。父母俱存，兄弟无故，一乐也；仰不愧于天，俯不怍于人，二乐也；得天下英才而教育之，三乐也。君子有三乐，而王天下不与存焉。"③

---

① 《孟子·公孙丑下》。

② 《史记·孟子荀卿列传》。

③ 《孟子·尽心上》。

在战国前期，儒、墨并称"显学"，到了战国中期，儒学被边缘化了，杨朱一派与墨翟一派成为显学，流行于天下。孟子为了维护儒学，挺身而出，辟杨、墨，弘扬儒学。孟子说："圣王不作，诸侯放恣，处士横议，杨朱、墨翟之言盈天下。天下之言，不归杨，则归墨。杨氏为我，是无君也；墨氏兼爱，是无父也。无父无君，是禽兽也。""杨墨之道不息，孔子之道不著。"① 孟子辟杨墨，捍卫儒学，对于后来儒学复兴，贡献极大。

孟子是儒家重要的代表人物之一，但孟子的地位在宋代以前并不是很高。自中唐韩愈著《原道》，把孟子列为先秦儒家中唯一继承孔子"道统"的人物开始，孟子其人其书的地位逐渐上升。北宋神宗熙宁四年（1071 年），《孟子》一书首次被列入科举考试科目之中；元丰六年（1083 年），孟子被宋神宗追封为"邹国公"，翌年被批准配享孔庙。以后《孟子》一书升格为儒家经典。南宋时，朱熹又把《孟子》与《论语》《大学》《中庸》合为"四书"，其后"四书"的实际地位在"五经"之上。元朝至顺元年（1330 年），孟子被加封为"亚圣公"，以后就称为"亚圣"，成为儒家地位仅次于孔子的重要历史人物。孟子的思想学说对后世有很大影响，尤其对宋明理学的影响深刻，宋代以后常把孔子与孟子的思想并称为"孔孟之道"。现存《孟子》一书，是研究其思想的可靠材料。

---

① 《孟子·滕文公下》。

二、人皆可以为尧舜

人性善学说是孟子政治思想的哲学基础。孟子是中国历史上第一个比较系统地研究人性问题的思想家。

"滕文公为世子，将之楚，过宋而见孟子。孟子道性善，言必称尧舜。"①

孟子的人性善学说主要集中在《孟子·告子》上下篇中，孟子以对话论辩的方式提出他的人性理论。

孟子反对以自然性来规定人性。告子认为"食色，性也"，主张"生之谓性"。孟子对此进行反驳。告子认为，应该以自然本性即人的自然欲望和需要来看待人性，那么食色既是人的本性，同样也是犬的本性，也是牛的本性，也就是说人的本性与犬的本性、牛的本性就没什么差别了。在孟子看来，人性不应该以自然性来界定，否则，就把人贬低为动物了。人再饿也不会"绐兄之臂而夺之食"，再有性的需要也不会"逾东家墙而搂其处子"②。因而，人的本质规定性应该从人与动物相区别的方面来界定。

孟子主张，人性应该是人异于禽兽的规定，而人异于禽兽的

---

① 《孟子·滕文公上》。
② 《孟子·告子下》。

本性应是人类所普遍具有的善性。

在人性是否本善的问题上,孟子与告子也针锋相对。告子认为,从本性而言人无所谓善恶, "性犹湍水也,决诸东方则东流,决诸西方则西流。人性之无分于善不善也,犹水之无分于东西也"①。告子以水为喻,认为人性无先验之善或不善。而孟子则认为,人具有一种先验的善性,他同样以水为喻, "水信无分于东西,无分乎上下乎? 人性之善也,犹水之就下也;人无有不善,水无有不下"②。人性本善,犹如"水之就下",是自然之势。

孟子通过"同类相似"的命题来论证人具有普遍的善性,他说: "口之于味也,有同嗜焉;耳之于声也,有同听焉;目之于色也,有同美焉。至于心,独无所同然乎? 心之所同然者,何也? 谓理也,义也。圣人先得我心之所同然耳。故理义之悦我心,犹刍豢之悦我口。"③在孟子看来,人的味觉、听觉、视觉,同样的感官具有相同的特点,同样,人心也应具有相同的特性。他由此得出结论: "理义之悦我心,犹刍豢之悦我口。"但是,孟子的论证使用的是类比推理,这在逻辑上是不严谨的。他推论的前提是"同类",而口、耳、目是感官,心则非感官,并非同类; "理""义"与味、

---

① 《孟子·告子上》。
② 《孟子·告子上》。
③ 《孟子·告子上》。

声、色等感觉更是不同，故其论证又超出了"类"的范围。孟子的论证是不成立的。

孟子强调人的本性存在先验之"善"。但现实生活中的人有善有恶，如何解释这一矛盾？孟子的性善论主张人先验具有的只是"善端"，即善的萌芽，也就是具有的是向善的可能性，而非现实性。孟子说："人皆有不忍人之心者，今人乍见孺子将入于井，皆有怵惕恻隐之心，非所以内交于孺子之父母也，非所以要誉于乡党朋友也，非恶其声而然也。由是观之，无恻隐之心，非人也；无羞恶之心，非人也；无辞让之心，非人也；无是非之心，非人也。恻隐之心，仁之端也；羞恶之心，义之端也；辞让之心，礼之端也；是非之心，智之端也。人之有是四端，犹其有四体也。"[1] 仁义礼智是"人皆有之"的四种善德的萌芽。这就是孟子著名的"四端"说。

孟子认为："仁、义、礼、智，非由外铄于我也，我固有之也，弗思耳矣。"[2] 这是一种与生俱来的善性，是"不学而能"的"良能"，是"不虑而知"的"良知"。他还说："君子所性，仁、义、礼、智根于心，其生色也睟然，见于面，盎于背，施于四体，四体不言而喻。"[3] 仁、义、礼、智是君子的固有本性，不过是成

---

[1] 《孟子·公孙丑上》。

[2] 《孟子·告子上》。

[3] 《孟子·尽心上》。

于内而形于外罢了。

人从本性来说具有善的可能性，但现实社会确实存在不善之
人。孟子分析了不善的原因，他认为原因有两个方面：一是外界
的影响，这是客观因素使然。他说："今夫水，搏而跃之，可使
过颡；激而行之，可使在山。是岂水之性哉？其势则然也。人之
可使为不善，其性亦犹是也。"①意思是，水的本性是往低处流，
但是，用手拍打水，它可以溅得很高，高过额头；用戽斗汲它可
以倒流，以至引上高山。这哪是水的本性呢？是情势使它变成这
样的。人可以被怂恿做不善之事，本性起变化的道理与水一样。

在《孟子·告子上》中，孟子说："富岁，子弟多赖；凶岁，
子弟多暴，非天之降才尔殊也，其所以陷溺其心者然也。"可见，
孟子承认人之"不善"，但不善不是本性使然，而是客观环境所致。
二是人自身是否有向善的主观愿望。他说，"人之异于禽兽者几希，
庶民去之，君子存之"②；"求则得之，舍则失之，是求有益于得
也，求在我者也"③。与强调客观因素的作用相比，孟子更强调主
观因素的作用。他说："舜之居深山之中，与木石居，与鹿豕游，
其所以异于深山之野人者，几希。及其闻一善言，见一善行，若

---

① 《孟子·告子上》。
② 《孟子·离娄上》。
③ 《孟子·尽心上》。

决江河，沛然莫之能御也。"孟子认为，一个人主观上不愿意向善，"不能居仁由义"，那就是"自暴自弃""自贼"，也就会丧失本性之善。

孟子的性善论，以善端说为理论出发点，既能合理解释不善之现实，又逻辑地推演出仁义礼智"四端"如何发展到"四德"的必要性，即修身养性的必要性。所以，孟子性善论的最重要内容就在于如何保存和扩展人的"善性"，为此他提出了既然人人都具有善端，所以只要肯努力存养、思考和扩充，人人都可为尧舜。

孟子的性善论把善与食色相对立，把人的社会属性（道德性）与自然属性相对立，把自然欲望排除出人性的范围，必然要求压抑物欲之性，推而行之，在实践中必然实行禁欲主义。由于其思想影响巨大，对中国人的文化人格的设计的影响不可低估，儒家思想禁欲主义色彩浓郁，与此关系密切。

纵观世间历史，一切有益于人类的伟大功业，没有不是起源于人本性中的善端的。因此，仁、义、礼、智四种善端，可以说是人生的一切善行，也是国家一切善政的根源。正是在此基础上，孟子提出了他的"以不忍人之心，行不忍人之政"的仁政学说。

孟子的性善论是一种道德先验论。孟子要求人们保持、养育、扩充人的天赋善性，注重人的自身反省。所谓"万物皆备于我矣。

反身而诚，乐莫大焉"①。这种内省的修养方法，成为后世儒家思想的主流。程颢、程颐、陆九渊、王守仁等宋明理学家，都是对孟子这一方面学说的继承和发挥。从性善论对政治的影响来说，孟子的先验性善论开辟了内求式的政治思维方式，儒家以"内圣"为"外王"条件的政治观，正是从这一"反求诸己"的思维方式中产生出来的。同时，性善论也为儒家的伦理型政治提供了人性的形而上学论证②。

三、养我浩然之气

孟子有比孔子更突出的独立人格。

这种独立人格来自于孟子对人生境界的不断内修。他说：

> 舜发于畎亩之中，傅说举于版筑之间，胶鬲举于鱼盐之中，管夷吾举于士，孙叔敖举于海，百里奚举于市。故天将降大任于斯人也，必先苦其心志，劳其筋骨，饿其体肤，空乏其身，行拂乱其所为，所以动心忍性，曾益其所不能。人恒过，然后能改。困于心，衡于虑，而后作；征于色，发于声，而后喻。

---

① 《孟子·尽心上》。

② 丁小萍著：《中国古代政治智慧》，浙江大学出版社2005年版，第52、53、54、56页。

入则无法家拂士，出则无敌国外患者，国恒亡。然后知生于
忧患，而死于安乐也。①

孟子十分强调自身人格的修养。他说："居天下之广居，立
天下之正位，行天下之大道。得志，与民由之；不得志，独行其道。
富贵不能淫，贫贱不能移，威武不能屈，此之为大丈夫。"②有志
者就应当居庙堂之上，始终能坚持独立的人格与正确处事的原则。
得志，忧民；不得志，忧君。

为了能保证实现自己独立的人格，孟子认为需要做到"寡欲"③
和"富贵不能淫，贫贱不能移，威武不能屈"④两件事情。

孟子说："古之人未尝不欲仕也，又恶不由其道。"⑤

要想达到以上的目的，孟子提出了"我善养吾浩然之气"的
修身养德措施。他说："其为气也，至大至刚，以直养而无害，
则塞于天地之间。其为气也，配义与道；无是，馁也。是集义所
生者，非义袭而取之也。行有不慊于心，则馁矣。"⑥在《孟子·
公孙丑上》篇中，公孙丑请教孟子："请问老师您长于哪一方面呢？"

---

① 《孟子·告子下》。
② 《孟子·滕文公下》。
③ 《孟子·尽心下》。
④ 《孟子·滕文公下》。
⑤ 《孟子·滕文公下》。
⑥ 《孟子·公孙丑上》。

孟子说："我善于分析别人的言语，我善于培养自己的浩然之气。"

公孙丑问："怎样才算善于分析别人的言语呢？"孟子回答说："偏颇的言语知道它片面在哪里；夸张的言语知道它过分在哪里；怪僻的言语知道它离奇在哪里；躲闪的言语知道它理穷在哪里。"

公孙丑接着问："何谓浩然之气？"孟子说："这很难用一两句话就能说得清楚。这种气，至大至刚，用正直去培养它而不加以伤害，就会充溢天地之间。不过，这种气必须与仁义道德相配合，否则就会缺乏力量。而且，必须要有经常性的仁义道德涵养才能长成，而不是靠偶尔的正义行为就能获取的。一旦你的行为问心有愧，这种气就会缺乏力量了。所以我说，告子不懂得义，因为他把义看成心外的东西。我们一定要不断地培养义，心中不要忘记，但也不要一厢情愿地去帮助它生长。不要像宋人一样：宋国有个人嫌他种的禾苗老是长不高，于是到地里去用手把它们一株一株地拔高，累得气喘吁吁地回家，对他家里人说：'今天可真把我累坏啦！不过，我总算让禾苗一下子就长高了！'他的儿子跑到地里去一看，禾苗已全部干死了。天下人不犯这种拔苗助长错误的实在是很少的。认为养护庄稼没有用处而不去管它们的，是只种庄稼不除草的懒汉；一厢情愿地去帮助庄稼生长的，就是这种拔苗助长的人。不仅没有益处，反而害死了庄稼。"

正是将自己的事业与日常生活建立在保持自己独立人格的基础上，因而孟子才懂得时刻去小心翼翼地不断养育自己至大至刚的浩然之气的重要性。他之所以能够敢于藐视王侯，靠的就是"富贵不能淫，贫贱不能移，威武不能屈"的这种通彻天地的浩然之气。

对于为政者，孟子提出了存心、养心、尽心等比较具体系统的一套道德修养方法。

所谓存心，就是要保持自己的善心。孟子认为，能否保持自己的善心，是君子与小人的首要区别，保持善心是为政者首要应该达到的修养。"君子所以异于人者，以其存心也。君子以仁存心，以礼存心。"① 如果失去了善心，就一定要把它找回来，"学问之道无他，求其放心而已矣"②。

所谓养心，就是不断地培养自己的善心。养心的途径主要有两条："寡欲"和"养浩然之气"。孟子说："养心莫善于寡欲，其为人也寡欲，虽有不存焉者，寡矣；其为人也多欲，虽有存焉者，寡矣。"③ 在孟子看来，修养品性最好的办法莫过于减少欲望。节制感官欲望，即使失去一点善心，也不会很多；如果不节制感官欲望，即使有一些善心，也会很快失去。对于养心，孟子根据他对现实社会的观察还提出了天爵与人爵的问题。他说："有天爵者，

---

① 《孟子·离娄下》。
② 《孟子·告子上》。
③ 《孟子·尽心下》。

有人爵者。仁义忠信，乐善不倦，此天爵也；公卿大夫，此人爵也。古之人修其天爵，而人爵从之。今之人修其天爵，以要人爵，既得人爵，而弃其天爵，则惑之甚者也，终亦必亡而已矣。"[1]孟子认为，"仁义忠信，乐善不倦"是天爵，"公卿大夫"为人爵。修天爵，人爵自得。在修养方面，孟子很强调取舍的重要性。他说："鱼，我所欲也，熊掌，亦我所欲也；二者不可得兼，舍鱼而取熊掌者也。生亦我所欲也，义亦我所欲也；二者不可得兼，舍生而取义者也。"[2]孟子认为，做官者在于为民众服务，而不是讲求自己的享受。他说："说大人，则藐之，勿视其巍巍然。堂高数仞，榱题数尺，我得志，弗为也。食前方丈，侍妾数百人，我得志，弗为也。般乐饮酒，驱骋田猎，后车千乘，我得志，弗为也。在彼者，皆我所不为也；在我者，皆古之制也，吾何畏彼哉？"[3]孟子认为，那些当官的讲究排场、享受，我如果当了官，不要那些东西，我还害怕什么？许多当官的怕上级，就是怕丢了乌纱帽，怕失去官位与权力，怕失去既得利益，我不在乎那些东西，我害怕什么？因此，孟子才会说："向权贵进言，要藐视他，不要看他那副高高在上的样子。殿堂几丈高，屋檐几尺宽，我要

---

① 《孟子·告子上》。
② 《孟子·告子上》。
③ 《孟子·尽心下》。

得志了，就不这么干。面前摆满美味佳肴，侍妾有数百人，我要得志了，就不这么干。饮酒作乐，驰骋打猎，让成千辆车子跟随着，我要得志了，就不这么干。他们的所作所为，都是我所不愿干的；我所愿干的，都是符合古代制度与官德标准的，我为什么要怕他们呢？"为了欲望就顺从上级，这是历代从政者的大忌，也是贪官奸臣的基本特色。孟子这种大丈夫精神是支撑中华民族气节与社会正义的支柱。在提出"寡欲"的同时，孟子还提出"养浩然之气"。"浩然之气"是一种道德精神力量，是结合"义"与"道"，经过平日修养积累而形成的。有了"寡欲"与这种至大至刚的浩然之气，就可以真正做到"富贵不能淫，贫贱不能移，威武不能屈"的节操了。

　　所谓尽心，孟子认为心之官则思。"尽心"，就是用心去发现、扩充内心固有的"善端"。孟子说："尽其心者，知其性也。知其性，则知天矣。存其心，养其性，所以事天也。夭寿不贰，修身以俟之，所以立命也。"① 人能够尽自己之力去行善，就算是懂得人的本性了。懂得人的本性，也就懂得天命了。能保存人的善心，培养人的本性，便可用以对待天命了。无论夭折长寿都态度如一，修养身心以待天命，就可用以安身立命了。孟子把尽心、知性作为知天命的前提和途径，并作为安身立命的基本方法。从尽心、知性、知天、立命的

———————

① 《孟子·尽心上》。

途径出发，对于一个人来说，知天命在于尽其心，那么一切无须外求，只要"反求诸己"，就能达到知天立命这一天人合一的人生最高境界。对于为政者来说，道德修养达到这一境界，就可以实行仁政，最终使天下归于至善，实现太平盛世。他说："圣人之行不同也，或远，或近，或去，或不去，归洁其身而已矣。"① 在孟子看来，始终保持自身清白是为政者治理国家最基本的品质。

孟子之后，南宋末年的文天祥曾作有《正气歌》。他之所以敢于以弱抗强，知其不可而为之，最后誓死不降，杀身成仁，依然是因为他心中养育有浩然之气。

> 天地有正气，杂然赋流形。下则为河岳，上则为日星；于人曰浩然，沛乎塞苍冥。

中华民族需要这种独立人格！
中华民族需要这种至大至刚的浩然正气。

四、得民心者能得天下

孟子提出仁政无敌于天下。他反复说："仁者无敌。"② "仁

---

① 《孟子·万章上》。
② 《孟子·梁惠王上》。

人无敌于天下。"①"得道者多助，失道者寡助。寡助之至，亲戚畔之；多助之至，天下顺之。"②正因为仁政之下民众向心力强，所以孟子断言，得民心才能得天下。

然而，怎样才能得到民心呢？

对此，孟子进行了深入的研究与总结，他得出的结论是：欲得民心，统治者就必须认真做好以下两个方面的工作：一是民众想要的，要替他们办到；二是民众反对的，要帮他们去掉。即所谓兴民利除民害。

至于对如何兴民利除民害？孟子也提出了一些重要的主张和措施。他主张：

第一，要给民众一定的"恒产"。孟子曰："民事不可缓也……民之为道也，有恒产者有恒心，无恒产者无恒心。苟无恒心，放辟邪侈，无不为己。"③因此，要给民众一定的"恒产"，恒产就是土地。有了土地，民众生活就有了保证。丰收年，可以生活得富裕些，歉收年，亦不至于饿死。上可以赡养父母，下可以抚养子女，这样百姓就会安家乐业。

第二，要重视对民众的教育。有了生活保证以后，还要对民

①　《孟子·尽心下》。
②　《孟子·公孙丑下》。
③　《孟子·滕文公上》。

众进行教育。"饱食暖衣,逸居而无教,则近于禽兽。"① 富裕以后,如果不进行教育,人就会变得像禽兽一样,不懂礼义,缺乏道德。因此,孟子十分重视对民众进行道德伦理教育。

第三,要施行仁政,减免刑罚,少收赋税。孟子说:"地方百里而可以王。王如施仁政于民,省刑罚,薄税敛,深耕易耨;壮者以暇日修其孝悌忠信,入以事其父兄,出以事其长上,可使制梃以挞秦、楚之坚甲利兵矣。彼夺其民时,使不得耕耨以养其父母。父母冻饿,兄弟妻子离散。彼陷溺其民,王往而征之,夫谁与王敌?故曰:'仁者无敌,王请勿疑。'"②

第四,孟子提出了"老吾老,以及人之老;幼吾幼,以及人之幼,天下可运于掌"③ 的著名命题。要想让老百姓长期拥护政府,孟子主张在国家治理上应该是行王道,以己之心来度人之心,以己之欲来兼及天下人之欲。

第五,孟子提出了"与民同乐"的主张。他说:"乐民之乐者,民亦乐其乐;忧民之忧者,民亦忧其忧。乐以天下,忧以天下,然而不王者,未之有也。"④

第六,孟子强调任人唯贤的用人路线。为此,孟了提出了"尊

---

① 《孟子·滕文公上》。
② 《孟子·梁惠王上》。
③ 《孟子·梁惠王上》。
④ 《孟子·梁惠王下》。

贤使能，俊杰在位"①的用人主张。

孟子主张："惟仁者，宜在高位；不仁而在高位，是播其恶于众也。"②这也就是说，仁人适宜在高官的位置上；如果不仁的人做了高官，他们就会将恶劣的风气传播给民众。做官者要清廉自守，以身作则，当官的人不遵守道义，百姓就会不遵守法律，天下安定的局面就不可能实现。

孟子又说："徒善不足以为政，徒法不能以自行。"③这就是说，各级官吏应该由贤能者担任，"贤者在位，能者在职"。孟子认为，有的人是好人，是贤者，但未必适合为官当政，做官与做人是不一样的。对于贤人要尊重，未必都让他们当官。"使能"，是指任用能力强的人来办政事。"能"，是指能人。道德与能力，是当官的两个必要条件。愿意为民众办事，能够为民众办事，二者兼而备之，这就是实行仁政所需要的符合标准的最好的官员。

孟子还提出，君主在选拔贤能为官吏时，一定要善于倾听百姓的意见。

在《孟子·梁惠王下》中，孟子说："国君进贤……左右皆曰贤，未可也；诸大夫皆曰贤，未可也；国人皆曰贤，然后察之，

---

① 《孟子·公孙丑上》。
② 《孟子·离娄上》。
③ 《孟子·离娄上》。

见贤焉，然后用之。左右皆曰不可，勿听；诸大夫皆曰不可，勿听；国人皆曰不可，然后察之，见不可焉，然后去之。左右皆曰可杀，勿听；诸大夫皆曰可杀，勿听；国人皆曰可杀，然后察之，见可杀焉，然后杀之。"在孟子看来，只有这样，才能选拔出真正执行君主仁政路线的各级合格官吏，并能有效惩治那些贪污腐败、鱼肉百姓的不法官吏。

至于贤能选拔出来后，在如何为君王做事方面，孟子也有自己独到的见解。

孟子认为，臣事君不能一味顺从。他说："长君之恶其罪小，逢君之恶其罪大。"[①]这就是说，助君为恶的人罪比较小，而对君阿谀逢承之人则罪比较大。臣事君的原则是道。在《孟子·公孙丑下》中，孟子说："天下有达尊三：爵一，齿一，德一。朝廷莫如爵，乡党莫如齿，辅世长民莫如德。"天下三样东西最尊贵：爵位、年寿、道德。在朝廷中，首要的是爵位；在乡里，首要的是高寿；在辅佐君主统领百姓方面，首要的是道德。所以，有成就的国君，一定有召唤不动的臣子。他以自己的亲身经历为例。齐王召见，孟子称病不去，他不认为是不敬。相反，他自认为齐人没人能比他更懂得尊敬齐王，因为他能做到"非尧舜之道，不敢以陈于王前"，所以齐国人谁也比不上他对齐王的尊敬。

---

① 《孟子·告子下》。

五、民为贵，社稷次之，君为轻

在治理国家根本问题上，孟子要求君主自身要做臣民的道德楷模，对于君主的位置与重要性，孟子则提出了"民为贵，社稷次之，君为轻"的具体政治主张。

孟子主张以"德治"思想治理国家，行仁政，倡王道，首先要求君主以身作则。

孟子说："三代之得天下也，以仁；其失天下也，以不仁，国之所以废兴存亡者亦然。天子不仁，不保四海；诸侯不仁，不保社稷；卿大夫不仁，不保宗庙；士庶人不仁，不保四体。"[1] 行仁政的关键是统治者必须成为道德的楷模。"君主暴虐则民背离，君主行仁政则民顺从。"孟子说："桀纣之失天下也，失其民也；失其民者，失其心也。得天下有道：得其民，斯得天下矣；得其民有道：得其心，斯得民矣；得其心有道：所欲与之聚之，所恶勿施，尔也。民之归仁也，犹水之就下、兽之走圹也。"[2]

孟子把君主统治的合法性建立在道德标准基础上，所以，一旦君主成为"残贼仁义"的"一夫"，他就失去了为王的合法性。

---

① 《孟子·离娄上》。
② 《孟子·离娄上》。

因此，孟子主张："君有大过则谏，反复之而不听，则易位。"在
《孟子·梁惠王下》里，孟子说，国君如果滥杀无辜，各级贵族
和官僚都可以抵制。"无罪而杀士，则大夫可以去；无罪而戮民，
则士可以徙。"①孟子反对暴政，称历史上的暴君为独夫民贼，
赞成"汤放桀""武王伐纣"为正义之举。可以说，孟子的仁政
学说无疑就是一套系统的儒家政治学。

在孟子看来，仁政的实质在于以民为本。在孟子的"仁政"
思想中，十分重视民的地位，他提出"保民而王"，"得其民，
斯得天下矣"②。孟子甚至得出"民为贵，社稷次之，君为轻"③
的结论，认为政府要保障民众的利益，君主应以爱护民众为先决
条件。他告诫统治者要懂得"重民""保民"富国裕民的重要性。

---

① 《孟子·离娄下》。
② 《孟子·离娄上》。
③ 《孟子·尽心下》。

第三章　曾参、子思的修身与治国

大学之道，在明明德，在亲民，在止于至善。在格物、致知、诚意、正心、修身、齐家、治国、平天下。

"中庸"最高的准则，要求人们立定"中"道，在好与坏两个极端之间进行折中，做到不偏不倚，既不过分，也不要不及；要求人们遵守社会的既定秩序，安于自己的社会地位，不做越位非分的事。身居上位不骄慢，身居下位不背叛。只是端正自己，不去责求别人。不怨天，不尤人。

一、曾参、子思的学问继承关系

（一）曾参简评

曾参,是孔子的学生,字子舆,鲁国南武城人,比孔子小46岁。他以通晓孝道而闻名,著有《孝经》,被后世尊为宗圣,为儒家五圣之一。

在韩非子的眼中,曾参是个以孝出名的人。他曾说过:"修孝寡欲如曾(参)、史(鳝)"①。

据司马迁在《史记·孙子吴起列传》中记载:"吴起者,卫人也,好用兵。尝学于曾子,事鲁君。"如此看来,曾参还是战国初期著名改革家、军事家吴起的老师。

从《论语》中可知,孔子对曾子的评语是:"参也鲁"②。所谓"鲁",是指性情迟钝,反应慢,固执,不善变通。可见曾参的先天条件并不优秀。不过,曾参虽然智商情商都不是很高,但"鲁"也有"鲁"的好处。有这种性格的人往往认死理,能坚持,一旦选择一条正道,往往比那些聪明但不懂坚持的人更能取得成功。

---

① 《韩非子·八说》。
② 《论语·先进》。

　　《韩非子》中载有一则曾参杀彘的故事，颇能反映出曾参"鲁"的性格。这个故事说的是：

　　有一天，曾参的妻子要到集市去购物，儿子哭哭啼啼地闹着要跟去，妻子随口对儿子说："你先回家去，等我回来杀猪给你吃。"妻子从集市回来后，看到曾参正在准备杀猪，妻子立即劝阻道："我只是随口说说，哄哄小孩子的，您怎能当真呢。"曾参却一本正经道："小孩子是不可以随口骗骗的。小孩子什么都不懂，父母教他什么，他就学什么。现在你教他欺骗，他就和你学欺骗。父母从小欺骗自己的孩子，孩子长大以后就不再相信父母了，所以这不是教育孩子的正确方法。"说完，他果真把猪宰杀了给儿子吃。①

　　这则故事虽然有点儿夸张，却真实地表现了曾子"鲁"的一面。

　　《礼记》中也记载这样一件事情，也十分生动形象地说明了曾参的"鲁"。

　　有一次，有若问曾参道："你向夫子请教过如何正确对待丧失官位的问题吗？"曾参说："我曾听夫子这样说过：人失去官位后最好赶快贫穷，人死后最好赶快腐朽。"有若语气肯定地说："这不可能是夫子说的话。"曾参说："这是我和子游一起亲耳

───────────

① 《韩非子·外储说左上》。

听到夫子这样说的。"有若说："那么夫子肯定是针对某种特殊情况说的。"事后，曾参把这件事情告诉了子游。子游惊讶地说："有若真不简单啦，他说话的口气很像夫子，夫子说这话确实是有所指的。当年夫子居住在宋国，看见贵族桓司马为自己预做石椁，让石匠精雕细琢，花了三年时间还没完成。夫子批评道：'像桓司马这样奢侈，人死了还不如快速腐朽呢！'所以夫子这句话是专门针对桓司马说的。鲁大夫南宫敬叔失去官位后，每次出使回来，都要带回许多财宝进献给君主，贿求官位。于是夫子说：'像南宫敬叔这样花大钱贿求官位，还不如让他失官后快速变穷呢！同样，夫子这句话是专门针对南宫敬叔用钱贿求官位这件事说的。"曾参后来又把子游的话告诉了有若，有若说："这就对了。夫子说这话肯定是有所指的，不可能一概而论。"曾参问道："那么你是怎么知道夫子这话是特指的呢？"有若说："夫子任中都宰时曾作出棺木厚四寸、椁木厚五寸的规定，据此推理，我就能知道夫子并没有'死欲速朽'的意思。夫子失去鲁国大司寇官位后，想去楚国发展，他先派子夏去联系，接着又派冉有去斡旋，据此推理，我就能知道夫子并没有'丧欲速贫'的意思。"[1]同为弟子，曾参理解的只停留在文字表面，而有若理解的则往往逼近精神实质，这样的智力差距还是蛮大的。

---

[1] 《礼记·檀弓》。

　　曾子志存孝道，善养父母，每天都要亲自侍奉父亲曾皙吃饭，而且每餐必有鱼肉，撤席时必定要问，剩下的饭菜给谁，曾皙如果问饭菜是否还有剩余，即便没有，他也一定回答说有。孟子说他事亲做到了"养志"："事亲若曾子，可也。"① 齐国曾想礼聘曾子，让他担任国卿，他却回绝了，有人问他缘故，他说："我父母年事已高，我接受别人的俸禄，就必须尽心尽力为人谋事，而我现在不能远离父亲受人差遣。"曾参的后母对他很不好，但曾参仍然供养她，孝敬她。他的妻子因藜羹没有蒸熟，他就要休妻。有人对他说："你的妻子没有犯七出条款呀。"他却说："蒸藜羹不熟，看起来是一件小事，却反映了对父母的态度问题，难道这不是大事吗？"后来他果真把妻子休了，终生不娶。他的儿子曾元劝他再娶，他对儿子说："殷高宗武丁因为后妻的缘故而杀死了自己的儿子孝已，尹吉甫也因为后妻的缘故而放逐了自己的儿子伯奇。我上不及高宗贤明，中不及尹吉甫贤达，怎么能知道自己以后不再犯同样的错误呢？"② 曾参父母去世后，他南游到越国，受到越王礼聘，官位尊显，俸禄丰厚，府邸阔绰奢华，堂高九仞，但他却经常因思念父母，独自一人面北而泣。

---

① 《孟子·离娄章句上》。
② 《礼记·七十二弟子解》。

司马迁说："孔子以为能通孝道，故授之业。"① 孔子认为曾参虽然为人刻板，但恪守孝道，尽事父母，于是重点向他传授关于孝道方面的礼仪与知识，他勤习反省，反复体会，后来将有关内容整理成《孝经》，在孝道方面继承和发扬了孔子的思想。②

《论语》中记录了曾参的一些言论，如曾子曰："吾日三省吾身——为人谋而不忠乎？与朋友交而不信乎？传不习乎？"③ 曾子曰："慎终，追远，民德归厚矣。"④ 曾子曰："可以托六尺之孤，可以寄百里之命，临大节而不可夺也——君子人与？君子人也。"⑤ 曾子曰："士不可以不弘毅，任重而道远。仁以为己任，不亦重乎？死而后已，不亦远乎？"⑥……

据《孟子·滕文公章句上》中记载："他日，子夏、子张、子游以有若似圣人，欲以所事孔子事之，强曾子。曾子曰：'不可，江汉以濯之，秋阳以暴之，皜皜乎不可尚已。'"这说明，孔子去世后，许多弟子认为有若学识最好，深得孔子真传，而且他的言谈举止都很像孔子，因此想推举他为儒家学派的领袖，后因曾

① 《史记·仲尼弟子列传》。
② 卞朝宁著：《〈论语〉人物评传》，江苏人民出版社2015年版，第410—411页。
③ 《论语·学而》。
④ 《论语·学而》。
⑤ 《论语·泰伯》。
⑥ 《论语·泰伯》。

子不同意而只好作罢。《论语》书中记载孔子弟子一般都称字，只有有若和曾参称"子"，这很可能说明他们两人在传承孔子学术思想方面的成就比较突出，得到了大多数人的认可，也可能他们二人弟子众多，影响较大的缘故。

曾参最后"死于鲁"①。

（二）子思简评

子思是孔伋的字，他是孔子的嫡孙、孔鲤的儿子，曾参的学生。

子思大约生在周敬王三十七年（公元前483年），卒于周威烈王二十四年（公元前402年），享年82岁。司马迁在《史记·孔子世家》中记子思"年六十二"，很可能是八十二之误。

在那个各方面条件都极端匮乏的年代，一个人能够活到82岁，应该说是一个绝对高寿且幸福的年龄了。

有学识而且长寿，本身就证明了子思是一个具有很高文化与道德修养且高寿的士人。

子思是春秋时期著名的思想家与教育家。

子思是孔子学生曾参的高徒。孔子的思想学说由曾参传子思，子思的门人再传孟子。后人把子思、孟子并称为思孟学派，由此可见子思上承曾参，下启孟子，在孔孟思想学说的传承中有举足

---

① 《史记·仲尼弟子列传》。

轻重的地位。

子思、孟子的学说，在战国时期就有人进行抨击和批判。

荀况在《荀子·非十二子》中论子思、孟轲之学时，就说："略法先王而不知其统，然而犹才剧志大，闻见杂博。案往旧造说，谓之五行，甚僻违而无类，幽隐而无说，闭约而无解，案饰其辞而祗敬之曰：'此真君子之言也。'子思唱之，孟轲和之，世俗之沟犹瞀儒嚾嚾然不知其所非也，遂受而传之，以为仲尼、子游为兹厚于后世。是则子思、孟轲之罪也。"这段话的大意是说：大致上效法古代圣明的帝王而不知道他们的要领，然而还是自以为才气横溢、志向远大、见闻丰富广博。根据往古旧说来创建新说，把它称为"五行"，非常乖僻背理而不合礼法，幽深隐微而难以讲说，晦涩缠结而无从解释，却还粉饰他们的言论而郑重其事地说："这真正是先师孔子的言论啊。"子思倡导，孟轲附和，社会上那些愚昧无知的儒生七嘴八舌地不知道他们的错误，于是就接受了这种学说而传授它，以为是孔子、子弓立此学说来嘉惠于后代。这就是子思、孟轲的罪过了。

据《圣门十六子书》中记载：孔子晚年闲居，有一次喟然叹息，子思问他是不是担心子孙不学无术辱没家门。孔子很惊讶，问他如何知道的。他回答说："父亲劈了柴而儿子不背就是不孝。我要继承父业，所以从现在开始就十分努力地学习丝毫不敢松懈。"孔子听后欣慰地说："我不用再担心了。"

《中庸》出于子思之手。司马迁在《史记·孔子世家》中明确指出："子思作《中庸》。"以后，汉唐宋历代注家也多遵从此说。如郑玄说："名曰《中庸》者，以其记中和之为用也。庸，用也。孔子之孙子思作之以昭明圣祖之德。"唐代的陆德明、孔颖达也同意这一看法。宋代程颢、程颐、朱熹也是如此，他们都认为《中庸》为子思所作。如朱熹在《中庸章句》里清楚地指出："《中庸》何为而作也？子思子忧道学之失传而作也。"又说："此篇乃孔门传授心法，子思恐久而差也，故笔之于书，以授孟子。"

作为战国时期儒家的重要代表人物，子思对后世产生了较大的影响。这主要表现在他的思想方面，特别是他的中庸思想上面。

"中庸"是指以不偏不倚、无过无不及的态度为人处世，"中"是中和、中正的意思，"庸"是常、用的意思。"中庸"一词最早出现在《论语》一书中，然而它作为一种思想方法却有久远的历史渊源。据说，尧让位于舜时就强调治理社会要"允执厥中"。周公也力倡"中德"，他曾经强调折狱用刑时要做到"中正"。在古代材料的基础上，孔子进一步提出了"中庸"的概念，把它作为最高的道德准则。后来，子思作《中庸》一书，对孔子的中庸思想进行了系统的总结和阐述。该书全篇以"中庸"作为最高的道德和自然法则，讲述天道和人道的关系，把"中庸"从"执两用中"的方法论提到了哲学世界观的高度。

在对待传统文化上，子思和孔子一样，非常重视礼，也身体力行地遵守礼。

据《礼记·檀弓下》中记载："子思之母丧于卫，赴于子思。子思哭于庙。门人至，曰：'庶氏之母死，何为哭于孔子之庙？'子思曰：'吾过矣！过矣！'遂哭于他室。"

礼归礼，孝归孝。但子思与孔子不同，二人在人生道路上的选择是有差别的。为了施展抱负，孔子曾仕鲁参政，但却以去鲁告终。孔子周游列国，企图游说诸侯，但处处碰壁，甚至在各国受困。子思则不然，他对仕途没有太大的兴趣，只是想著书立说，教授门徒。鲁穆公请他做国相，子思以推行自己的学说为重婉言谢绝，就是一个重要的佐证。

在儒家学说史上，子思上承其祖孔子中庸之学，下开学生孟子心性之论，并由此对宋代理学产生了重要的影响。

北宋徽宗年间，子思被追封为"沂水侯"；

南宋咸淳三年（1267 年），子思被晋封为"沂国公"；

元文宗至顺二年（1331 年），子思又被进一步封为"沂国述圣公"；

明嘉靖九年（1530 年），子思被封为"述圣"，后人由此而尊他为"述圣"。

因为在儒教中的重要地位，子思常年享受儒教祭祀的香火。

据《汉书·艺文志》中记载，子思的著作有二十三篇，曾经被编辑成《子思子》一书。

二、《大学》中的"修身治国平天下"

《大学》开篇即讲:

> 大学之道,在明明德,在亲民,在止于至善。
>
> 知止而后有定,定而后能静,静而后能安,安而后能虑,虑而后能得。
>
> 物有本末,事有终始,知所先后,则近道矣。
>
> 古之欲明明德于天下者,先治其国,欲治其国者,先齐其家;欲齐其家者,先修其身;欲修其身者,先正其心;欲正其心者,先诚其意;欲诚其意者,先致其知,致知在格物。
>
> 物格而后知至,知至而后意诚,意诚而后心正,心正而后身修,身修而后家齐,家齐而后国治,国治而后天下平。
>
> 自天子以至于庶人,一是皆以修身为本。其本乱而末治者,否矣。其所厚者薄,而其所薄者厚,未之有也。此谓知本,此谓知之至也。

这既是《大学》的开篇,实际上也是《大学》篇中的点睛之处。在这里,它明确提出了政治治理的最高目标是"明明德""亲民"与"止于至善"三个方面。

　　《大学》开始即开门见山地说：大学的宗旨在于弘扬光明正大的品德，在于使人弃旧图新，勇猛精进，在于使人达到最完善的境界。知道应达到的境界才能够志向坚定；志向坚定才能够镇静不躁；镇静不躁才能够心安理得；心安理得才能够思虑周详；思虑周详才能够有所收获。每样东西都有根本有枝末，每件事情都有开始有终结。明白了这本末始终的道理，就接近事物发展的规律了。古代那些要想在天下弘扬光明正大品德的人，先要治理好自己的国家；要想治理好自己的国家，先要管理好自己的家庭和家族；要想管理好自己的家庭和家族，先要修养自身的品性；要想修养自身的品性，先要端正自己的心思；要想端正自己的心思，先要使自己的意念真诚；要想使自己的意念真诚，先要使自己获得知识；获得知识的途径在于认识、研究万事万物。通过对万事万物的认识、研究后才能获得知识；获得知识后意念才能真诚；意念真诚后心思才能端正；心思端正后才能修养品性；品性修养后才能管理好家庭和家族；管理好家庭和家族后才能治理好国家；治理好国家后天下才能太平。上自国家元首，下至平民百姓，人人都要以修养品性为根本。若这个根本被扰乱了，家庭、家族、国家、天下要治理好是不可能的。不分轻重缓急，本末倒置却想做好事情，这也同样是不可能的！

　　《大学》认为，人生来就具有高尚的"明德"，入世以后，"明德"被掩，需要经过"大学之道"的教育，重新发扬明德，革新民心，达到道德完善的境地。具体说来，就是做到"八目"："格物""致知""诚意""正心""修身""齐家""治国""平天下"。在这八目中，"修身"是根本。前四目是"修身"的方法，后三目是"修身"的目的。

《大学》宣扬修身为齐家治国平天下之本，理由如下：

首先，个人、家、国、天下是一种系列关系，个人是系列之始。修身和治家、治国有内在的统一性。治国是治家的扩大。其间的统一性就在于一个"孝"字。孝的基本精神是遵守列祖列宗遗志，另外，还必须坚持一整套祭仪礼制。《大学》中说："所谓治国必先齐其家者，其家不可教而能教人者，无之。故君子不出家，而成教于国。孝者，所以事君也；弟者，所以事长也；慈者，所以使众也。"① 在这种情况下，孝是维护家的思想纽带，家是国的细胞，又可转化为国。因此，修身首先要以孝为首。孝是个人、家、国、天下系列中的精神中枢。

《大学》强调维护宗法制度即"齐家"对于"治国平天下"的重要意义。在这方面，《大学》提倡孝、悌、慈。孝是协调下辈对上一辈的关系；悌，是协调同辈之间长与幼的关系；慈是协调上辈对下辈的关系。《大学》认为，协调这些关系的原则同样适用于协调国家中君与臣、君臣与民的关系。这样便把家族中宗

---

① 《大学·第九章》。

法治理与国家中政治统治高度结合在了一起。

其次，在社会道德诸种关系中，修身是起点或中心环节。"凡为天下国家有九经，曰：修身也，尊贤也，亲亲也，敬大臣也，体（体恤、体谅）群臣也，子庶民也，来百工也，柔远人也，怀诸侯也。"九经即九项原则。在这九项原则中，修身不仅是始，而且是本。只有修身才能立道，即所谓"修身则道立"①。其他八项只解决某一方面的问题，是修身在某一个方面的展开。《大学》中说："古之欲明明德于天下者，先治其国；欲治其国者，先齐其家；欲齐其家者，先修其身；欲修其身者，先正其心；欲正其心者，先诚其意；欲诚其意者，先致其知。致知在格物。"平天下、治国、齐家、修身、正心、诚意、致知、格物八者之间，修身处于枢纽地位。正心、诚意、致知、格物是修身的工夫和修身的方式。修身向外扩充表现为齐家、治国、平天下。只有知道怎样严格要求自己，才能知道怎样治理别人。《中庸》说："知所以修身，则知所以治人。"治人、治物、治国、治天下是治己的外化与扩大。

最后，在道德与人的关系中，人是道德的体现者。只有己正而后才能正人，己不正也就不能正人。《大学》说："君子有诸己而后求诸人；无诸己而后非诸人。所藏乎身不恕，而能喻诸人者，

①　《中庸·第二十章》。

未之有也。"① 也就是说，个人有好品德才能要求别人，自己不违犯道德，才能指责别人。自己不讲恕道，而让别人通晓并遵从道德是不可能的。所以身修是对别人提出要求的资本和前提②。

总之，《大学》把个人的品质与修养作为政治成败之本："一家仁，一国兴仁；一家让，一国兴让；一人贪戾，一国作乱，其机如此。此谓一言偾事，一人定国。"③ 统治者一家仁，一国跟着兴仁；一家礼让，一国跟着兴礼让；一人贪暴，那么一国跟着作乱。事情的诀窍就在于此。一句话就能坏事，一人就能使国家安定。④

把政治视为个人品质的扩大，把政治过程看成是由己及人的过程，把国家和政治问题归结为个人的修养，这就是《大学》中的政治之道。

三、《中庸》中的修身治国之道

前面提到，《中庸》原是《礼记》中的一篇，司马迁、郑玄、

① 《大学·第九章》。
② 刘俊田、林松、禹克坤译注：《四书全译》，贵州人民出版社1988年版，第3—4页。
③ 《大学·第九章》。
④ 参见刘泽华著：《中国政治思想史集·第一卷·先秦政治思想史》，人民出版社2008年版，第249—252页。

朱熹等历史名人都认为此文是子思所作。

《中庸·第一章》中说：

> 天命之谓性，率性之谓道，修道之谓教。道也者，不可
> 须臾离也，可离非道也。是故君子戒慎乎其所不睹，恐惧乎
> 其所不闻。莫见乎隐，莫显乎微。故君子慎其独也。喜怒哀
> 乐之未发，谓之中；发而皆中节，谓之和。中也者，天下之
> 大本也；和也者，天下之达道也。致中和，天地位焉，万物
> 育焉。

这就是说：人的自然禀赋叫做"性"，顺着本性行事叫做"道"，
按照"道"的原则进行修养叫做"教"。"道"是不可以片刻离开的，
如果可以离开，那就不是"道"了。所以，品德高尚的人在没有
人看见的地方也是谨慎的，在没有人听见的地方也是有所戒惧的。
越是隐蔽的地方越是明显，越是细微的地方越是显著。所以，品
德高尚的人在一人独处的时候也是谨慎的。喜怒哀乐没有表现出
来的时候，叫做"中"；表现出来以后符合节度，叫做"和"。
"中"，是人人都有的本性；"和"，是大家遵循的原则，达到"中
和"的境界，天地便各在其位了，万物便生长繁育了。

"中庸"，在字面上是折中平常的意思。"中庸"又称"中
和"。《中庸》篇认为，一个人还没有表现出喜怒哀乐的情感时，
心中是淡然平静的，这就是"中"。表现出来以后经过整饰，符

合常理，叫做"和"。达到"中和"的境地，人们就会恬静快乐，天地就会正常运行，万物就会正常生长发育，国家也就天下太平了。

《中庸》篇认为，"中庸"是最高的准则。它要求人们立定"中"道，在好与坏两个极端之间进行折中，做到不偏不倚，既不过分，也不要不及。它要求人们遵守社会的既定秩序，安于自己的社会地位，不做越位非分的事。身居上位不骄慢，身居下位不背叛。只是端正自己，不去责求别人。不怨天，不尤人。

中庸表现在行动上，是礼和儒家道德伦理规定，如孝、忠、智、信、仁、义等。《中庸》篇认为，要想在政治上实行"中庸"，就要恰如其分地处理好君臣、父子、夫妇、兄弟、朋友之间的关系。具体说来，就是要尊重贤人，亲爱亲族，恭敬大臣，体谅小臣，爱护平民，招集百工，安抚远人，取信诸侯。对于平民要按照时令役使，尽量减免赋税。要嘉奖有才能的人，同情才能不足的人。要继绝世，兴灭国。

《中庸》篇认为，君子的一言一行符合"中庸"，小人肆无忌惮，违反"中庸"，因而感叹"中庸"难行。

《中庸》篇强调"诚"的重要意义。"诚"即《大学》篇中所说的"诚意"。"诚"被说成是先天的原则，人的本性。主观的"诚"，决定了世间万物的存在，所谓"不诚无物"。极端"诚"的人才能充分发挥本性，感化人群，与天地并存，成为治理国家的最高典范。①

　　"诚"，重在强化意志和修身，是修身的内在标准。

　　无论是《中庸》，还是《大学》，修身之道的基本点都是向内作工夫，并由内而外。实际上，所谓向内也就是顺性和诚心。天的旨意和自然生就的叫"性"，顺着本性而行的叫做"道"。通观《中庸》《大学》的"道"，大同而小异。《中庸》中的道主要指中庸之道。《大学》中的道即开篇所讲的三项："在明明德，在亲民，在止于至善。"两者提法不同，实际内容却十分接近。如何才能率性？要之在一个"诚"字。《中庸》说："唯天下至诚为能尽其性。"②即是说，只有至诚的人才能充分发挥本性。又说："自诚明，谓之性。"③意思是，由诚而明白道德之理的叫做性。《大学》中没有讲"率性"，但在讲到修身时，其中心点也是讲诚意正心。诚虽是指主观意识内求的修养，但这种诚不只是限于个人，求诚是为了改造客观。"诚者非自成己而已也，所以成物也。"又说："不诚无物。"④从《中庸》中看，"不诚无物"大致有两方面含义：1. 不诚就没有物。2. 不诚就做不成事。只要诚，

①　刘俊田、林松、禹克坤译注：《四书全译》，贵州人民出版社1988年版，第29—30页。

②　《中庸·第二十二章》。

③　《中庸·第二十一章》。

④　《中庸·第二十五章》。

无事不通，无事不成。

中庸之道则是修身的外在标准的具体体现。

中和是中庸之道的精髓。《中庸》篇的"中"，首先是指非常稳定的心理状态。这种状态最近于本性，最符合道德与诚，故而说："喜怒哀乐之未发谓之中。"喜怒哀乐是欲望的诸种表现。人的情感有两种情况，一种是背离"中"，亦即背离道，肆无忌惮；另一种与"中"统一，称之为"节"。"节"指节度，恰到好处，既不过，又非不及，"发而皆中节谓之和"。"和"可以说是情感上的中庸。

对待矛盾的事物，中庸要求"执其两端，用其中于民"①。治理国家者应把两者有机统一起来，不偏向任何一端。在言行上，《中庸》主张人们要留有余地，"庸德之行，庸言之谨，有所不足，不敢不勉；有余不敢尽。言顾行，行顾言"②。大意是，实行平常的道德，谨慎平常的话语。不足的地方，要尽力去做；说话要留有余地。说话要照顾行动，行动要照顾说话。在言行上要通盘考虑、谨小慎微。

《中庸》《大学》在论述修身时，一致强调"慎独"，即单独一个人时也要规规矩矩，以求思想行为彻底的一贯性。时时刻

---

① 《中庸·第六章》。

② 《中庸·第十三章》。

刻提醒自己做到"慎独"。

　　总之一句话，《中庸》《大学》的修身，内心在于求诚，行动在于求中。《中庸》篇中一些言论，积淀了古代统治者处理社会矛盾、协调社会关系的政治经验，对于人的道德修养有比较深入的阐述，具有不同程度的普遍意义，其中合理的因素，在今天仍然可以作为借鉴。

第四章　荀子的知与行

荀子是战国时期继孟子稍后的另一位著名儒学大师。他以儒为本，但并不以此为牢笼，而是博学广采，集诸子百家之长，熔儒家的礼与法家的法为一炉，取儒法之精华，弃儒法之糟粕，别开天地，另创一家。他培养出了韩非与李斯这样两个著名的学生，一个成为中国早期法家的集大成者，一位成为大秦帝国制度的草创者。

　　司马迁说："荀卿嫉浊世之政，亡国乱君相属，不遂大道而营於巫祝，信禨祥，鄙儒小拘，如庄周等又猾稽乱俗，於是推儒、墨、道德之行事兴坏，序列著数万言而卒。因葬兰陵。"

一、"得孙卿之遗言余教，足以为天下法式表仪"

荀子是战国时期继孟子稍后的另一位著名儒学大师。

司马迁说：荀卿嫉恨昏乱世道的政治，国家被灭亡，君主遭乱离，接连不断，不遵循王政大道，而被神鬼所迷惑，迷信吉凶之兆，鄙陋的儒生拘泥于细枝末节，如庄周等人以其能言善辩淆乱世俗，于是，他考察儒家、墨家、道家的所作所为及成败得失，加以整理论述，著作数万言而最终成就一家之言。

荀子的学说具有实际的可操作空间。

他的礼治思想开辟了中国政治思想史研究的新路径。

他的礼法一体论为二千年来历代统治者所采用，既有理论性，又具有实际政治生活中的可操作空间。即使今日来看，要说中国诸子百家的学说能够兼理论与实践性为一体的，以本人目前有限的眼光来看，非荀大师的学说莫属。

荀子生年约在公元前 298 年至前 238 年之间，名况，后人多尊称他为孙卿。

荀子是战国末年的赵国人。

他年轻时曾到燕国游说过燕王哙。15 岁时即到号称集天下贤士的齐国都城稷下学宫游学，50 岁时再游学齐国，在稷下学宫同各个学派的学者进行学术交流和讨论，受到齐襄王的优渥接待，曾经三次居于"祭酒"之位，颇受人尊敬。公元前 266 年左右，荀子还应聘入秦，曾与秦昭王、应侯范雎等论天下大政，后又曾议兵于赵国，"赵以为上卿"。春申君主政楚国时，荀子曾两度任楚国兰陵令。晚年罢官居兰陵，著书立说，直到去世。

荀子一生从教，弟子颇众，著名者有韩非、李斯等人，汉代贾谊是其再传弟子。

总的看来，荀子应归入游说纵横家行列。游说之余，他又著书立说，广收门徒，成为一个大学者兼教育家。

荀子自称为儒，以孔子、仲弓的继承者自居，斥子张氏、子夏氏、子游氏之儒为"贱儒"，对子思、孟子一派也颇多批评。

他被公认为先秦孔孟之后儒学的第三大家。

对于经学的传扬，荀子也功不可没。如《诗》中的《毛诗》《鲁诗》，《春秋》中的《左传》《谷梁传》，都是由他所传；《大戴记》与《小戴记》中也有多篇他的论文。"六艺之传，赖以不绝者，荀卿也。周公作之，孔子述之，荀卿子传之，其揆一也。"①

然而，荀子并不拘泥于儒家一派，他广采博收，学识渊通，在继承前期儒家学说的基础上，对孔子儒学有所损益；他还集各家各派之短长，对先秦道、法、名、阴阳各家加以综合、改造，从而建立起自己的思想体系。他的学说，可用"百科全书"来概括。

---

① 转引自王先谦：《荀子集解·考证下》。

在政治思想上，荀子坚持儒家的礼治原则，同时采纳法家的法治之长，主张治理国家，礼治、法治应当充分结合，其中心思想就是"隆礼"和"重法"。他是中国政治思想史上最早儒法结合的伟大思想家之一。

荀子著作颇丰，据载汉代流传有 300 多篇，经刘向编定，定著《荀子》三十二篇。其中大部分是荀子自己的著作，其中有几篇是荀子学生编辑的有关荀子的言行录。《荀子》涉猎广泛，几乎无所不论，天地古今、政治、经济、哲学、军事、教育、文艺、逻辑、道德等，都有专论，在各方面均有自己的见解。正如前面提到，他的著作具有百科全书的性质。

荀子思想对后世影响很大。

梁启超说："二千年政治，既皆出于荀子矣，而所谓学术者，不外汉学、宋学两大派，而其实皆出于荀子，然则而二千年来，只能谓之荀学世界，不能谓之孔学世界也。"[1]

孔子主张仁、礼并重，孟子发展了仁的思想，提出仁政说，开辟了反身求己的内在超越的政治思维传统。而荀子则发挥了礼的思想，倡导礼治，重在强调礼、法的外在规范的作用，是外在超越的思维路向的肇始人。如果称孟子思想为"内圣"之学，那么荀子思想则可完全称为"外王"之道。

---

[1] 梁启超著：《饮冰室合集·文集之三》，上海中华书局1936年版，第57页。

最重要的是，荀子不仅自成一家，他还培养出了李斯、韩非这样两位对中国大一统及帝王制度的形成具有十分重要影响的学生，这很让后人对之刮目相看。

二、制天命而用之

荀子提出"天人之分"，强调天不能干预人事，天道不能决定社会的变化，主张积极发挥人的主观能动性，认为"人定胜天"。

儒家讲天人合一，讲天道、地道、人道。荀子亦赞同这些，但他反对将儒学神秘化、宗教化，主张"天人之分"，人天分开。

荀子在《天论》中说："天行有常，不为尧存，不为桀亡。"

荀子认为，天是自然的，大自然是伟大的；人是有主观能动性的。人的吉凶祸福、贫富夭寿，是人们自己决定的，与上天无关。

在荀子看来，上天并不神秘，大自然的运动是有其规律与法则可循的，人可以通过了解和掌握天命来为自己造福，但是不能改变天的客观运行规律。他说："天不为人之恶寒也，辍冬。地不为人之辽远也，辍广。"[1]天不会由于人们厌恶寒冷而取消冬季。地不会由于人们厌恶路程遥远就取消辽阔。自然界及其规律的存在不受人的愿望所决定。所以，荀子提出"不求知天"。然而在

---

[1] 《荀子·天论》。

大自然面前，荀子指出人类对于自然不是无能为力，人类是可以用主观努力去改变自然，给人类造福。他的"制天命而用之"思想的提出，彻底将人们从"人生有命，富贵在天"的消极、神秘思想中解放出来。在这种思想的指导下，荀子认为，君子要依靠自己，不断学习，不断探索，不断努力，不断进步；小人依赖上天的恩赐，托命于天，自己偷懒，经常落后。人在社会上生活，放弃努力，企望上天，是不符合实际的，也最终不会得到幸福。

荀子指出，"大天""颂天"不如"制"天、"用"天。他说："大天而思之，孰与物畜而制之？从天而颂之，孰与制天命而用之？望时而待之，孰与应时而使之？因物而多之，孰与骋能而化之？思物而物之，孰与理物而勿失之也？愿于物之所以生，孰与有物之所以成？故错人而思天，则失万物之情。"①

在荀子看来，与其尊崇天而思慕它，哪里比得上把天当作物一样蓄养起来而控制着它呢？与其顺从天而赞美它，哪里比得上控制自然的变化规律而利用它呢？与其盼望、等待天时，哪里比得上适应天时而役使它呢？与其依顺万物的自然繁殖而求它增多，哪里比得上施展人的才能而使它按着人的需要有所变化呢？与其思慕万物而使它成为能供自己使用的物，哪里比得上管理好万物而不失掉它呢？与其希望于万物能自然生长出来，哪里比得上掌

---

① 《荀子·天论》。

握万物的生长规律呢？所以放弃人的努力而只是寄希望于天，那就不能理解万物的本性，也就不能去利用它了。总之，自然界的恩赐是有限的，它不会主动去满足人类的自然需要，人类应该相信自己的力量，充分发挥人的主观能动作用，积极地利用天时、地材，去开发、控制、改造、征服自然，向自然界夺取财富，让自然界为人类服务。

"制天命而用之"的提出，是中华民族认识发展史上的一次巨大的飞跃。这种人能胜天，不信邪，靠自己拼搏的思想，是中国哲学社会科学史上的一笔巨大的财富。

三、"人性恶"与"化性起伪"

人性论是先秦思想所争论的一个热点，从现有文献来看，最早对人性进行了深刻总结与认识的人是孔子。

孔子提出："性相近也，习相远也。"[1]

然而，人性的具体内容是什么，其内涵和外延究竟应该如何划定，孔子并没有就此进一步展开。孔子的高徒子贡当时就说"不可得而闻也"[2]。这样，因为孔子没有讲清楚这个问题，孔学后门

---

① 《论语·阳货》。
② 《论语·公冶长》。

就对此看法不一，意见分歧当属于自然现象。

进入战国时期，诸子对人性的探讨进入了一个新的阶段。

告子认为："生之为性""食色性也""性无善，无不善也"①。孟子则提出了性善论，认为人只要很重视自己品德的修养，人人皆可以为尧舜。

和先秦许多思想家一样，荀子对于国家治理的思考也是从探讨人的本性开始的。他的政治思想也是以人性论为理论基础和逻辑出发点而展开论述的。

不过，荀子对人性的看法与其他儒家不同，和孟子的性善论相反，荀子的人性论是一种性恶论。

荀子说："人之性恶，其善者，伪也。"②

荀子认为，人的本性是"恶"的，所以有"善"，那是人为后天改造修养的结果。

荀子认为：人生而好利，贪情欲好名利。"今人之性，生而有好利焉，顺是，故争夺生而辞让亡焉；生而有疾恶焉，顺是，故残贼生而忠信亡焉；生而有耳目之欲，有好声色焉，顺是，故淫乱生而礼义文理亡焉。然则纵人之性，顺人之情，必出于争夺，

---

① 《孟子·告子上》。
② 《荀子·性恶》。

合于犯分乱理而归于暴……用此观之，然则人之性恶明矣。"① 因此，要想拥有一个正常稳定的社会秩序，就必须建立起一套有效的社会约束机制，以礼治、法治与人治的共同治理来防止人的阴暗性一面出笼作乱。

与孟子"人之性善"论相反，荀子说："是不然，人之性恶。"②

荀子认为，所谓人性，并非后天习得之善性，而是天成之自然本性，"生之所以然者谓之性"③，这种人的天性，一方面表现在生理的层面上，"今人之性，饥而欲饱，寒而欲暖，劳而欲休，此人之情性也"④，人的生理欲求决定了"若夫目好色，耳好声，口好味，心好利，骨体肤理好愉佚，是皆生于人之情性者也；感而自然，不待事而后生之者也"⑤。另一方面则表现为心理和意识层面，由生理层面所决定，"人生而好利焉""人生而疾恶焉"，"好荣恶辱，好利恶害，是君子、小人之所同也"⑥。

不论是生理层面上的耳、目、口、鼻、性之欲，还是心理、意识层面上的荣辱利害计较，都体现出人的逐利避害之本性。如

----

① 《荀子·性恶》。
② 《荀子·性恶》。
③ 《荀子·正名》。
④ 《荀子·性恶》。
⑤ 《荀子·性恶》。
⑥ 《荀子·荣辱》。

果从人之性，顺人之情，社会就会陷入混乱无序的状态。

如果人性本恶，那么如何解释现实中的善恶并存现象？

人性的善又是怎么形成的呢？

事实上，强调人性恶是荀子人性论的特点，但并不是荀子人性学说中最有价值的观点，荀子人性学说中最有价值的观点还是他的"化性起伪"的人性改造论。荀子认为，善是后天人为的结果。善，不是人先天具有的本性，而是后天环境影响、教化和学习以及通过自身修养而形成的。荀子认为，人的本性都是一样的，现实中之所以有善、恶之分，就是因为后天环境和经验对人性的改造起着决定性的作用。

由此可见，荀子虽认为人性本恶，但又认为善可人为，这就很自然涉及了人性的改造问题。

如何改造人性恶的本性呢？荀子提出了自己的解决方法。

荀子说：

> 今之人，化师法，积文学，道礼仪者为君子。①

荀子又说：

> 古者圣人以人之性恶，以为偏险而不正，悖乱而不治，

---

① 《荀子·性恶》。

故为之立君上之势以临之，明礼仪以化之，起法正以治之，重刑罚以禁之，使天下皆出于治，合于善也。①

他还认为：

得贤师而事之，则所闻者尧舜禹汤之道也；得良友而友之，则所见者忠信敬让之行也。身日进于仁义而不自知也者，靡使然也。②

总结起来，荀子的人性改造，包含了如下几层含义：

1. 人性可化。

荀子说：

性也者，吾所不能为也，然而可化也。③

人的本性是可以改变的，若没有这种可能性的话，纵然你是贤是圣，也无法将恶的本性加以矫正。在利害面前，人能以理智的思虑，使其行为限制在合理的范围内，对恶的本性本身会根据实际情况加以有效的约束或者调整，从而达到"可化"的效果。

2. 抑制性恶应该依靠道德教化的引导和法律制度的制约。

---

① 《荀子·性恶》。
② 《荀子·性恶》。
③ 《荀子·儒效》。

　　只有圣人的道德教化以及统治者的法律制度双管齐下，才能达到弃恶扬善的效果。矫正人之性恶，只有圣人与大人才能为之。之所以如此，一是因为圣人与执政者能清醒地认识到矫正人性恶的必要性，二是因为圣人与执政者懂得以"礼义"这种社会弱控制手段与"法度"这种社会强控制手段，来有效矫正人的性恶的一面。

　　3. 改造人性恶要靠老师的教育。

　　荀子说：

　　　　"人无师法，则隆性也；有师法，则隆积矣。而师法者，所得乎积，非所受乎性，不足以独立而治。"① 为了改造性，必将有师法之化。②

　　在荀子看来，单靠本性是难以达到改造性恶的目的，所以荀子将"师法"称为"人之大宝"。

　　4. 改造人性恶要靠好的环境和习俗的熏陶。

　　《荀子·儒效》篇中说：

　　　　注错习俗，所以化性也。

---

① 《荀子·儒效》。
② 《荀子·性恶》。

> 习俗移志，安久移质。

荀子认为习俗习惯能改变人的思想和习性，久而久之，甚至会改变人的素质。对于这一观点，荀子还有十分精彩的论述。他说：

> 蓬生麻中，不扶而直。白沙在涅，与之俱黑。兰槐之根是为芷，其渐之滫，君子不近，庶人不服，其质非不美也，所渐者然也。故君子居必择乡，游必就士，所以防邪僻而近中正也。[①]

这段话的大意是：蓬草长在麻地里，不用扶持也能挺立住，白沙混进了黑土里，就再不能变白了，兰槐的根叫香芷，一但浸入臭水里，君子下人都会避之不及，不是芷本身不香，而是被浸泡臭了。所以君子居住要选择好的环境，交友要选择有道德的人，才能够防微杜渐保其中庸正直。

正是因为人"居楚而楚，居越而越，居夏而夏"[②]，所以，荀子坚持："化性"，最重要的就是"积靡"[③]。

5. 改造人性恶要靠人们自己的不断修身与进步。

荀子还十分重视修身，为此专门写了《修身》篇。他主张以道理来节制人性恶的一面，提出要时时处处注意用礼仪来克制自

---

① 《荀子·劝学》。

② 《荀子·儒效》。

③ 《荀子·儒效》。

己，努力提高自己的善行。

荀子还说：

> 积土成山，风雨兴焉。积水成渊，蛟龙生焉。积善成德，
> 而神明自得，圣心备焉。①

在荀子的眼中，"涂之人可以为禹"②。圣人君子都是积善而成的，是人为的。所以，礼仪法度都出于人为。人人都有积善的可能，所以，只要经过努力，人人都可以通过后天的改造而成为圣人。

总而言之，人性是自然性和社会性的有机统一。荀子认为，善是后天的人为，不同意道德先验论，强调自我改造和社会改造，这是他比孟子高明的地方。荀子的性恶论为政治控制的必要性和政府管理提供了理论根据，将人们对伦理政治的关注焦点，从伦理一端转移到了政治的一端，这是荀子对东方政治的一大贡献。

四、"隆礼尊贤而王，重法爱民而霸"

如何有效地控制人性恶的一面？

如何进行政治控制？

---

① 《荀子·劝学》。
② 《荀子·性恶》。

如何加强外在规范的权威的政治控制问题？

对此，荀子给出的答案是："隆礼尊贤而王，重法爱民而霸。"主张以隆礼重法的双重手段，来保证人心抑恶趋善与维护社会的正常秩序。"隆礼""重法"可谓是荀子政治学说的重要特征。

重视礼，这本是儒家的特征和传统。

孔子贵"仁"，主张德礼并重。

孟子主张仁义，强调仁政。

与孔孟不同的是，荀子隆礼，也主张法治。"隆礼至法，则国有常。"①

上文说过，荀子虽然认为人性本恶，但又认为礼治和法治能够矫正人之性情中的恶的一面。因而，荀子所以特别重视礼治和法治。

荀子说："国之命在礼。"②礼是国家命运之所系。

他又说："国无礼则不正，礼之所以正国也。"③"为政不以礼，政不行。"④

在荀子看来，礼是治国的标准，为政的前提。"礼者，治辨之极也，强国之本也，威行之道也，功名之总也。王公由之，所

① 《荀子·君道》。
② 《荀子·天论》。
③ 《荀子·王霸》。
④ 《荀子·大略》。

以得天下也；不由之，所以隕社稷也。"① 礼是治理国家的最高准则，是使国家强盛坚固的根本，是威力盛行于天下的途径，是建立功名的总纲。天子诸侯遵循礼，就能夺得天下；反之，就会毁坏国家。"隆礼贵义者其国治，简礼贱义者其国乱。"② 君主崇尚礼义则国治，怠慢礼义者，国家就会产生混乱。

《荀子·王制》中还说：

> 天地者，生之始也。礼义者，治之始也。君子者，礼义之始也。

荀子所说的"礼"，内涵丰富，主要包括外在的道德规范和礼节仪式。荀子认为，礼，不仅是个人立身处世的规范、思想言论的准绳，同时也是治国安民所不可缺少的准则。

《荀子·修身》篇说："人无礼则不生，事无礼则不成，国家无礼则不宁。"荀子在《荀子·礼论》篇概括说，礼是人修身、处世、治事、安国、平天下最高的准则。只有遵守外在的道德规范和礼节仪式，国家才能长治久安，最终结束割据状态，实现天下的统一。

荀子隆礼，是因为他看到礼的作用重大。

---

① 《荀子·议兵》。
② 《荀子·议兵》。

荀子将礼的作用归纳为四个方面："治辨之极""强国之本""威行之道""功名之总"，即，礼是确定人与人之间关系的分界，是治理国家的根本，是人们在日常生活中要遵循的法则，是从事政治的人能够具体运作的规范法式。孔子仁、礼并重；孟子内求于仁；荀子则承继了孔子之礼治为用的思想。孔子以仁、礼学说确定了儒家的伦理政治理论的构架，孟子的性善论、仁政说凸显了它的伦理内蕴。荀子少言仁义，而专注于礼义，把本于人伦的礼外在化、政治化、制度化、实践化了，这也是儒学适应当时社会现实的必然结果。

荀子不但"隆礼"而且"重法"。

他深刻认识到了"法者，治之端也"[1]的重要道理。

荀子不仅继承了孔子政治思想中的礼治观，而且在"隆礼"的同时还特别"重法"。他的政治思想的特点之一就是强调礼法并重，荀子指出："治之经，礼与刑，君子以修百姓宁。明德慎罚，国家既治四海平。"[2]他首先在地位上把法这样的外在规范提升到与孔孟认定的体现了仁义的礼同等重要的水平，这是荀子与先秦其他儒家的最大区别。他主张礼法并重，认为"隆礼重法则国有常"，礼和法都是治国所必不可少的两种手段。这说明，荀子与主张"法

---

[1] 《荀子·君道》。

[2] 《荀子·成相》。

治”的法家也有明显的区别。

荀子强调要重视法度的作用与尺度。他认为治理国家离不开法律。对犯法的人不加以严惩，社会就会发生混乱，民心就会不服，国家就会不稳定。在实施法治时，刑罚必须与罪行相当，“故刑当罪则威，不当罪则侮”①。刑罚与所犯的罪相称，社会就安定；刑罚与所犯的罪不相称，社会就混乱。对于犯法的官吏，也要依法惩治。“正法以齐官”②，这样，“百吏畏法循绳”③，君主才能把自己的治国理念落到实处。

荀子引法入礼，隆礼而不轻法，这给儒家传统的礼治观、德治观注入了崭新的时代内容。他的“隆礼重法”思想，为汉以后中国历代王朝所重视，在政治治理过程中不同程度地得到了实践和运用。

五、法后王、兼王霸

荀子主张法后王，兼王霸。

先秦诸子，几乎都喜欢挟先王以令当今。自荀子出，方提出

---

① 《荀子·君子》。
② 《荀子·富国》。
③ 《荀子·王霸》。

了"法后王说"。法后王是荀子针对孟子的"法先王"的思想而提出的政治主张。

《荀子·儒效》里说："法后王，统礼义，一制度，以浅持博，以今持古，以一持万。"

荀子的"法后王"是从现实出发的。

《荀子·性恶》说："善言古者必有节于今。"荀子也认为王道礼制千古不变，但因为远古圣王之道的失传，使人只好效法较近而清楚可见的王道，"舍后王而道上古，譬之是犹舍己之君而事人之君也"。韩非子的厚古薄今思想的产生，如果要寻找思想发展的逻辑环节的话，荀子的"法后王"说就是其间不可忽视的一环。

法后王，荀子主张兼王霸。

《荀子·强国》中说："粹而王，驳而霸，无一焉而亡。"

《荀子·王霸》中说："义立而王，信立而霸，权谋立而亡。"这就是王道、霸道、亡国之道。

荀子在《荀子·王制》篇中又有四分法："王者富民，霸者富士，仅存之国富大夫，亡国富筐箧、实府库。""聚敛者，召寇、肥敌、亡国、危身之道也，故明君不蹈也。"

荀子没有固守孔孟的"仁政""王政"而主张"礼治"，没有取法"先王"尧舜，而是取法"后王"春秋五霸，提出"兼王霸"。所谓"兼王霸"，就是兼取"王政"和"霸政"的长处，而弥补其各自的不足。单纯的王可以存国安民，而不足以应变创业；单纯的霸可以兼并而不足以守业有成。荀子提出"兼王霸"的政治主张，放弃夏商周的政治模式，而取法于春秋时期的历史，这是他对春秋战国以来现实社会状况的充分思考与研究的结果。

六、尚贤使能、富国富民

荀子主张尚贤使能与富国富民。

在荀子看来，礼、法执行得好坏，取决于执法之人。能否尚贤使能，是衡量明君与昏君的重要标准。

荀子说："故明主急得其人，而暗主急得其执。急得其人，则身佚而国治，功大而名美，上可以王，下可以霸；不急得其人，而急得其执，则身劳而国乱，功废而名辱，社稷必危。"①

荀子认为，重视不重视贤才，是君王明昏的标志。荀子为此专门作《君道》《臣道》这样的篇目来论述君臣之间关系的问题。

荀子认为，要实现国家强大昌盛的目标，其捷径是选用贤能为相。使用贤能时必须充分信任，使其充分发挥能力。荀子认为，人主不可任人惟亲，金石珠玉可以赏给亲近者，而官职则不行。任职者若无能力，则君臣必定一起灭亡。荀子主张"无德不贵，

① 《荀子·君道》。

无能不官"，因人的才能决定其取舍，"不恤亲疏，无偏贵贱，唯诚能之求"①。荀子的用人思想对后人影响很大，司马迁就说："士贤能而不用，有国者之耻。"②

君民关系是先秦诸子争鸣的重点。如何认识君民地位及处理好二者之间的关系，这也是荀子政治学说中的一项重要内容。

荀子主张立君为民说。

他说："天之生民，非为君也；天之立君，以为民也。故古者列地建国，非以贵诸侯而已；列官职、差爵禄，非以尊大夫而已。"③

在荀子的王道观中，君与民的关系是："君者，仪也，民者，景也。仪正而景正。""君者，民之原也。原清则流清，原浊则流浊。"④"主者民之唱也，上者下之仪也。彼将唱而应，视意而动。"⑤"君者，舟也；庶人者，水也。水则载舟，水则覆舟。"⑥君臣关系是："君人者，爱民而安，好士而荣"，"生则天下歌，

---

① 《荀子·王霸》。
② 《史记·太史公自序》。
③ 《荀子·大略》。
④ 《荀子·君道》。
⑤ 《荀子·正论》。
⑥ 《荀子·王制》。

死则四海哭"①。相反，"世无王，穷贤良，暴人刍豢，仁人糟糠"②。唐人李白也有与荀子相同的体会，他的《古风》诗中有"珠玉买歌笑，糟糠养贤才"之类的名句。

君与民关系，既然是"仪"与"景"的关系，"盘"和"水"的关系，"原"与"流"的关系，"唱"与"应"的关系，"舟"与"水"的关系，那么荀子谈隆礼致治，讲修身治国平天下，自然不能不重君、尊君，同时也不能不重民、顺民。

在大讲重君、尊君的同时，荀子亦特别重视"裕民以政"，主张重农抑商。

荀子是先秦诸子中第一个以"富国"二字为题来论述经济问题的思想家。他的富国论建立在富民的基础之上，是一种以富民为目的的富国论。

荀子在《富国》篇中提出了"节用裕民"为"足国之道"的政治思想。他说："足国之道：节用裕民，而善臧其余。节用以礼，裕民以政。彼裕民，故多余；裕民，则民富。民富，则田肥以易；田肥以易，则出实百倍。上以法取焉，而下以礼节用之。余若丘山，不时焚烧，无所臧之。夫君子奚患乎无余？故知节用裕民，则必有仁义圣良之名，而且有富厚丘山之积矣。此无它故焉，生于节用裕

① 《荀子·解蔽》。
② 《荀子·成相》。

民也。不知节用裕民，则民贫；民贫，则田瘠以秽；田瘠以秽，则出实不半。上虽好取侵夺，犹将寡获也；而或以无礼节用之，则必有贪利纠诈之名，而且有空虚穷乏之实矣。此无它故焉，不知节用裕民也。《康诰》曰：'弘覆乎天，若德裕乃身。此之谓也。'"[1]

荀子认为：保障国家富足的途径，在于节约费用，使民众富裕，并妥善贮藏那些多余的粮食财物。节约费用依靠礼制，使民众富裕依靠政策。推行节约费用的制度，所以粮食财物会有盈余；实行使民众富裕的政策，所以民众会富裕起来。民众富裕了，那么农田就会被多施肥并且得到精心的耕作；农田被多施肥并且得到精心耕作，那么生产出来的谷物就会增长上百倍。国君按照法律规定向他们收税，而臣民按照礼制规定节约地使用它们。这样，余粮就会堆积如山，即使时常被烧掉，也还是多得没有地方贮藏它们。那君子哪里还用担心没有余粮呢？所以，懂得节约费用、使民众富裕，就一定会享有仁爱、正义、圣明、善良的名声，而且还会拥有丰富得像山陵一样的积蓄。这没有其他的缘故，而是由于贯彻了节约费用、使民众富裕的方针。不懂得节约费用、使民众富裕，那么民众就会贫困；民众贫困了，那么农田就会贫瘠而且荒芜；农田贫瘠而且荒芜，那么生产出来的谷物就还达不到正常收成的一半。这样，国君即使热衷于索取侵占掠夺，仍将得

---

[1] 《荀子·富国》。

到很少；如果有时还没有按照礼制规定节约地使用它们，那就一定会有贪婪搜刮的名声，而且还会有粮仓空空穷困贫乏的实际后果。这没有其他的缘故，而是因为不懂得节约费用、使民众富裕的办法。他利用《尚书·康诰》中的内容为例来说明这个问题："广大地庇护民众啊就像上天覆盖大地，遵行礼义道德就能使你本人也得到富裕。"说的就是这个啊。

荀子主张轻徭薄赋，保护民力。"轻田野之税，平关市之征，省商贾之数，罕兴力役，无夺农时，如是，则国富矣。夫是之谓以政裕民。"[①]

总体上来看，先秦的儒学大家，各有主张，特质有别。

孔子强调仁，重视礼，其思想是复杂的、丰富的。孟子重点发挥了孔子的心性修养方面的思想，着重于内圣，同时也提出仁政设想，属于内圣的范畴。荀子则主张隆礼重法，着重于外王，比较切合当时的政治需要，对中央集权制度有可行性和实用性。荀子的政治思想对汉代以后的政治有着很大的影响，谭嗣同认为"荀学"统治中国思想界长达两千年之久。

荀子也强调人的修养，第一篇是《劝学》，第二篇是《修身》，他的著作中还有《荣辱》等篇，都与修身有关，也属内圣的范畴。孔、孟、荀，虽有侧重，但都还是比较全面的。孟子学说理想成

---

① 《荀子·王制》。

分大一些，而荀子理论对于中国大一统的中央集权制度更切实可行。

先秦有两条政治路线：礼治与法治。用孔子话说，就是："道之以政，齐之以刑，民免而无耻；道之以德，齐之以礼，有耻且格。"[1]法家主张法治，儒家主张礼治。荀子则熔二家精华为一炉，强调礼法并重，主张隆礼重法，起了综合的作用。在乱世，重法可以富国强兵，他的学生韩非、李斯帮秦王嬴政统一了天下，是成功的。在治世，不知隆礼，忽视文化，统治不巩固、不长久，秦因此迅速灭亡。汉以陆贾"下马治天下"，重视文化建设，才最终取得了"秦果汉收"的理想结果。因此，荀子的政治学说有功于中国政治，应当好好加以总结。

---

[1] 《论语·为政》。

第五章　墨翟的"利天下为之"

墨翟是墨家学派的创始人与主要代表人物，是战国初期为救天下苦难民众而到处奔走的一位伟大践行者。"行天下之利，除天下之害"是墨翟衡量其一切思想和行为价值的标准。《淮南子·要略》说："墨子学儒者之业，受孔子之术，以为其礼烦扰而不说，厚葬靡财而贫民，久服伤生而害事，故背周道而用夏政。"可见，墨子初学儒术，因不满儒术而转而学习大禹刻苦简朴的用世精神，最终别开天地，自立新说，创建了墨家学派。墨子的学说在战国的思想界影响很大，与儒学并称"显学"，对中国后来的侠义道也产生了重要的影响。

一、以宗教家精神济世的贤者

墨翟是墨家学派的创始人与主要代表人物。

他的生卒年月不详。大约生于公元前 479 年左右，卒于公元前 381 年左右。至于他的籍贯，后人说法不一。《史记·孟子荀卿列传》说他是宋国的大夫。《吕氏春秋·当染》中则认为他是鲁国人。不管怎样说，墨子是战国初期一位伟大的践行者——为救天下苦难民众而到处奔走的践行者，这一点，当没有疑问。

墨翟可以说是一位最能以宗教家的精神而力行救世的行动型政治活动家，司马迁说他"善守御，为节用"①。"行天下之利，除天下之害"是墨翟衡量其一切思想和行为价值的标准。他一生都在为国家的富足、人民的繁庶、政治的清明而努力奋斗。

《庄子·天下》篇中说：

> 不侈于后世，不靡于万物，不晖于数度，以绳墨自矫，而备世之急。古之道术有在于是者，墨翟、禽滑厘闻其风而说之。为之大过，已之大顺。作为《非乐》，命之曰《节用》。生不歌，死无服。墨子泛爱兼利而非斗，其道不怒。又好学

———————————
① 《史记·孟子荀卿列传》。

而博，不异，不与先王同，毁古之礼乐。黄帝有《咸池》，尧有《大章》，舜有《大韶》，禹有《大夏》，汤有《大濩》，文王有辟雍之乐，武王、周公作《武》。古之丧礼，贵贱有仪，上下有等。天子棺椁七重，诸侯五重，大夫三重，士再重。今墨子独生不歌，死不服，桐棺三寸而无椁，以为法式。以此教人，恐不爱人；以此自行，固不爱己。未败墨子道。虽然，歌而非歌，哭而非哭，乐而非乐，是果类乎？其生也勤，其死也薄，其道大暗闇觳。使人忧，使人悲，其行难为也。恐其不可以为圣人之道，反天下之心。天下不堪。墨子虽独能任，奈天下何！离于天下，其去王也远矣！墨子称道曰："昔禹之湮洪水，决江河而通四夷九州也。名山三百，支川三千，小者无数。禹亲自操橐耜而九杂天下之川。腓无胈，胫无毛，沐甚雨，栉疾风，置万国。禹大圣也，而形劳天下也如此。"使后世之墨者，多以裘褐为衣，以屐蹻为服，日夜不休，以自苦为极，曰："不能如此，非禹之道也，不足谓墨。"相里勤之弟子，五侯之徒，南方之墨者若获、已齿、邓陵子之属，俱诵《墨经》，而倍谲不同，相谓别墨。以坚白同异之辩相訾，以奇偶不仵之辞相应，以巨子为圣人。皆愿为之尸，冀得为其后世，至今不决。墨翟、禽滑厘之意则是，其行则非也。将使后世之墨者，必以自苦腓无胈、胫无毛相进而已矣。乱之上也，治之下也。虽然，墨子真天下之好也，将求之不得也，虽枯槁不舍也，才士也夫！

《东周列国志》中说：

"墨翟不蓄妻子，发愿云游天下，专一济人利物，拔其苦厄，救其危难。"

从某种程度上而言，本人宁肯将墨翟视为中国民众心目中的英雄。

据历史记载，墨翟很有政治雄心，组织能力极强，门徒众多。这些门徒大多来自社会下层，他们结成了一个组织严密的政治性团体，其首领称为"钜子"。墨翟就是墨家的第一代"钜子"。《庄子·天下》篇中说道："以钜子为圣人，皆愿为之尸，冀得为其后世。"墨家组织有严格的纪律，称为墨者之法，其中规定："杀人者死，伤人及盗抵罪。"他们吃苦耐劳，勤于实践，作战勇敢，平时从事生产劳动。墨子及其门人行侠仗义，专做济人利世之事，即使是牺牲个人性命也在所不惜。《淮南子》中说："墨子服役者百八十人，皆可使赴火蹈刃，死不还踵。"不仅如此，更要命的是，他们不为功名利禄所驱使，功成不受赏，施恩不图报，过着极其简朴与艰苦的生活。想想看，这是一个多么富有生命力和战斗力的团体啊！一个政府如果有此一个组织，一定会攻无不克、战无不胜。

墨子本人一生都在为扶危济困的正义事业奔忙。

班固是继司马迁之后东汉时期又一个伟大的历史学家。他对墨翟的评价语是："孔席不暖，墨突不黔。"也就是说，墨子像孔子一样为天下事而终日奔劳，连将席子坐暖和将炉灶的烟囱染黑的时间都没有。他"日夜不休，以自苦为极"，长期奔走于各诸侯国之间，宣传他的政治主张。墨翟颇有"摩顶放踵，利天下为之"的殉道者般的自我牺牲精神。后世侠客多奉他为祖师爷，看来还确实有几分的道理。

相传，墨翟曾阻止强大的楚国进攻弱小的宋国，实施"兼爱、非攻"的主张。后来鲁阳文君要攻打郑国，墨翟知道后又前去晓之以理，说服鲁阳文君停止伐郑之举。他"南游使卫"，宣讲非战主张，"蓄士"以备守御。又多次访问楚国，献书楚惠王。不过，墨翟其意不在功名利禄，他拒绝了楚王赐给他的封地与官爵，离开了楚国。

相传，墨翟喜交当世才德智兼备的实干型人物。他深服孙膑学问，曾将他推荐给魏惠王。孙膑在魏被庞涓所欺，墨翟知道后，派其弟子禽滑厘又将孙膑救至齐国，将他推荐给齐国的王庭。墨翟及其弟子因为爱惜人才，毫无私利地帮助孙膑，成为一段历史佳话。

墨翟晚年来到齐国，企图劝阻项子牛讨伐鲁国，但没有成功。越王邀请墨翟到越国做官，并许给他以五百里的封地。墨子以"听吾言，用我道"作为前往条件，而不计较封地与爵禄，目的还是为了实现自己的政治抱负和思想主张。

墨学在战国、秦汉显赫一时。到了西汉中期，因为汉武帝的"罢黜百家独尊儒术"的国策而从此衰落不显。但是，墨家精神并未失传。汉代以后的侠士，是墨家"兼爱"灵魂的继承者。中国历史上的民间社党"四海之内皆兄弟"的平等互助的侠义精神，在很大程度上仍是墨家精神的真传。很多歌颂侠义精神的诗歌和侠士小说，其精神源头莫不与墨家思想有着密切的联系。墨家思想在民间的社会底层一直流传着，对中国文化的影响之大，实际上并不亚于儒学和道学。

墨家学派的代表著作是《墨子》。《墨子》是墨翟的弟子们根据墨子言论记录而成的，现存五十三篇。据考证，除《亲士》《修身》《所染》等系后人伪托，《经》《经说》《大取》《小取》等为后期墨家的作品外，其他二十四篇直接记载了墨翟的言论，是研究墨子其人及其思想的可靠资料，值得有心者放置案头，经常翻阅学习。

二、"置立天志以为仪法"

墨翟认为，天是有意志的最高主宰，即所谓的"天志"。

"天志"，是最高政治秩序主宰者。正所谓"头顶三尺有神灵"，天意不可违。

墨翟认为，天下人常常"知小不知大"，只知道在家不要得罪家长、在社会不要得罪国君，却不知道不能得罪于天。因为得罪家长、国君尚可以避至邻家和邻国，而得罪于天则无处可以逃避。

"天志"是墨翟衡量人的言论行为的"规矩"，是从上到下都必须遵循的统一社会秩序的准则。《墨子·天志下》中说："故墨子置立天志以为仪法，若轮人之有规，匠人之有矩也。今轮人以规，匠人以矩，以此知方圆之别矣。"在墨翟看来，天下的王公大人、卿大夫、士的言行善与不善，都必须以"天志"为最高标准。天志是任何人都不得例外的最高裁判者。天是主宰人间赏罚的最高权威，具有赏善罚恶的功能。《墨子·天志上》中说："昔三代圣王禹、汤、文、武，此顺天意而得赏者也；昔三代暴王桀、纣、幽、厉，此反天意而得罚者也。"《墨子·天志下》中说："天子有善，天能赏之；天子有过，天能罚之。"由此可见，"天志"实际上是墨翟按照其社会理想设计出来的一种最高的主宰力量。墨翟企图借助于它去匡正天下，使人人有所畏惧，从而升华灵魂，努力做到兼爱，消除战乱，实现"非攻"，以达到"尚同"的政治目的。

除了肯定"天志"外，墨子还主张"明鬼"。所谓"明鬼"，就是辨明鬼神的存在。墨翟认为，上有天志，下有鬼神，无时无刻不在严密监视着世人的一举一动。鬼神不但存在，而且还能扬善惩恶，"赏贤罚暴"。《墨子·明鬼下》中说："幽涧广泽，山林深谷，鬼神之明必知之"；"勇力强武，坚甲利兵，鬼神之罚必胜之"，"鬼神之所赏，无小必赏之；鬼神之所罚，无大必罚之"。

"天志"和"明鬼"是墨子所代表的中下阶层民众的政治哲学。是基层民众寻求至高无上的绝对权威，从而幻化出来替他们主持正义的一种理想的反映。这既表现出墨翟对现实社会的不满，同时也说明了他想改善现实社会不平等秩序的途径和方法。

三、"兼相爱，交相利"

墨翟是一个泛爱主义者。他主张：兼相爱，交相利。

墨翟在《墨子·天志上》中说："顺天意者，兼相爱，交相利，必得赏。反天意者，别相恶，交相贼，必得罚"。

在墨翟的眼中，人不分高低贵贱，都是"天之民"；国无分大小强弱，都是"天之邑"。因此，天下万国的人们都应当"以天为法"，即以"兼相爱、交相利"为法。

在墨子看来，社会动乱的根本原因就在于人与人之间为了角逐利益而互不相爱。残酷的社会现实是："国之与国之相攻，家之与家之相篡，人之与人之相贼。君臣不惠忠，父子不慈孝，兄弟不和调。"① 人们由于其自私自利的天性，人与人相处之道在于亏人而自利；国与国相处之道在于攻他国而利其国。这种不正常的局面是一切祸害中的最大祸害。

《墨子·兼爱上》中说："圣人以治天下为事者也，不可不察乱之所自起。当察乱何自起？起自不相爱。臣子之不孝君父，所谓乱也。子自爱，不爱父，故亏父而自利。弟自爱，不爱兄，故亏兄而自利。臣自爱，不爱君，故亏君而自利。此所谓乱也。虽父之不慈子，兄之不慈弟，君之不慈臣，此亦天下之所谓乱也。父自爱也，不爱子，故亏子而自利。兄自爱也，不爱弟，故亏弟而自利。君自爱也，不爱臣，故亏臣而自利。是何也？皆起不相爱。虽至天下之为盗贼者亦然：盗爱其室，不爱异室，故窃异室以利其室。贼爱其身，不爱人，故贼人以利其身。此何也？皆起不相爱。虽至大夫之相乱家，诸侯之相攻国者亦然：大夫各爱其家，不爱异家，故乱异家以利其家。诸侯各爱其国，不爱异国，故攻异国以利其国。天下之乱物，具此而已矣！察此何自起？皆起不相爱。"

既然不相爱是起乱之根源，墨子对症下药的治世良方便就是"兼相爱"。

墨翟说："爱人者，人必从而爱之，利人者，人必从而利

---

① 《墨子·兼爱中》。

之。"① 人人相爱相利，社会上互相残杀争夺的现象就会自然消灭，也就达到了天下太平的大同局面。

墨翟要求人与人之间实行普遍的、无差别的互相友爱。墨子说：所谓"兼相爱"，就是"视人之国，若视其国。视人之家，若视其家。视人之身，若视其身。是故诸侯相爱，则不野战。家主相爱，则不相篡。人与人相爱，则不相贼。君臣相爱，则惠忠。父子相爱，则慈孝。兄弟相爱，则和调。天下之人皆相爱，强不执弱，众不劫寡，富不侮贫，贵不傲贱，诈不欺愚。凡天下祸篡怨恨，可使毋起者，以相爱生也"②。基于这样的看法，墨翟反对儒家作为一种维护宗法等级制度的道德原则，即儒家的"亲亲""尊尊"的仁爱原则。它认为，儒家的道德原则不利于墨家"天下之利"目标的实现。因为在所谓的仁爱之中，统治者或居于上层等级者的利益已经得到了优先考虑和保障。统治者要维护自己既得的利益就必须从维持礼制的稳固角度着手。所以，儒家并非不言利，而是更关注既得利益的实现手段与方式问题。而这些，是与墨翟的视人若己，"爱无差等"的政治思想是相对立的。由此可见，墨翟用"兼相爱"来代替儒家的等差之爱，是对传统宗法等级制的一种否定。他的思想在当时有一定的现实针对性，其实质是为

---

① 《墨子·兼爱中》。

② 《墨子·兼爱中》。

了调和个人利益与他人利益之间的矛盾与冲突。

四、尚贤、尚同、节俭、非攻

墨子主张尚贤、尚同、节俭、非攻。

墨家认为，古代圣王非常尊重有德、才、智的人，用种种办法来鼓励、提拔他们，叫"尚贤"，然后根据其能力加以提拔重用，就叫"使能"。

《墨子·尚贤上》中说："尚贤者，政之本。"

墨翟还认为，要想治理好一个国家，首先是国君要做到尊重人才、聚集人才、重用人才。尚贤是为政之本，是治国之要。贤良之士是"国家之珍，社稷之佐"（《墨子·尚同上》），因而只有选用贤良之士，才能治理好国家。墨子强调统治者要实行开明政治，就必须任人惟贤，不能任人惟亲。将人才问题与国家的治乱、社会的发展紧密联系起来，这不能不说是墨翟治国之道中的一种政治智慧。墨翟主张打破社会地位的局限，将"有能"定为用人的标准。墨翟在《墨子·尚贤上》中说："故古者圣王之为政，列德而尚贤，虽在农与工肆之人，有能则举之，高予之爵，重予之禄，任之以事，断予之令。""官无常贵，而民无终贱。有能则举之，无能则下之。"他在《墨子·尚贤中》提出了尚贤使能的三个基本原则："故古者圣王甚尊尚贤而任使能，不党父兄，不偏贵富，不嬖颜色。贤者，举而上之，富而贵之，以为官长。不肖者，抑而废之，贫而贱之，以为徒役。""不党父兄，不偏贵富，不嬖颜色"这三个基本原则反映了墨翟所代表的"士"阶层要求改革西周以来的世袭贵族等级制度，想参与政治的强烈愿望。

在墨翟看来，"尚贤"并不是他的最终目的。"尚贤"是为了达到"尚同"。"尚"与"上"相通，所谓"尚同"，就是政令、思想、言语、行动等要与圣王的意志相统一。他要求下级绝对服从上级。他主张选出"仁人""贤者"，"立为里长、乡长、国君、天子"，"选天下之贤可者，立为天子"，人民尚同于天子，而天子则尚同于天，这样，整个社会就达成一个统一的标准。墨翟具体设计了"尚同"的方法，这就是"尚同而不下比"。即只听从上面的意见，而不附和下面的意见。墨翟认为，如此就可以形成一种有序的社会政治局面：里长尚同于乡长，乡长尚同于国君，国君尚同于天子。即里长听乡长的，乡长听国君的，国君听天子的，天子又总天下之义，以尚同于天。

在国家治理方面，墨翟还提出了尚俭抑奢的政治主张。

墨子从"人民之大利"的立场，提出了节用的原则。他提出的非乐、非命和节葬的主张，实质上即是"节用"原则在实际生活中的具体应用，是防止贵族浪费的具体措施。针对战国时期统治阶级奢靡的生活作风和不爱惜民力财力的堪忧现状，墨家阐述了节俭与治国之间的道理，提出"强本节用"的主张。节用，就是反对奢侈浪费，主张勤俭节约。他认为，对于君主来说，圣人施政一国，一国可得到加倍的利润。扩大为施政天下，天下可得到加倍的利润。其利益的加倍，不是来自对外扩张土地，而在于省去"无用之费"。墨翟深明"为政清廉，国泰民安；为政污贪，不战自亡"的道理，故而，他在《墨子·辞过》中提出了"俭节则昌，淫佚则亡"的至理名言。

墨翟从"兼爱"的思想出发，亦主张"非攻"，即反对侵略性的非正义战争。

战国时期，战事频繁，尤其是小国如卫、鲁、宋、郑等国不断受到大国、强国的攻掠蚕食。战争问题不仅是当时儒、法、道等诸子百家关注的现实问题，也是君、臣、士、将、卒、百姓都非常关注的现实问题。墨子生活的鲁国是一个小国、弱国，处于楚晋争霸的必经之地，这使墨子对战争带来的苦难体会犹深，也使他对"大攻小，强执弱"的社会现实非常不满。在墨翟看来，在政治混乱中，祸害人民的最大事情，就是侵略战争。因此，他特别提倡"非攻"。墨翟及其弟子为制止战争南下北上，奔走于各诸侯国之间，用实际行动反对非正义的战争。墨翟的"非攻"思想是以维护民众的根本利益为出发点。他的"非攻"在制止战争、减轻人民痛苦等方面发挥了一定的作用，开了后世中国人和平主义、人道主义的先河，给后人以深刻的启迪。

总的说来，战国时期，儒、墨同为"显学"，皆"言盈天下"，其救世济民、治国安邦的良策被各诸侯国所知悉。但是，墨与儒是对立的。儒家站在体制内的立场维护体制内的正义，墨家则是站在弱势力的立场维护体制外的正义，因而墨家不可避免地要和体制发生一定的冲突，所以到了汉代以后，儒学得到了统治阶级独尊的地位，而墨家学说及其治国理论则被冷落，慢慢地转入了民间的地下活动。

然而，历史是公正的，墨翟以他利天下的实践力量为后人所铭记，墨家思想仍如日月经天、江河行地，在代代流传。

纵观历史，每朝每代在治国安邦方面的措施，无不带有墨家学说的痕迹。荀况曾经说过："若墨术诚行，则天下尚俭。"近代名人梁启超说："墨子真算千古的大实行家，不惟在中国无人能比，求诸全世界也是少见。"胡适说："墨翟也许是中国出现过的最伟大的人物。"[①]秦末刘邦进军咸阳，也曾用墨家纪律来作为约法三章以取悦于当地父老民众。可见，墨子对中国后世影响的至深至远。

总结起来，墨子为中华民族树立起了多面旗帜：

1. 墨子为中国人民也为世界人民树立起了一面酷爱和平的旗

---

① 转引自黄坚著：《思想门——先秦诸子解读》，上海社会科学院出版社2013年版，第47、48页。

帜。他提出的"非战""非攻",反对互相侵伐,主张"兼爱"、防御,申张"强不执弱,富不侮贫"的正义,并为之赴汤蹈火、舍身取义。这种精神与当代和平发展主题相吻合。

2. 墨子为中国树立了一面人类古典人道主义的旗帜。墨子主张和平、兼爱、交相利、扶弱济困等广泛利人主义哲学,对于现实生活中唯利是图的利己主义的价值观,无疑是强有力的挑战和抨击。

3. 墨子为中国人民树立了一面勤劳智慧的旗帜。墨子虽然创立有自己的学派,拥有众多的学生,但他仍然亲身奔劳,不辞辛苦地为天下"摩顶放踵",他本身就是一面永久性的劳动者勤奋与智慧的旗帜。

4. 墨子为中国人民树立了一面重视发展科学技术的旗帜。在科学技术方面,墨学在诸子百家中可谓奇葩一枝,内容涉及天文、几何、物理、化学、数学以及工艺制造、土木建筑、测量学等等诸多技术领域。一部《墨子》,较之整个古希腊的科学技术内容还要丰富,时间也更早。

一句话,墨翟及其著作《墨子》,为世人展现了兼爱、非攻、勤劳、智慧等人道主义的思想,是圣贤者为生民立命最典型的表现。

第六章　"无为而无不为"的老聃

经过两千余年世界文化史上的大浪淘沙，《道德经》已经被证明是人类文化史上的真正瑰宝之一，成为超越国界的人生修养最重要的经典，其销售量仅仅次于《圣经》。不过，由于该书用语古朴简约，内容包罗万象，思想深奥幽玄，有无相生，正反相通，因而其丰富的思想极易被人误解。一提到道家思想，总有一些人认为是消极避让、不思进取的隐士哲学；是明哲保身、与世无争的弱者哲学；还有人干脆说老子是阴谋家的鼻祖等等，其实，这都是人们对老子的误解。老子思想与孔子思想一样，早已经成为中华民族文化传统中的最精髓的部分。

一、神龙见首不见尾

说起道家的首要代表人物，自然非老子莫属。

早在公元前 6 世纪中叶，在中国的中部，也就是司马迁所说的楚苦县厉乡曲仁里这个地方，出现了一位具有深刻思想的智者，这就是《道德经》一书的作者——老子。

像耶稣一样，关于老子的诞生，中国民间也一直流传着这样一个神诡奇异的传说。

相传，春秋时期某年某月某日，在楚苦县厉乡曲仁里的流星园，一位少女忽见红光闪闪、流星奔突，但见一颗流星砸在前面的李子树上，顷刻间化为鲜红的李子。这位少女忍不住眼前鲜艳欲滴的果实，遂吃了一枚下肚，这样，她就怀上了孩子。这个孩子，就是后来一直被中国人引为自豪的老子。据说，老子出生时，"天上万鹤翔空，九龙吐火，以浴圣姿"。

老子在中国文化史上也确实颇具神秘色彩，他留给后人的，似乎永远只是一个飘忽不定的背影。称他为"老"，是因为有人说他一生下来就是一副老相。《神仙传》中就说："生而皓首，故称老子。"我想，老子所以为老，大约是因他的思想被人们所认识的时候，他已是一位德高望重的长者的缘故吧。要是真的这么来看，"老子"，是否有点今天我们常说的"老先生"的意思呢？

老子姓李，名耳，字聃，人们也叫他老聃。"聃"就是人耳朵的意思，大约这位老先生天生长了两只硕大的耳朵——这在中国传统的相面术中乃是天资聪颖、富有智慧、加上有福相之人才会具有的一种外部特征。有人言之凿凿，说他"耳长七寸"，故而又有人称他为"大耳朵的哲学家"。

老子是春秋时代最著名的思想家之一，后来他又被奉为道教的始祖，也就是几乎为全中国人所熟悉的太上老君。可是，后人对老子的认识却犹如云山雾罩一般，除了《史记》留下的有限的一点互相矛盾的史料外，老子究竟是一个什么样的人，始终是一个难解之谜。就是对于两千年前的《史记》作者司马迁，也是一头雾水，无法准确撰写出有关老子事迹的比较详细的传记，何况今日我辈远远不及太史公呢？

在人们的心目中，老子的形象就像神龙一样"见首不见尾"，神秘异常。我们只是从《老子》和其他与此相关的历史资料中知道，老子学问渊博，造诣极高，是一个真正达到了天人合一境界的智者。

按照司马迁在《史记》中的说法，老聃是楚国人，他曾担任过的一个社会职位是周王朝的"守藏室之史"，大约相当于现今国家图书馆或博物馆的馆长。这个职位一般要学识渊博的人才可担任，老子学问的博雅丰富也可由此得到一点佐证。老子的祖先世代为周室史官。他自己曾做过周守藏室之史，是东周王朝掌管典籍图书的史官。这个守藏室，相当于现代的图书馆、档案馆、博物馆、珍宝馆等的综合。守藏室不但收藏了周朝和武王前周人的书籍、史官记载、珍宝物品，还有一百多大小诸侯国的历史文字、上古遗书，各国的供奉，记载了早期华夏各氏族的渊源。另外，夏商遗民遗物，大禹所制的九鼎，也都存放在这里。老子在这里有机会接触到大量当时和上古的书籍，从而为他后来形成道家思想打下了坚实的基础。

《史记》还记载了老聃与后来成为中国人"至圣先师"的孔丘的一次对话。孔丘向老聃请教关于周礼的问题，老聃并没有正面回答，而是给了他一番忠告：

> 子所言者，其人与骨皆已朽矣，独其言在耳。且君子得其时则驾，不得其时则蓬累而行。吾闻之，良贾深藏若虚，君子盛德，容貌若愚。去子之骄气与多欲，态色与淫志，是皆无益于子之身。吾所以告子，若是而已。①

老聃大概是觉得孔丘的用世之心太切，所以不客气地批评了他。而在孔子的感受中，老聃则属于那种世俗尘网所不能拘束得住的世外高人，是那种能"乘风云而上天"的人中之龙。孔丘虽表示自己不能理解老子，但仍表现出了对他由衷的钦佩。

---

① 《史记·老子韩非列传》。

孔子回去后，对他的弟子曾经大发感慨："鸟，我知道它能飞；鱼，我知道它能游；兽，我知道它能跑；习惯奔跑的可以用网来捕捉；习惯在水中游的可以用鱼竿来钓；习惯在天上飞的可以用箭来射。至于龙，它没有习惯性要求，因此事先我根本无法知道它会怎么动作。它只是根据形势而动，当出现适合它行动的风暴来临时，它就会顺势形成龙卷风而直上青天。我今天所见到的老子，就像神龙一样，是一个见首不见尾的神秘人物啊。"

关于《道德经》的产生，《史记》中有这样一段记载：

> 老子修道德，其学以自隐无名为务。居周久之，见周之衰，乃遂去。至关，关令尹喜曰："子将隐矣，强为我著书。"于是老子乃著书上下篇，言道德之意五千言而去，莫知其所终。

司马迁的这段话，简要地披露了老子的身世和学问，并记录了老子著书的个中原委。

对于这本书的产生，民间也一直流传着这样一个美丽的传说。

据说，周朝有一位大夫叫尹喜，字公文，自幼聪颖好学，善观天象，曾在陕西终南山结庐隐修。一天，尹喜看见天空中有一股紫气东来，如蚊龙腾舞，形状奇异。他掩不住心头的兴奋，连声赞道："妙哉，妙哉！此乃祥瑞之气，真人将至矣！我当于函谷关去迎接。"于是便上书朝廷愿为函谷关令。到关以后，尹喜就命令守关的门卫，如有一个乘青牛的老翁从东边来，不要放他过关，立即禀告。

过了九十天，果然有一位老者，天庭饱满，两耳垂肩，鹤发童颜，神清气爽，骑着一头青牛，嘀嗒嘀嗒，迈着有节奏的步伐，悠然自得地从东边向函谷关而来。门卫立即禀报，尹喜赶紧出迎，再三稽首参拜："圣人来矣，有请！有请！"

这骑青牛过关的老者，便是老子。

大概是因周室内乱，老子辞官西行，路过函谷关。看见面前这位官员清奇不俗、气度非凡、彬彬有礼，便问道："你是何人？为何得知老夫将至？"尹喜恭恭敬敬地回答道："我乃函谷关令尹喜，去年冬天，见天理星西行，今春又见紫气东来，状如龙蛇，知真人将西行，故在此迎候。"

尹喜对老子执弟子礼，甚是恭敬，他再三恳求老子道："您老就要归隐了，无论如何要留下一本书才好。"老子拗不过尹喜，就应其所求，留下了千古名篇《道德经》，然后骑着他的青牛继续西行。此后，便再也没有了关于老子的消息，谁也不知道他去了哪里，活了多久。关于老子的思想，我们也只能在他的《道德经》中窥探出一鳞半爪。

今天，我们看到的《道德经》一书，是用韵文写成的哲理诗，分上下篇，共 81 章，五千余言。前 37 章为《道经》，后 44 章为《德经》，两篇合称《道德经》。此书含有丰富的唯物论与辩证法思想，与古希腊哲学一道构成了人类哲学的两个源头，对我国2000多年来思想文化的发展产生了十分深远的影响，信息量与内涵十分丰富，确实值得我们仔细品味与探讨。

经过两千年世界文化史上的大浪淘沙，《道德经》已经被证明是人类文化史上真正的瑰宝。据有人统计，在全世界有史以来的出版物中，各种文字的《老子》译本的印行数量仅次于《圣经》，居第二位。《道德经》是人生修养最重要的经典，书中思想自古至今极受世人推崇，被现代人誉为"智者的低语""滋润心灵的甘泉"。

不过，由于《道德经》一书用语古朴简约，内容包罗万象，思想深奥幽玄，有无相生，正反相通，因而其丰富的智慧思想极易被人误解。一提到道家思想，总有一些人认为是消极避让、不思进取的隐士哲学；是明哲保身、与世无争的弱者哲学；还有人干脆说老子是阴谋家的鼻祖等等，这其实都是人们对这本书道听途说式的误解。

今天，随着现代人类对自然资源的过度开发，对科学过度的崇拜，社会生存危机正在日益严重，人们在进行反思的同时，越来越认识到《道德经》它那独特的智慧魅力和与众不同的思想价值。老子和他的伟大思想一起已经从中国走向世界，越来越成为人类共同敬仰的精神导师和共同分享的思想财富。

1910年，一个叫尤利斯噶尔的德国人写了一本书：《老子的书——来自最高生命的至善教诲》。他说，也许是老子的那个时代没有人真正理解老子，或许真正认识老子的时代至今还没有到来。老子已不再是一个人，不再是一个名字了。老子，他是推动未来社会的能动力量，他比任何现代的思想都更加具有现代意义，他比任何生命，许多许多生命，都更具有生命的活力。

英国人李约瑟在他的《中国科学思想史》一书中说，中国人的特性很多最吸引人的地方，都来自道家的传统。中国如果没有道家，就像大树没有根一样。

德国物理学博士彼德·洛伦兹盛赞："老子《道德经》对我来说是包罗万象的。老子的很多观点在今天也十分恰当，不必要改动便可借用，一部著作的永久性给予它一个伟大的、不寻常的形象；文章给后人留下各种理解的可能性也使我赞叹不已！"他甚至得出结论："老子在他生活的社会里，已经体验到人类生活、社会形态的总旨和精华。" "老子及其著作与人类共存！"

虽然，后人对老子及他的著作赞赏有加。但在当时，对周王朝失去了信心的老子却最终选择了离去。据说他是骑了一头青牛，头也不回，西出函谷关，在萧瑟的秋风中，飘然向西不知何处而去了，似乎是很默然、寂静、欢喜。

他离我们远去，天地间留下一个剪影——一个永远神秘的背影。这个背影在夕阳之下，依稀幻化为十六个大字：无为自化，清净自正，清心寡欲，为而不争。

二、"治大国，若烹小鲜"

老子对中国政治的影响是深刻而长远的。

《道德经》中包含着丰富的治国理政思想，这为统治者所重视，历代治国理政者都在有意或无意地学习与运用着老子的方法。

《道德经》一书共81章，论治国的有8章，论朝政的有7章，论天下各国的有5章，论战争的有两章，共22章。全书有关政治的有63章，占2/3以上，这从一个方面说明《道德经》的主旨偏重于政治。

老子的"无为而无不为"的治国谋略，以柔克刚、以退为进、因势利导、后发制人等处世原则和策略至今仍不失睿智。

"治大国，若烹小鲜。"① 这是老子对治理国家的一个总体思考。

这个说法，喻示为政的奥秘在于安静无为，应当遵守一个稳定而长远的政策与秩序。

我们大家都知道，烹煮小鱼，最忌不停地来回翻动。治理国家就像烹小鱼一样，路线与政策一旦制定出来，就应该具有长期

---

① 《道德经·第六十章》。

稳定性，应小心翼翼以不扰民为上。纵观历代的治理得失，治理国家，一旦路线、方针、政策、法令制定下来，就应当坚定不移地长期坚持与贯彻执行。大到一个国家，小到一个单位，都是如此。如果君主或单位领导朝令夕改，以个人的主观愿望去不断改变社会，调整政策，改变工作秩序，百姓就会无所适从，国家就会动荡不安。"治大国，若烹小鲜"这个比喻，形象地概括了"无为而治"的治国谋略。

纵览中国历史，对老子"治大国，若烹小鲜"这一治国谋略娴熟运用并得以成就治国大业的，当属西汉文帝刘恒了。汉文帝执政，以道家清静无为的指导思想治理国家。文帝在位，"萧规曹随"，朝廷继续遵从刘邦与萧何留下来的治国之策，约法省刑，主持刑制改革，废除连坐，废除肉刑，实行罪人有期，使刑由重至轻。他轻徭薄赋，不仅不扰民，还多次减免税收。在个人生活方面，汉文帝自己也身体力行做到了勤俭节约。汉文帝在位期间，宫室、园林、服饰器具都没有增加。其政策也保持连续稳定。结果，"无为"政治收到了"有为"的良好效果。汉文帝以黄老之术治国的结果是，生产得到发展，经济得到恢复，社会矛盾缓和，百姓也安居乐业，从而迎来了中国封建历史上的第一个伟大的盛世——文景之治。

三、"无为而无不为"

道与德是老子政治思想的理论基础和逻辑出发点。

从道德观出发，老子认为：人和宇宙万物皆源自道，蕴含道的本质，依道而行，与道同在，这一观点适合任何领域，包括政治领域。

老子说，域中有四大：

> 道大、天大、地大、王亦大。域中有四大，而王居其一焉。①

这四者的关系是："人法地，地法天，天法道，道法自然。"②"王"应效法"地""天""道"和"自然"。老子从"道法自然""道常无为而无不为"的视点来审察社会政治，提出了"无为而治"的一整套政治学说，这为治国理政者提供了一套极高明而道中庸的治理之术。

在老子看来，要实现"无为而治"，就必须以行道为根本原则。他说："立天子，置三公，虽有拱璧以先驷马，不如坐进此道。古之所以贵此道者何？不曰：求以得，有罪以免邪？故为天下

---

① 《道德经·第二十五章》。
② 《道德经·第二十五章》。

贵。"① 意思是就帝位，拜大臣，虽有宝玉驷马以作献礼，不如先行学道，这样才能求善得善，求功得功。

老子还说："道常无名。朴，虽小，而天下弗敢臣。侯王若能守之，万物将自宾。天地相合，以降甘露，民莫之令，而自均焉。始制有名。名已既有，夫亦将知止，知止，所以不殆。譬道之在天下，犹川谷之于江海也。"② 道是永久存在的、超越时空的精神实体，它永恒存在，如无名之朴，幽微深妙。侯王若能遵守道，万物都会自然进化而自动地服从。制度、方针、政策一经制定，各种名分、地位也就随之确立。名分、地位既然已经确立，侯王们掌握它，也就有了分寸，国家就不会发生危险。为政治国就在于效法、奉行自然之道，奉行真理，顺势而为，这是老子政治观的核心和最高原则。

在老子的心目中，无为并不是不作为，而是指人们在面对自然和客观现实时，为政处事必须依照客观规律办事，而不是主观地任意妄为，按照自己的嗜好随意变动国策。

老子说："不上贤，使民不争；不贵难得之货，使民不为盗；不见可欲，使民不乱。是以圣人之治也，虚其心，实其腹，弱其志，强其骨，恒使民无知无欲。使夫智者不敢为也，为无为，则无

---

① 《道德经·第六十二章》。
② 《道德经·第三十二章》。

不治。"①

　　我想，这大概才是老子在政治上的真正"无为而治"之道。

　　老子认为，真正能体现"道"的"圣人"，要治理百姓，就应当不尊尚贤才异能，不鼓励民众去争夺权位和汲汲于功名利禄。

　　任用贤才，富国强兵，开疆拓土，而后取列国为一统，这本是春秋战国时代从以血缘关系为纽带的世卿世禄制向封建的中央集权制国家发展的一大时代特征。对人才的重视、使用，早已经成为先秦社会中的热点政治问题。在这种背景下，老子提出"不尚贤"的观点，敢于与百家诸子形成对立，似乎不合时宜。不过，仔细品读《道德经》，还是可以明显感到，在老子的政治治理观点中，并不包含贬低人才、否定人才的意思。他只是希望统治者不要给贤才过分优越的地位、权势和功名，以免使"贤才"成为一种诱惑，从而引起人们纷纷争权夺利，从而导致天下大乱。

　　老子认为，不使人们贪欲，并不是要剥夺人们的生存权利，而是要尽可能地"实其腹""强其骨"，使民众的生活温饱，身体健壮。在此基础上，还要"虚其心""弱其志"，使百姓们没有盗取利禄之心，没有争强好胜之志，这样做，才算是顺应了自然规律，做到了无为而治。

　　墨家、法家对人性作出了"恶"的假定，并因之而提出"崇

---

① 《道德经·第三章》。

贤尚才"的主张。主张用积极、斗争的方式来促进社会的改良。他们高扬人类的创新精神，为先秦社会的发展起到了良好的积极作用。与之相反，老子认为人的本性是善良、纯真的。而种种人类丑恶行为，则应当是不合理不完善的社会制度造成人性扭曲的不正常现象。由此，老子坚持去伪存真，主张保留人性真善美而契合自然之道的东西。摒弃所有引起人的贪欲的东西，尤其是当时流行的推崇贤能的风尚，更被他认为是最易产生罪恶的渊薮。

老子的政治思想，在今天看来，似乎是难以理解。因为他理想社会中的民众，都是些四肢发达，头脑简单，没有奢侈的物质享受欲望，也没有被各种令人头晕目眩的文化或知识困扰的烦恼的百姓。在老子的眼里，让人们在一种自由宽松的社会环境中保持人类淳朴天真的精神生活，与自然之道相契合，比物质文明虽然发达，但充满着危机、争斗、谋杀和阴谋的社会制度显然更符合于人类的本性。老子所强调的"无为"，即是顺应自然，其治理社会的效力，显然要比用法令、规章、制度、道德、知识来约束人的社会行为要合理得多，有力得多。这就是"无为而无不为"的基础含义。

老子主张为而不争。他对统治者提出了这样几条告诫：

1. 去甚，去奢，去泰。

老子说："将欲取天下而为之，吾见其弗得已。夫天下神器也，非可为者也。为者败之，执者失之……是以圣人去甚，去奢，去泰。"①

老子明言，谁要想占有天下并且按照自己主观意图去治理它，我看他是达不到目的的。天下是自然的现象，是不可以用有为的机智乱搞的。用有为之机智欲取天下者，必不能成功。坚持执用机巧之心，其结果必定也是失败。因此，圣人必须不走极端，杜绝奢侈，不采取过度的措施。"三去"的目的，是在于回归自然，无私无欲。落实到具体措施，就是要求统治者轻刑罚，慎用兵，薄税敛。

2. 去智。

去智，是指消除为统治者的心智技巧。老子说："绝圣弃智，民利百倍；绝仁弃义，民复孝慈；绝巧弃利，盗贼无有。此三言也，以为文未足，故令之有所属。见素抱朴，少私寡欲，绝学无忧。"②

老子认为，在人类的原始状态，人们不知痛苦为何物。智慧出现后，才知痛苦与愉悦。他又说："大道废，有仁义。智慧出，有大伪。六亲不和，有孝慈。国家昏乱，有忠臣。"③老子认为，智慧是人间伪诈的根源。人们迷失本性，这是导致国家昏乱之由。

---

① 《道德经·第二十九章》。
② 《道德经·第十九章》。
③ 《道德经·第十八章》。

3. 寡欲。

寡欲，指控制统治者内心的欲望。老子说："我有三宝，持而保之。一曰慈，二曰俭，三曰不敢为天下先。夫慈，故能勇；俭，故能广；不敢为天下先，故能成器长。"①圣人有三件法宝，要保持着：一是慈善，二是俭约，三是不敢把自己的私欲放在民众的前头。以慈爱对待百姓，得到民众的支持，就有勇气；处事节俭，不劳民伤财，就能财用充足；不敢把自己私欲放在百姓之先，就能成为一国之长。治理国家者应该"欲不欲，不贵难得之货"②。把自己的欲望不当作欲望，不追求难得的东西。所以，老子主张统治者应"见素抱朴，少私寡欲"。朴德是一种顺任自然之德，统治者见素抱朴，才能以自然之道治民。

4. 以百姓之心为心。

在对待民众的态度上，老子主张圣人"以百姓之心为心"。以"道"为最高原则，改变统治者对民众的态度。他说："圣人常无心，以百姓之心为心。善者，吾善之，不善者，吾亦善之；德善。信者，吾信之，不信者，吾亦信之；德信。圣人在天下，歙歙焉，为天下浑其心，百姓皆注其耳目，圣人皆孩之。"③圣人

① 《道德经·第六十七章》。
② 《道德经·第六十四章》。
③ 《道德经·第四十九章》。

没有固定不变的动向，以百姓的动向为动向。对有道德知识的，我以善意对待；对无道德知识的，我亦以善意相待，这样才合乎道德。信实的，我以信实对待他；不信实的，我亦以信实对待他，结果得到信实的效果。圣人任天下事，不怀成见，和和恰恰地处世。圣人作天下事无所不可，浑浑然不独自主张，百姓都注意其行动，但他都不去计较。表现了圣人治身浑身于道，治国浑心于民的思想。

5. 欲先民，必以身后之。

老子主张统治者不与民争利。"江海之所以能为百谷王者，以其善下之，故能为百谷王。是以圣人欲上民，必以言下之；欲先民，必以身后之。是以圣人处上而民不重，处前而民不害。是以天下乐推而不厌。以其不争，故天下莫能与之争。"[①] 江海之所以能为百川的总汇，因为它处在百川的下游。所以，圣人虽身居上位，但对待民众必须表示谦下。虽然领导群众，必须把自己的利益放在后头。所以圣人在上而百姓不觉得有很重的负担。领导百姓，而百姓不觉得有什么妨害。因此，民众都推崇他，而不讨厌他。由于他不与民争，所以天下没有谁和他相争。因此，为政者不能自私自大，与民争利。老子还认为，理想的执政者不仅不应与民争利，而且还应当做到大公无私。"天长地久。天地所以能长且久者，以其不自生，故能长生。是以圣人后其身而身先；外其身

---

① 《道德经·第六十六章》。

而身存。非以其无私邪？故能成无私。"①当政者应该为百姓精心打算，而把自己的利益放在后头，这样才能领导群众而保存自己。

6. 老子提出了"无为而治"的四项原则。

在老子看来，"无为而治"不仅是对执政者提出的修养原则，也是统治者为政治国的原则。

老子说：

> 以正治国，以奇用兵，以无事取天下。吾何以知其然哉？以此。天下多忌讳，而民弥贫；民多利器，国家滋昏；人多技巧，奇物滋起，法令滋彰，盗贼多有。故圣人云："我无为而民自化，我好静而民自正，我无事而民自富，我无欲而民自朴。"②

由此可以看出，老子无为取天下的四项原则是指：

1. 在教化方面，统治者"无为"，民众便可以自我教化。

2. 在治理社会方面，统治者"好静"，不临之以法，威之以刑，民众自然安分守己。

3. 在民生问题上，统治者"无事"，无事则无战，无劳役兵役，少赋税，民众便可以安心农事，自然富足。

4. 在民风民俗方面，统治者"无欲"，顺任自然，不尚奢华，

---

① 《道德经·第七章》。
② 《道德经·第五十七章》。

民众自然质朴。

老子认为，为政者如果能以这四项原则来要求自己，真正做到以"无为""好静""无事""无欲"的方式来治理民众，民众就会自然顺化、自然规矩、自然富足、自然淳朴。可以说，这四项原则具体体现在老子的诸多政治思想方面。

老子认为，高明的当政者和领导者应懂得自然之道，顺应人的天性，让下属和百姓各尽其能，各守其职，各得其所，相安无事，而切忌用过多的条规制度来进行强制性约束，否则会适得其反。也就是说，最好的治国之策应该是"清静无为"，不要左一个政策，右一个政策，搞得民众无所适从。要让一个国家、一个社会安定大治，就像对待井水一样，搅动得越凶，残渣败叶就越是泛起，水就越是混浊，最好的办法是停止施加外力，让它自己慢慢平静下来，这样井水就会自然清静了。"无为而治乃大治"，这是老子"无为"论给后人的有益启示。

四、反者道之动，弱者道之用

老子的政治思维方式与孔子及其儒家的中庸之道有所不同，表现出了极其鲜明的独特个性。

在老子的政治思想中，包含着十分丰富的辩证法思想。

《道德经》提出了一系列哲学意义上的矛盾概念。如：大小、高下、长短、前后、难易、美丑、有无、损益、强弱、刚柔、祸福、荣辱、智愚、拙巧、成败、生死、攻守、进退、静躁、轻重等等。

老子比较系统地揭示出事物的存在是运动的、相互依存的，而不是静止的、相互孤立的。他说："天下皆知美之为美，斯恶已；天下皆知善之为善，斯不善已。故有无相生，难易相成，长短相形，高下相倾，音声相和，前后相随。是以圣人处无为之事，行不言之教。万物作焉而不辞，生而不有，为而不恃，功成而弗居。夫唯不居，是以不去。"[1] 意思是，当天下人都知道美之所以为美，这就知道丑了；当天下人都知道善之所以为善，这就知道恶了。所以有与无、难与易、长与短、高与下、音与声、前与后，都是相互对立又相互依存的。功成身退，知足不辱，这是人类社会永恒的真理。

从事物及其现象相互对立又相互依存的永恒性出发，老子提出了道的运动的普遍性法则：即"反者道之动"[2]。

所谓"反者道之动"，意即道的运动原则是向自己相反的方向转化。

老子描述了大量事物向自己相反方面转化的现象。如："物或损之而益，或益之而损。"[3]"甚爱必大费，多藏必厚亡。"[4]"物

---

[1] 《道德经·第二章》。
[2] 《道德经·第四十章》。
[3] 《道德经·第四十二章》。
[4] 《道德经·第四十四章》。

壮则老。"①"躁胜寒，静胜热。"②"祸兮，福之所倚；福兮，祸之所伏。"③"曲则全，枉则直，洼则盈，敝则新，少则得，多则惑。"④"天下万物生于有，有生于无。"⑤

在政治领域，老子同样遵循"反者道之动"的运动规律，提出了所谓"其政闷闷，其民淳淳；其政察察，其民缺缺"⑥的政治现象。老子认为，政治越是宽厚清明，民众反而淳朴敦厚；为政者过于明察秋毫，政治严厉苛刻，为了生存，民众反而会变得更为狡诈。

"反者道之动"意味着事物向自己的对立面转化，事物的否定是自我否定，是合乎规律的否定，所以，老子利用道的这种运动规律，提出了"弱者道之用"⑦的全新政治思维逻辑。

老子把"柔弱胜刚强"⑧作为人世间普遍运动变化的原则。他认为，万事万物之间都是相生相克，不断地在发生着变化。"天

---

① 《道德经·第五十五章》。
② 《道德经·第四十五章》。
③ 《道德经·第五十八章》。
④ 《道德经·第二十二章》。
⑤ 《道德经·第四十章》。
⑥ 《道德经·第五十八章》。
⑦ 《道德经·第四十章》。
⑧ 《道德经·第三十六章》。

下之至柔，驰骋天下之至坚。"① "人之生也柔弱，其死也坚强。草木之生也柔脆，其死也枯槁。故坚强者死之徒，柔弱者生之徒。是以兵强则灭，木强则折。强大处下，柔弱处上。"② 他还说："天下莫柔弱于水，而攻坚强者莫统治者之能胜，以其无以易之。弱之胜强，柔之胜刚，天下莫不知，莫能行。"③ 正因为柔弱胜刚强，因此，老子主张："知其雄，守其雌，为天下溪……知其白，守其黑，为天下式……知其荣，守其辱，为天下谷。"④ "将欲歙之，必固张之；将欲弱之，必固强之；将欲废之，必固兴之；将欲取之，必固与之。"⑤

　　老子的政治思维达到了很高的辩证法水平，是对春秋以前古代辩证法的发展和理论的总结。原始五行、阴阳学说中的矛盾及其依存、转化等等思想，都被《道德经》经过扬弃、综合而纳入自己的体系。这些都体现出了《道德经》对古代辩证法进行理论总结的思想水平与高度。

　　但是，我们也应当看到，老子的政治思维，在看到事物对立面的广泛存在、以矛盾的思维来认识事物的同时，主要强调的是

---

① 《道德经·第四十三章》。
② 《道德经·第七十八章》。
③ 《道德经·第七十八章》。
④ 《道德经·第二十八章》。
⑤ 《道德经·第三十六章》。

矛盾的同一性的一面，即对立面的相互依存、相互转化，而忽视了矛盾向对立面的转化需要一定的条件，把"反"即向对立面的转化绝对化了。由此逻辑推演出的"弱用之术"，也同样蕴含着深刻的片面性，即只看到了由弱至强的规律性，但忽视了这种转化的条件性。①

五、理想国：小国寡民

"小国寡民"是老子向往的一种理想社会的状态。

在老子所精心描绘的这个理想国里，人们的生活应该是这样的一幅有趣的画面：

> 小国寡民。使有什伯之器而不用。使民重死，而不远徙。虽有舟舆，无所乘之；虽有甲兵，无所陈之。使民复结绳而用之。甘其食，美其服，安其居，乐其俗。邻国相望，鸡犬之声相闻，民至老死，不相往来。②

细品上面这段文字，老子设想的"小国寡民"的理想国大致

① 丁小萍著：《中国古代政治智慧》，浙江大学出版社2005年版，第86—87页。
② 《道德经·第八十章》。

具有以下几大特征:

第一,国家的规模小,人口少,即"小国寡民",以至于"邻国相望,鸡犬之声相闻"。

第二,民众崇尚原始质朴的生活状态,不尚智巧,虽有文化和文明成果可资利用而不用。人们有器具而不用;有船只车马而不使;"虽有甲兵,无所陈之";虽有文字,却结绳而记。

第三,这个国家的百姓重生寡欲,知足常乐,人民因重生而不愿远离家国。且以寻常衣食为甘美,以简居陋室为安乐。

第四,国与国、人与人之间没有任何交往,过着十分封闭的自然生活。虽然"邻国相望,鸡犬之声相闻",却"民至老死不相往来"。

老子的"小国寡民"的理想国与儒家的大同、小康理想社会大异其趣,特别是与小康社会迥然不同。老子的乌托邦是以古代田园牧歌般的农业社会为蓝图描绘出来的。

老子的理想国,是从他的道论中逻辑地演绎而来的。由于老子把道作为价值判断的最高标准,并根据道的精神设计了理想中的人类社会,所以,老子的政治理想与他所生活的时代是格格不入的。在他看来,"天之道,利而不害;圣人之道,为而不争"①。然而,理想很丰满,现实却很骨感。在老子的眼中,残酷的现实是:

---

① 《道德经·第八十一章》。

奇巧利器是祸患的根源，文化与文明成为人们争名夺利的工具，现实的一切都是对道的破坏，人类群体生活所必需的伦理规范和礼仪制度都不符合道的原则，因此也就没有任何重要的价值。

老子的政治理想与社会发展的历史潮流是相违背的，他把不断进步的社会看成是不断倒退的社会，不符合人类社会由低级到高级不断发展的客观历史事实。礼仪是人类文明进步的标志，老子批判礼仪压抑人的自然本性的一面是正确的，但因此完全抛弃礼仪，就从一个极端走到了另一个极端。他把原始蒙昧状态作为其理想社会的蓝本，这就决定了他的政治思想必然带有浓厚的复古主义的倾向。

但是，从另一方面，我们也应当看到，老子所描绘的理想国蓝图，不只是对远古时代的美好回忆和留恋，其深刻之处在于其有批判现实的一面。他主张简朴单纯的文化与人格，实际上是对当时诸侯国尚武力争的为政之道的一种大胆的否定，也是对当时功利主义的价值观的一种无情的批判。①

---

① 丁小萍著：《中国古代政治智慧》，浙江大学出版社2005年版，第88页。

第七章　韩非的帝王学

韩非是中国古代法术势思想的集大成者。人们公认，他吸收了公孙鞅的"法"，申不害的"术"，慎到的"势"，同时又汲取了老子、荀子等人思想中的积极成分，经过个人熔铸，使法、术、势三者有机地融合为一体，从而构成了中国法家完整的政治理论思想体系，其专著《韩非子》成为独具特色的中国帝王学的范本。

一、先秦法家思想的集大成者

人类历史上绝无仅有，一位雄才大略的国王，为了得到一个人才，会不惜去发动一场国与国之间的战争。这位战争的发动者就是秦王嬴政。而值得他发动战争、梦寐以求想得到的人便是《韩非子》一书的作者——韩国人韩非。

韩非是韩国的一位公子，其生年已不能详考，与秦国丞相李斯是同时代人，大约生于公元前 280 年，死于公元前 233 年。韩非出生于韩国贵族世家，政治起点很高。他喜欢研究刑名法术之学，也曾钻研过黄老南面之术。他曾拜当时著名的儒家大师荀况为师，与后来做了秦帝国丞相的李斯有同门之谊，二人曾经一道学习，相互切磋，他的聪颖曾经引起李斯的嫉妒。

或者由于和韩王有宗室的关系，或者由于在韩国王宫担任了一定的职位，韩非对于韩国的前途非常忧虑，不忍心看着韩国走向灭亡。他见韩国日渐削弱，急切地探索起弱致强之道，数次书谏韩王，但韩王不能用，于是退而发愤著书，从而成为先秦法家思想的集大成者。

韩非认为，韩王不能以法治国，不能以权势驾驭群臣，不以富国强兵为目的去求人任贤，反而重用那些徒有虚名的人担任重要的官职，这是韩国不能振兴的重要原因。

在韩非看来，"儒士以文乱法，侠者以武犯禁"①。对国家有害的人反而博得了好的名声，在战场上拼死拼活厮杀的将士却没有得到应得的爵禄。所养非所用，所用非所养，是韩国积贫积弱的症结所在。为此，他发愤著书，先后写了《孤愤》《五蠹》《说难》《主道》《二柄》《八奸》《十过》《有度》等有声有色、内容十分深刻犀利的文章，以讥讽韩国当轴。

司马迁说：韩非的著作是"观往者得失之变"②的求强之术。

韩非的目的在于拯救故国，可是他讲的道理却具有普遍性的意义。所以，韩非的著作传到了秦国，秦王嬴政阅读之后大为赞赏，感叹说："嗟乎，寡人得见此人与之游，死不恨矣！"正好李斯在他身边，立即回答说："此韩非之所著书也。"③于是，秦王嬴政立即派兵攻打韩国，战争的唯一要求就是要得到韩非这个人。

对于韩国来说，韩非是无足轻重的，在大兵压境之下，韩王便拱手把韩非送给了秦王。

秦王嬴政得到了韩非，非常高兴。然而渴求得到的东西，一旦真正到了手，就不觉得那么珍贵了，韩非并没有立即得到重用。

李斯与韩非是同学，自认为才能不及韩非，担心自己在秦国

---

① 《韩非子·五蠹》。
② 《史记·老子韩非列传》。
③ 《史记·老子韩非列传》。

的地位受到威胁。姚贾是秦王的宠臣，对于韩非也十分不满。因为韩非曾在秦王面前直言不讳地批评他不该贿赂燕、赵、吴、楚，浪费国家的财物，并嘲笑他出身卑贱。

于是，李斯、姚贾联合起来，在秦王面前诋毁说："韩非，韩之诸公子也。今王欲并诸侯，非终为韩不为秦，此人之情也。今王不用，久留而归之，此自遗患也，不如以过法诛之。"①

嬴政一听，觉得也有道理，就派人把韩非关进了监狱。李斯借此机会，派人给韩非送去了毒药，逼迫其自杀。韩非想见到秦王嬴政，当面提出申诉，但由于李斯、姚贾从中作梗，无法实现。等到秦王嬴政悔悟不该如此处置韩非时，韩非已经在云阳狱中死去多日了。

韩非的命运，和公孙鞅、吴起两个法家先驱人物一样，是个悲剧，法术被君王采用，然而自身却遭惨死，结局都十分不幸。

不过，古人认为，人的不朽表现在生前能够立德、立功、立言三个方面。韩非以立言而不朽。忌妒他的人，可以谋害他的性命，但无法消灭他的言论和著作以及他身后的巨大影响。

韩非的著作在战国时期就已经开始流传了，但那时流传的不过是些单篇的文章。秦汉时期，韩非的作品被编订成集，称为《韩子》。司马迁说韩非的著作有十余万言，《汉书·艺文志》说《韩子》有55篇，现有的《韩非子》这部书，篇数刚好是55篇，与

---

① 《史记·老子韩非列传》。

汉初班固所见的篇数相同，但其中有些是其他人的作品。

韩非是中国古代法术势思想的集大成者。

韩非曾批评申不害"徒术而无法"①，指出，申不害辅佐韩昭侯，虽用术于上，法不勤饰于官，所以韩国不能称霸。他又批评公孙鞅"徒法而无术"②，指出，公孙鞅辅佐秦孝公，推行法治，虽然达到了富国强兵的目的，但因为不善于权术，人君得不到利益，大权旁落，未能达到帝王之治。

因此，韩非主张兼用法、术。同时，他又采用慎到的势治学说，重视权势的重要性。韩非强调说："抱法处势则治，背法去势则乱。"③

在这样的认识驱动下，韩非从时代的要求出发，研究创新法家的治国理论。他吸收了公孙鞅的"法"、申不害的"术"、慎到的"势"，集三派之长，同时又汲取了老子、荀子思想中的积极成分加以发挥，终于形成了独具特色的思想体系。

韩非认为，法是官府公布的成文法，是编著在图籍上的法规；术是君主暗藏在心中的权术，是驾驭臣民的手段；势则是君主掌握在手中的权势，是控制臣下的凭借力量。韩非把这三种学说综

---

① 《韩非子·定法》。

② 《韩非子·定法》。

③ 《韩非子·难势》。

合起来，形成法家完整的政治学说。这样，韩非的政治学说就集前期法家代表人物之大成，为大一统帝国君主集权制提供了理论上的根据，从而催化了一个新时代的诞生。

在韩非的政治思想体系中，法治、术治、势治各有侧重，互为作用，互为依托。概括起来说，就是君主凭借地位和权势运用术数来驾驭群臣，并通过群臣的辅助，使老百姓严格遵守已经公布的成文法规，从而达到天下大治的目的，这是一种地地道道的帝王统治术，也正是韩非集法家思想大成之所在。

作为韩国贵族，又曾与李斯一起跟随注重现实问题的著名学者荀况求学，种种经历，使得韩非对于当时的政治局势与时局问题的症结洞若观火，可谓了然于胸。

李斯长于游说，被秦国重用；韩非因为口吃，不善言谈，就把主要精力放在著书立说上。韩非的贡献，在于为即将出世的秦帝国在理论上做好了准备。李斯则辅佐秦始皇从实践上为这个帝国创建了一套新的政治模式。

韩非看到韩国在战国时期日益走向衰亡，这个关注国家命运的人焦虑不安，便急切地探索救弱致强之路。

经过对历史和时代的研究，韩非认为，只有法家路线能够改变韩国的命运。韩非的理论虽然没有达到挽救韩国命运的目的，但它适应了建立统一的君主集权国家的时代需要，成为大秦帝国建立自己政治统治的指路明灯。

二、帝王学的根基与渊源

韩非继承了以前法家的历史进化理论，把人类的历史从远古到战国分作四个时期，即"上古""中古""近世"和"当今"四世。

在韩非看来，社会是发展变化的，历史在发展，时代在变化，治国的办法也要作相应的改变。历史上的伟大创举只是在过去具体的时代具体环境下才具有意义，把它原封不动地移用后世，绝不是对历史的尊重，而只能说是一种愚蠢的行为。圣人不盲目学习照搬古代的一套，不墨守成规，而是考察研究当今社会的实际情况，具体问题具体分析，从而对症下药，为它制定出相应的正确的治国之道以及具体措施来。对此，韩非给出的结论是："是以圣人不期修古，不法常可，论世之事，因为之备。""事因于世，而备适于事。"①

为了给法家路线提供伦理学方面的根据，韩非改造了荀况的性恶论，提出了人性好利论。

在韩非看来，人的本性是自私自利的，这种本性本无所谓好坏。利，可以使人变成懦夫、贪夫，但也能驱使人变成猛士。君主利用好群臣民众的这种天性，是从事一切事业的推动力。针对

---

① 《韩非子·五蠹》。

这种情况，韩非主张，政治就应该从这个实际出发，把全部政策自觉地建立在"利"的基础上。君主的主要举措不是改变人的本性，而是要搞好"利"的排列组合，利用刑赏法治等手段，适应臣民趋利避害的要求，用刑德二柄建立起自己的王霸之业。

在以前法家君主中心论的基础上，韩非也吸收了老子有关"道"的思想，进一步提出了君道同体论的独特主张。

司马迁说：韩非"喜刑名法术之学，而其归本于黄老"[①]。

在韩非看来，君主不仅应该掌握国家的最高权力，而且还要"体道"。为此，他提出了"君""道"同体的重要政治观点。

在韩非看来，之所以要如此，是因为，"道"是万物的本源，是事物运行的规律。君主本身就是"道"的体现，这也是君主高于臣民的原因所在。"道者，万物之始，是非之纪也。是以明君守始以知万物之源，治纪以知善败之端。"[②]"有术之君，不随适然之善，而行必然之道。"[③]韩非认为，既然"道"是绝对的、唯一的，君主的地位也应该是绝对的、唯一的。在人世间，君主是道的体现者，群臣与民众就应该要受君主的制约。

实力原则是韩非政治理论的重要基础。

---

① 《史记·老子韩非列传》。
② 《韩非子·主道》。
③ 《韩非子·显学》。

韩非认为，当今时代的特色是角力。在当今时代，在社会矛盾关系中，要想吃掉一方或绝对压倒一方，最有效、最可靠的手段就是"力"。"力"是定乾坤、成大事的不二法宝。"力"是君主得以控制臣民，国家得以保全乃至称霸的利器。

在《韩非子》中有很多对于"力"的颂扬。如："先王所期者利也，所用者力也。"①"力多则人朝，力寡则朝于人，故明君务力。"②"上古竞于道德，中世逐于智谋，当今争于气力。"③

历史进化思想、人性好利论、君道一体论和功利主义与实力原则，构成了韩非政治思想体系的理论基础。

三、君主如何操纵和行使权力

在韩非看来，"好利"是一切人的本性。君王应当明确并充分利用这种人的本性，处理好驾驭群臣与管理民众的事情。

韩非认为："好利恶害，夫人之所有也。"④安全有利的人们就靠近它，危险有害的人们就离开它。由于人性是"好利""自为"，人与人之间的关系纯粹是一种利害关系，有利则合，无利则散。

---

① 《韩非子·外储说左上》。
② 《韩非子·显学》。
③ 《韩非子·五蠹》。
④ 《韩非子·难二》。

君主应该充分利用这种利益关系，调动群臣的积极性并且处理好与臣工之间的关系。

　　韩非认为，在各种利益关系中，君主的利益应该是最高的，甚至高于国家利益，"故国者，君之车也；势者，君之马也"①。国家是君主的日常运行工具，是君主的私物。为了保持自己的最高权力，君主就应该顺应群臣和民众"好利"的本性，用"利"来调动臣民。君与臣的关系就是一种买卖交换关系，主卖官爵，臣卖智力。君主只有通过利益才能求得大臣们的忠贞报效。君臣之间，并不是父子那样的骨肉之亲，而是以互相计算利害得失为出发点的。

　　韩非还认为，为了实现君主的利益，只有群臣不行，还必须把民众动员起来，动员的方法也是一个"利"字，应该用"名""利"来充分动员民众的力量，"利之所在民归之，名之所彰士死之"②。对于那些不为利禄诱惑，不为君主卖命的大臣与民众，则应当加以严厉的打击和制裁，对于这样的人，韩非主张只能杀掉。"赏之誉之不劝，罚之毁之不畏，四者加焉不变，则除之。"③总之，臣民只有对君主有用、有利，才有存在的价值，否则，均应加以

① 《韩非子·外储说右下》。
② 《韩非子·外储说左上》。
③ 《韩非子·外储说右上》。

除掉。

韩非主张以法治国，反对贤人政治。他对贤人政治持批判的态度。

韩非提出：尚法而不尚贤。

他认为，对君主而言，无须待贤人而后治，亦无须等贤君而后治。

韩非说：

> 释法术而任心治，尧不能正一国；去规矩而妄意度，奚仲不能成一轮；废尺寸而差短长，王尔不能半中。使中主守法术，拙匠执规矩尺寸，则万不失矣。君人者能去贤巧之所不能，守中拙之所万不失，则人力尽而功名立。①

韩非显然认为，放弃法术而凭主观办事，就是尧也不能治理好一个国家；不要规矩而胡乱猜测，就是奚仲也不能做好一个车轮；废弃尺寸而比较长短，就是王尔也不能做到半数符合标准。假如中等才能的君主遵循法术，笨拙的匠人掌握规矩尺寸，同样能够做到万无一失。做君主的如果能去掉贤人、巧匠也办不成事情的做法，奉行中主、拙匠都万无一失的做法，人们就会竭尽全力为君主效力，君主功名自然也会建立起来。

———————

① 《韩非子·用人》。

　　韩非认为，历史上的贤君和暴君都是千世不一出，绝大多数的君主都是"中人"。中人只要"抱法处势"，也可以治天下。甚至暴如桀、纣者，只要"抱法处势"亦可治好天下。"立法，非所以备曾、史也，所以使庸主能止盗跖也。"①韩非的不尚贤，主要是出于维护君主的权力统治的立场，出于戒备的心理，害怕尚贤将被贤者所篡，"信人则制于人"②。但是，假若一个亲信也没有，事情也难办，不过越少越保险。韩非说："贞信之士不盈于十。"③就是说，君王身边的心腹之人不能超过十人。韩非尚法不尚贤，甚至认为庸人、暴君也可以依法治理国家的观念，实际上为扩大君主政治的消极因素开辟了道路。

　　韩非的法制虽有强调政治规范化的内容，但更主要的是表现了君主对所有的人都不信任。一方面信法而不信人，另一方面又要使所有的臣民都要变成法的工具和奴仆，君主则要稳坐在法之巅。所以法如同势一样，是君主实行绝对专制统治的工具。

　　除了法治，韩非同样强调术治。但术有君驭臣之术，也有臣弄君之术。韩非是君主的讴歌者，他所讲的术都是维护君主专制的驭臣之术。由于韩非把君臣关系视为虎狼与买卖关系，所以除

---

①　《韩非子·守道》。
②　《韩非子·备内》。
③　《韩非子·五蠹》。

了讲考课监察之外，更多的是讲阴谋诡计。韩非说："术者，藏之于胸中，以偶众端而潜御群臣者也。"① 术与法不同，法是臣之所师，术为主之所执，法要公开，术要暗藏，所以韩非又说："法莫如显而术不欲见。""用术，则亲爱近习莫之得闻也。"② 韩非在论术时着重指出近亲与近臣是最危险的人物，《说疑》中他指出："难之从内起，与从外作者相半也。"③

韩非之所以强调用术驾驭臣属，是因为他看到臣僚在政权中具有特别重要的作用。毕竟，君主最终的统治对象是民，然而君主却不能直接面对民众，必须通过官吏这一中间环节以实现统治。因此，韩非说："人主者，守法责成以立功者也。闻有吏虽乱而有独善之民，不闻有乱民而有独治之吏。故明主治吏不治民。"④ 这段话意思很明显：官吏叛乱，仍有守法的善民；如果民起来作乱，就决不会有好的官吏，民作乱是由官吏逼出来的。依据这一观点，韩非明确指出了"明主治吏不治民"这一重要的观点。

事实上，在整个传统国家统治结构中，官吏为"本"，民为"末"，官吏如网之纲，民如网之目。君主治吏比治民更重要，术的作用主要在于治吏。

---

① 《韩非子·难三》。
② 《韩非子·难三》。
③ 《韩非子·说疑》。
④ 《韩非子·外储说右下》。

韩非的术中，有些属于积极的考课监察方法，如：

第一，任能而授官。

第二，赏罚严明。

第三，形名参验。主要是指：官任其职，以其职课其功；臣不兼官，事不越位；言行一致，"听其言必责其用，观其行必求其功"[1]。

第四，众端参观，听无门户。韩非说："观听不参则诚不闻，听有门户则臣壅塞。"[2] 即是说，听谏不以私故，而看是否有利于事。"忠言拂于耳，而明主听之，知其可以致功也。"[3] 听无门户，十分重要，但还要善于抉择才会益事。

不过，韩非的术更多的是为君王提供的驾驭群臣的谋略，主要有以下十项：

第一，深藏不露。君主在决断以前，要保持绝对的"无为"状态，去好去恶，绝不让臣下揣摩清楚自己的意图。为了防止泄露机密。他特别提出要备内，以防备夫人、后妃、太子、左右之人等等。他还深怕说梦话泄露机密，劝君主在重要时刻要"独寝"。

第二，国之利器不可以示人。

---

[1] 《韩非子·六反》。

[2] 《韩非子·内储说上》。

[3] 《韩非子·外储说左上》。

第三，"用人如鬼"①。

第四，深一以警众心。什么是深一以警众心呢？不妨举一例说明："周主下令索曲杖，吏求之数日不能得。周主私使人求之，不移日而得之，乃谓吏曰：'吾知吏不事事也。曲杖甚易也，而吏不能得，我令人求之，不移日而得之，岂可谓忠哉？'吏乃皆悚惧其所，以君为神明。"②

第五，装聋作哑，以闇见疵。"道在不可见，用在不可知。虚静无事，以闇见疵。见而不见，闻而不闻，知而不知。"③故意装聋作哑，等待臣工大意时自露马脚。

第六，倒言反事。即故意说错话，作错事，以检验臣下是否忠诚。"子之相燕，坐而佯言曰：'走出门者何白马也？左右皆言不见。有一人走追之，报曰：'有。'子之以此知左右之不诚信。"④这种方法未尝不是对付那些贪官污吏的一种办法，但毕竟是一种阴谋，不能多用。

第七，事后抓辫子。凡遇事，君必须设法让臣发表意见。韩非说："主道者，使人臣必有言之责，又有不言之责。""人臣

---

① 《韩非子·八经》。
② 《韩非子·内储说上》。
③ 《韩非子·主道》。
④ 《韩非子·外储说左上》。

言者必知其端以责其实，不言者必问其取舍以为之责。"① 这一招实在太厉害了，而更厉害的是言必有记录。韩非又说："言陈之日，必有策籍。"② 仅作记录还无关紧要，问题在于，韩非要求事情的结果必须与陈言相合，符合者受赏，不合者则受罚。人非圣贤，哪能言必有中！韩非的主观设想是为了防止臣下危言巧语，但实际上却使人根本不敢讲话，然而韩非又设法使人非讲话不可，讲了又抓辫子，从而让众大臣畏君如虎，唯恐出半点差池，真是令人毛骨悚然！

第八，防臣如防虎。时时要有戒心，如"不食非常之食"③ 等等。

第九，设置暗探。"设谏（同"间""间谍"）以纲（纠正）独为"，"阴使时循以省衰（当为衷）"④。暗设侦探以刺群臣实情。

第十，暗杀。对于可疑者或任重势大之人，要设法加以控制与削权，不能控制的便应借故处死。如果明罚不便，"生害事，死伤名，则行饮食"⑤。一句话，设法暗杀，以免太阿倒持。

总之，韩非认为，君主要集权于一人，首要之事就是抑制左右大臣。君臣之间绝不是忠义关系，而是虎狼关系、利害关系。

---

① 《韩非子·南面》。
② 《韩非子·八经》。
③ 《韩非子·备内》。
④ 《韩非子·八经》。
⑤ 《韩非子·八经》。

君主对所有臣属，甚至自己的妻子儿女都必须时刻警惕戒备，切不可以"亲""爱""信""依赖"相待。因为篡位窃权者首先是这些身边的人。"爱臣太亲，必危其身；人臣太重，必易主位。"① "万乘之患，大臣太重；千乘之息，左右太信。此人主之所公患也。"② "人主之患在于信人，信人则制于人。"③ 亲属也不例外，"后妃、夫人、适子为太子者，或有欲其君之蚤死者"。从人情上说，这些人未必憎君，但利害之争会超过情感，当"君不死则势不重"，影响到自己权势利益时，利欲就会压倒人情与亲情，不仅欲君早死，甚至还会亲下毒手。为了防止大臣以及左右势侵君主，韩非提出了如下一些具体措施：

第一，严格控制分封。"大臣之禄虽大，不得藉威城市。"④ "有国之君，不大其都。"⑤

第二，臣不得擅专兵权。臣子"党与虽众，不得臣士卒"⑥。

第三，臣不得专财权。"臣制财利则主失德。"⑦

---

① 《韩非子·爱臣》。

② 《韩非子·孤愤》。

③ 《韩非子·备内》。

④ 《韩非子·爱臣》。

⑤ 《韩非子·扬权》。

⑥ 《韩非子·爱臣》。

⑦ 《韩非子·主道》。

第四，臣不得专人事大权。任免臣吏之权，只能由君主专擅，臣下不得"树人"，"臣得树人则主失党"①。

第五，臣不得有刑赏之权。"明主之所导制其臣者，二柄而已矣。二柄者，刑、德也。"刑、德二柄落入臣下之手，"则一国之人皆畏其臣而易其君，归其臣而去其君矣，此人主失刑德之患也"②。

第六，禁止臣下结交私党。"大臣之门，唯恐多人。"③一旦发现臣下结党，就要下决心"散其党，收其余，闭其门，夺其辅"④。

第七，取缔私朝。春秋时期，大夫效法国君设立家朝。在家朝内，大夫形同国君，家臣以君相奉。这种家朝制到战国时还仍然存在。韩非指出，私朝是一种奸邪行为，应加以取缔，提出"人臣处国无私朝"⑤的主张。

韩非把君臣之间的较量视为能否实现君主集权的关键，应该说，他十分准确地抓住了要害。从中国历史实际过程看，君主的高度专制与集权往往都是在君臣之间的较量中形成的。在没有民主制度的情况下，君臣之间的每一次较量，不管是哪方胜利，所产生的合力必然是推动君主集权的进一步发展。因此，我们可以说，

①　《韩非子·主道》。
②　《韩非子·二柄》。
③　《韩非子·扬权》。
④　《韩非子·主道》。
⑤　《韩非子·爱臣》。

统治阶级内部争权夺利的斗争，是推动君主专制的主要动力。①

韩非主张取长补短，把"法""术""势"三者结合使用。在他看来，国家如同君主的车，"势"好比拖车的马，"术"就如同驾驶的手段。韩非所说的"法"，是指赏罚的标准，"术"则是国君根据"法"控制群臣的手段。"法"是公开的，而"术"是隐蔽的，是藏在君主心里用来对照验证各方面的事情从而暗地里用它来驾驭群臣的东西。"故法莫如显，而术不欲见。"② 国君有了"术"，就可以独揽政权。"势"就是权势，是君主利益的保证，对于威严和权势，君主应该牢牢地掌握在自己手中。君主如果不掌握术治，就会在上面受蒙蔽；臣子如果不遵守法制，就会在下面闹出乱子；所以法、术这两样东西是不可或缺的，都是成就帝王大业的工具。

韩非把国家视为君主的私物，从而把君主独裁推向了新的高峰。

韩非描述的君主专制的格局是：

事在四方，要在中央。圣人执要，四方来效。③

---

① 刘泽华、葛荃主编：《中国古代政治思想史》，南开大学出版社2001年版，第105—108页。

② 《韩非子·难三》。

③ 《韩非子·扬权》。

　　"远在千里外，不敢易其辞"。"臣毋或作威，毋或作利，
从王之指；无或作恶，从王之路。"①

　　就是说，具体的事务分配给各地官员，主要的大权集中在中
央政府。圣明的君主掌握了关键的大权，四面八方的臣民就会自
动来奉献与效劳了。

　　韩非指出，君主平时不仅要独揽大权，还需要获得群臣的协助。
可以听取不同的意见，但决事必须乾纲独断，决断之前还要做到
深藏不露，不可让臣下摸到自己的意向，从而被臣下所利用。前
面说过，为了防止走漏风声，韩非特别写了《备内》篇，警告君主，
切莫让后妃、太子、左右之人得到消息。为防止说梦话泄露机密，
韩非还劝君主要"独寝"。凡此种种都是为了确保独断。

　　韩非认为："人主者，以刑德制臣者也。"②

　　赏罚是君主控制臣民的两把利器，英明的君主用来控制臣下
的手段，不过是两种权柄罢了。这两种权柄，就是刑和德。

　　何为刑德？

　　杀戮的权力为刑，奖赏的权力为德。

　　赏罚的目的除了控制大臣外，更是为了让民众专心于农战，

---

① 《韩非子·有度》。
② 《韩非子·二柄》。

从而保证富国强兵。

韩非的帝王学说对秦帝国政治统治的影响是全方位的。秦始皇读到他的书，竟然崇拜得五体投地。韩非的思想也因此成为了秦帝国政治建设的基本政治纲领。

韩非思想对秦帝国政治上的影响，核心集中在两个方面：

1. 高度中央集权的政治体制。

韩非"事在四方，要在中央。圣人执要，四方来效"的中央集权体制的思想，完全为秦始皇所采纳。

秦灭六国后，用郡县制代替了分封制，建立了从中央到地方的一整套官僚政权机构。在中央建立皇帝制度与实行三公九卿制。三公九卿直接对皇帝担负各种责任。在地方，先后在全国设置40余郡，彻底废除封国建藩制度。郡设郡守、郡尉、郡监，分别掌管一郡的行政、军事、监察。郡下设县，县下有乡、里、亭等基层政权组织，从而形成了从上到下严密的行政控制体系。

按照大秦帝国制度，中央和地方所有重要官吏都要由皇帝任免调动，从而铲除了地方割据与官僚尾大不掉的可能性。为了防止官吏违法弄权，大秦帝国制订了一套比较完善的官吏选拔和考核制度。规定官吏必须经过中央政府正式委任才可以任职，官吏调动时，不准带随员，使官吏难以形成私人势力。官吏一经任命，就要服从调遣，否则就会受到惩处。对官吏随时进行考核，根据考核结果分别给予处罚或奖赏。官吏任职期间享受国家俸禄，如被免职则俸禄取消。通过这样一套制度，官吏变成了君主豢养的鹰犬和奴才，国家权力牢牢地被皇帝所完全控制和操纵。

为了保障帝国政令的畅通，防止因受六国固有传统影响，地方各自为政局面的出现，秦始皇废除了六国原有的法令，颁布实行统一的国家法令。同时，统一文字、货币、车轨度量衡，修建沟通全国的交通网络，拆除内地的长城、关隘、堡垒、堤坝等。通过这样一系列措施，既加强了中央对地方的控制，也加强了各地的联系。秦始皇建立的这一套中央集权、君主专制的国家政治体制，在当时是有效的、先进的。这一套高度中央集权制度被后来历代统治者所继承，对中国历史的进程产生了十分深刻而长远的影响。

2. 帝王独尊、独裁的国家治理模式。

在秦始皇的思想观念和政治实践中，把韩非帝王独尊、独裁的理论奉为至典，极力宣扬并全面付诸实施。秦代通过建立一整套完善的君尊臣卑的政治制度，建立起了皇帝个人的绝对权威。

秦帝国的政治制度具有以下四个特征：

（1）国家最高权力的不可分割性，权力集中在皇帝一人手中。

（2）皇权的不可转移性，皇位只能在皇帝本家族内世袭。

（3）从中央到地方实行官僚制度，官吏可以随时罢免。

（4）集权中央。钳制民意，轻视地方，以严刑酷法与暴力来维持统一和稳定的政治和社会秩序。

这四个特征，是专制主义政治制度的根本条件。自大秦帝国建立伊始，伴随着统一的国家的诞生，专制主义就成为中国政治生活的一种常态。大秦帝国时期确立的帝王独尊文化与帝王独裁的国家治理模式，在两千年的中国传统社会里不断被发扬光大，对中国历史和政治的发展产生了巨大的影响。

但是，从另一方面来看，由于韩非极端夸大帝王独裁与帝王驭臣术在国家政治生活中的作用，其政治理论也埋下了大秦帝国灭亡的祸根。

在国家治理方式上，韩非主张君主掌握对大臣的生杀予夺之权，以术驭臣，自操权柄；对民众则采用严刑峻法，严加控制。这些思想在秦始皇的政治统治中完全被付诸实践。

秦始皇父子对大臣抱防范之心，自匿行踪，与群臣隔绝，导致欺谩取容之风大盛，歌功颂德之声四起，犯颜直谏之风尽消。由于他们听不到真话，了解不到实情，政令越发偏颇而失去了修正的机制和机会。

法家政治虽然适应了特殊时期集中国力、动员民力参与战争的需要并在秦国获得了成功，然而统一之后，秦始皇仍把这种成功当作和平时期高度集权统治的逻辑根源之一。严刑酷法，横征暴敛，与民众渴望和平、安定，恢复和发展生产的要求大相径庭。这种继续用打天下的手段来治理天下的结果，就是大秦帝国最终没能实现由战争到和平、由天下大乱到天下大治的完全转变。同时，法家鼓吹暴力至上，认为重刑的威力无穷，只要不断地加重刑罚，就能够保证民众的绝对服从，完全忽视了道德教化的作用；法家学说所鼓吹的"以法为教""以吏为师"的思想及秦始皇采取的"焚书坑儒"政策，使帝国政治难以吸收其他学说理论的合理因素，变成了一种僵化而封闭的思想体系，这就难以适应时代的发展和形势的变化。

这样看来，韩非学说所造就的大秦帝国的极权政治，其有效性和局限性是同时并存的。任何极权政治的初期，都有很高的行政效率；但因违反人道精神，终究不能久存，不能作立国的长治久安之计。

四、治理民众的办法

在韩非的帝王学中，人主除了以刑德制臣外，还有治理民众的职责。对于民众的治理，韩非主张推行文化专制主义，实行愚民政策。

企图以法律条文代替人们的精神生活，直至取消人们的精神生活，这是韩非政治理论的一大发明。

韩非在强调君主绝对至上的权威性时，同时主张实行文化专制主义，禁绝一切文化传统。"境内之民，其言谈者必轨于法。"①就是韩非的一大政治发明。

---

① 《韩非子·五蠹》。

为了把遵守法令，将听从君主长官指挥和学习结合为一体，韩非提出："故明主之国无书简之文，以法为教；无先王之语，以吏为师。"①

从表面看，战国时期的思想领域是诸子并存，百家争鸣。但是，如果仔细考察一下各种学说的政治思想脉络，就会发现，争鸣的每一家都不把对方的存在当作自己存在的条件，从而给予应有的尊重，每一家几乎都要求独尊己见，禁绝他说。由于争鸣与争霸是一个过程的两个方面，因此争鸣形成的合力是朝着文化专制主义方向迈进。法家是这方面跑得最快的一家。韩非提出言轨于法、以吏为师，就在理论与实践的结合上很好地把文化专制主义落实了。

韩非提出："明法者强，慢法者弱。"②必须把国人的思想统一到国家法令上来。他认为不仅要颁布法令，还要宣传法令，使民众妇孺皆知。他说："明主言法，则境内卑贱莫不闻知也。"③所有人的思想方式和全部生活的出发点，都必须"以法为本"，"本治者名尊，本乱者名绝"④。"一民之轨，莫如法。"⑤韩非所说的法令，无疑体现了统治者的意志，特别是君主的意志。人人服

---

① 《韩非子·五蠹》。
② 《韩非子·饰邪》。
③ 《韩非子·难三》。
④ 《韩非子·饰邪》。
⑤ 《韩非子·有度》。

从法，自然是维护君主统治，维护政治和社会秩序的最有效的办法。把法作为人们的行动规范，从法律的观点看，无疑是合乎逻辑的，是先秦法家的共同主张。

不过，把法作为人们思想的唯一规范，则是韩非提出的新主张。这个主张的意义不在于要求人们都必须遵法，而在于取消人们进行思考的权利。韩非明确规定了思想犯罪说。他说："言行而不轨于法令者必禁。"[1] 他更进一步提出："禁奸之法，太上禁其心，其次禁其言，其次禁其事。"[2] 用法禁心禁言，从根本上扼杀了人们的精神生产活动，这无疑走上了另外一个极端，是非常严酷的专制主义的明显表现。

在韩非看来，法是为君主专制服务的，而官吏则是君主的爪牙和法律的执行者。为了把人们遵法守令与学习结合为一体，韩非提出了"以吏为师"的政治主张。纵观先秦历史，儒、墨、纵横等流派从不同角度出发，基本上都是倡导以圣为师，以贤为师。在形式上，圣贤与当权者不完全一致，教育与政治也不完全是一回事，教育有它的相对独立性。韩非"以吏为师"的提出，一笔勾销了教育的相对独立的性质，使教育完全变成政治统治的从属品，同时也取消了教育的认识价值。教育的职能只有一个，这就

---

[1] 《韩非子·问辩》。

[2] 《韩非子·说疑》。

是政治驯化的作用，这是专制主义的一个十分极端的表现。

韩非把法术之学与诸子之学，特别是儒、墨之学，视为不可两立、不可并存的两种思想体系，对儒、墨进行了猛烈的抨击。他把一些国家衰败的原因归诸儒学的影响。在《五蠹》中，他指责学习儒学的儒生是"邦之蠹"，也就是国家的蛀虫。韩非认为："人主不除此五蠹之民，不养耿介之士，则海内虽有破亡之国，削灭之朝，亦勿怪矣"①。他把六国衰败与秦强盛的原因归结为六国受儒家影响太重，秦则一直奉行法术。这虽然有其一定的道理，但显然也有所偏颇。

韩非抨击儒、墨与其他诸子，并不是简单地委罪和批评，他的确讲出了一些道理。最根本的一点，韩非认为仁爱之道与人的好利本性是相悖的。其次，仁爱慈惠与国家法令也是相互对立的。平心而论，韩非这种见解是有相当道理的。因为舍法而从心，就失去了政治标准，在无标准的情况下，与其把仁义与残暴视为对立，不如视为一个问题的两个方面更为合理。

除了儒、墨之外，韩非对其他学派也多有批评。批评的主要点也是认为这些学派的学说不切实际。如公孙龙的白马非马说，辩则辩矣，然而白马过关并不能以此为据而免税。他还用画马与画鬼为喻，斥责诸子的宏阔辩说如同画鬼一样，不过都是些不切

① 《韩非子·五蠹》。

实际的鬼论。

韩非为了打击诸子百家，还使用了陷害手法。他认为凡属称颂古圣者，都是借古讽今，借先贤而刺今主。他说："为人臣常誉先王之德厚而愿之，是诽谤其君者也。"① 为了加害于人，他甚至认为诸子百家称颂尧舜是鼓动人臣造反篡主。因为在韩非看来，尧、舜、汤、武都是人臣篡主之辈，"尧为人君而君其臣，舜为人臣而臣其君，汤、武为人臣而弑其主、刑其尸，而天下誉之，此天下所以至今不治也"②。在韩非的眼中，这些人都不是什么圣人，而是奸劫弑臣。儒、墨等对之倍加称颂，这分明是鼓动人臣篡主，是导致天下所以至今不治的重要原因。如果说前面那些批评还有一些道理的话，这种说法显然就是存心诬陷了。

"以法教心"③、"以吏为师"，以及禁绝百家等皆是韩非文化专制理论的主要内容，这与政治上的极端君主专制主张是一致的。

总的说来，韩非的全部政治思想，是以加强君主独裁和维护君主利益而展开的，这是韩非观察问题和处理问题的出发点和归结点。加强君主集权和维护君主利益会涉及社会生活的各个方面。

---

① 《韩非子·忠孝》。
② 《韩非子·忠孝》。
③ 《韩非子·用人》。

按照利导、利诱、利用、利禁的方式去调动臣民为君主服务时，不可避免地要引起社会经济、政治关系的一系列变动。在这种变动中，有一部分内容表现了对旧秩序的破坏，如取消无功受禄者的特权等，这些变动有益于社会的进步。但在韩非看来，严刑高压又是利导、利用、利禁的一种特殊方式，而且这种方式更简便、更有效，所以利导、利用一反手又引向了高压政策。

韩非的专制政治主张无疑符合君主的口味，但是，由于他把君主公开置于与一切民众对立的地位，从而又使君主陷于孤立。韩非最真实地揭开了君臣、君民之间关系的帷幕，不揭开这个帷幕，双方都缺乏自觉性，遭了殃都不知原因在哪里；可是一旦揭开了这个帷幕，又使双方都处在了恐怖之中，双方之间无法建立完全信任的关系，从而对维护君主的统治带来了副作用。韩非的著作不能说不明、不智、不圣，但他却没有捞到圣人的牌位，享受上后世治国理政者祭祀的香火与提供的冷猪头肉，主要的原因恐怕是他太忠于事实，太敢说真话了。在封建时代，虚伪比诚实更有用，更能赢得帝王政客们的欢心。① 这也许是秦始皇特别喜欢韩非的著作，却又特别讨厌与害怕韩非这个人的原因吧。

---

① 刘泽华、葛荃主编：《中国古代政治思想史》，南开大学出版社2001年版，第108—110页。

第八章　董仲舒的大一统

董仲舒是西汉时期著名的思想家、理论家。他上承孔子，下启朱熹，对中国儒家学说的继承与发展起到了十分重要的承接作用。董仲舒以天为主导，以天人关系为轴心，以阴阳五行为材料，编造出一套以儒家学说为核心的，融合了先秦诸子思想的天人感应说、三纲五常说，并将它用于国家与社会的政治生活领域。从他开始，儒家学说成为中国传统政治思想的主干，统治中国思想界与官方的意识形态长达两千余年。

一、"孔子之文在仲舒"

董仲舒是西汉人，大约生于公元前 198 年，卒于公元前 106 年，广川（今属河北省景县）人，他是西汉时期著名的思想家、理论家。他上承孔子，下启朱熹，对中国儒家学说的政治继承与发展起到了十分重要的作用。

司马迁说：

> 董仲舒，广川人也。以治《春秋》，孝景时为博士。下帷讲诵，弟子传以久次相受业，或莫见其面，盖三年董仲舒不观于舍园，其精如此。进退容止，非礼不行，学士皆师尊之。今上即位，为江都相。以《春秋》灾异之变推阴阳所以错行，故求雨闭诸阳，纵诸阴，其止雨反是。行之一国，未尝不得所欲。中废为中大夫，居舍，著《灾异之记》。是时辽东高庙灾，主父偃疾之，取其书奏之天子。天子召诸生示其书，有刺讥。董仲舒弟子吕步舒不知其师书，以为下愚。于是下董仲舒吏，当死，诏赦之。于是董仲舒竟不敢复言灾异。
>
> 董仲舒为人廉直。是时方外攘四夷，公孙弘治《春秋》不如董仲舒，而弘希世用事，位至公卿。董仲舒以弘为从谀。弘疾之，乃言上曰："独董仲舒可使相胶西王。"胶西王素

闻董仲舒有行，亦善待之。董仲舒恐久获罪，疾免居家。至卒，
终不治产业，以修学著书为事。故汉兴至于五世之间，唯董
仲舒名为明于《春秋》，其传公羊氏也。①

司马迁与董仲舒是同时期人，他的记载和判断应该是有说服
力的。

司马迁认为："汉兴至于五世之间，唯董仲舒名为明于《春秋》，
其传公羊氏也。"这就是说，在司马迁的眼中，从汉高祖到汉武
帝五世间，虽然治经者不乏其人，但只有董仲舒才称得上是最精
通《春秋》学的经学大师。

东汉时期，班固在《汉书》中称董仲舒"为世儒宗，定议有
益天下"②。"为群儒首"③，是汉代儒学的宗师。王充对董仲舒
更是赞誉有加。他说："文王之文在孔子，孔子之文在仲舒。"④
文王传孔子，孔子传仲舒，说明董仲舒是周文王、孔子的正统嫡
传，也是圣贤级的学者。晚清康有为在《春秋董氏学》中说董仲
舒思想"轶荀超孟"。孟子是亚圣，荀子是大儒，超过孟子和荀子，
自然就是圣人了。如此看来，从汉到清，董仲舒的学说对中国思

① 《史记·儒林列传》。

② 《汉书·刘歆传》。

③ 《汉书·董仲舒传》。

④ 《论衡·超奇篇》。

想界、政界、学术界，都有着一定的影响。

　　西汉时期，《春秋公羊学》盛行，当时有两位大师：一是董仲舒，一是胡毋子都。他们都是汉景帝时代的博士。胡毋子都比董仲舒年长，董仲舒曾经"著书称其德"，敬佩他的品德。胡毋子都由于年老，退休回到故乡齐国，在那里教授弟子。齐地讲《春秋》的学者都以他为宗师，公孙弘也曾经向他学习过。胡毋子都的学生不少，而出名的只有公孙弘一人。公孙弘以研究《春秋》出身，后来因为善于给汉武帝的政策作论证，"缘饰以儒术"，得到汉武帝的赏识，平步青云，位至三公，封平津侯，成为当时学子倾慕的楷模。公孙弘官大，名气大，为老师争了光。但他没有弟子，研究学问也不如董仲舒，对后代影响比较大的是董仲舒。

　　在胡毋子都与董仲舒之前，谁传《公羊学》，史无定论。唐代徐彦在《春秋公羊传·疏》中称："孔子口授子夏。"引《说题辞》云："传我书者，公羊高也。"又引《戴宏序》曰："子夏传于公羊高，高传于其子平，平传于其子地，地传于其子敢，敢传于其子寿。至汉景帝时，寿乃（与）其弟子、齐人胡毋子都著于竹帛，与董仲舒皆见于图谶是也。"按照这种说法，孔子把《春秋》传给弟子子夏，然后子夏传给公羊高，公羊高以后父子相传，五代到了公羊寿。公羊寿与其弟子胡毋子都合作，把《春秋公羊传》写在竹帛上，形成了有文字的《春秋》注释。《汉书·儒林传》说胡毋子都"与董仲舒同业"。如果这个史实成立的话，那么，董仲舒与胡毋子都同受业于公羊寿，就是同窗的关系，而不是师生之间的关系。

《公羊传》是汉景帝时的公羊寿主持撰写的，并非是公羊氏一家的思想汇编。在汉代，《春秋公羊传》影响很大，与这一学派靠近政权、介入政治有着一定的关系。胡毋子都和董仲舒都是汉景帝时的《春秋》博士。汉武帝当政以后，举贤良对策，董仲舒和胡毋子都的弟子公孙弘都通过对策，进入政界，董仲舒对策虽然受到汉武帝的赏识，但只当了江都相、胶西相，并未能进入中央政府的决策层。公孙弘则深受汉武帝信任和器重，位至三公，封平津侯，他在汉武帝一朝起到过举足轻重的作用。公孙弘 80 岁终于相位上，对世风有导向作用。《史记·儒林列传》中说："公孙弘以《春秋》，白衣为天子三公，封为平津侯。天下之学士靡然向风矣。"因为公孙弘的成功，天下学士学儒，特别是学《春秋公羊传》，一时成为时髦。董仲舒本人虽然没有公孙弘政治地位那么显赫，但他的学问大，学生多，当官的也多，例如兰陵褚大任梁相，温吕步舒任丞相长史，还有赢公在汉昭帝时任谏大夫，其他任郎、谒者，掌故者有数百人。而且他的子孙也当了大官。

据郑玄《六艺论》中记载："董仲舒弟子赢公，赢公弟子眭孟，眭孟弟子庄（严）彭祖及颜安乐，安乐弟子阴丰、刘向、王彦"，严彭祖传王中，王中传东门云和公孙文。颜安乐的弟子很多，除了郑玄提到的三人，《汉书》中还提到冷丰、任公、管路、冥都。

冷丰的弟子有马宫和左咸。管路的弟子有孙保。据范晔的《后汉书·儒林传》记载，治《春秋严氏学》的学者有丁恭、周泽、甄宇、楼望、程曾。严彭祖的弟子王中，王中的弟子东门云下狱诛，大概就再没有弟子了。王中的另一弟子公孙文任东平太傅，"徒众尤盛"，因此，东汉治《严氏学》的丁恭等人可能都是公孙文的弟子。东汉治《春秋公羊学》的还有张玄、李育，李育的弟子羊弼，羊弼的弟子何休。何休是东汉时代著名的公羊学大师，代表作是《公羊解诂》。总之，这些公羊学家都是董仲舒的后学。由于这些学者都在汉代朝廷中任博士、谏大夫、太傅或国相，参与政治，使公羊学盛行于汉代，并影响着汉代的政治、思想和文化。①

　　董仲舒一生著述颇丰，《汉书·董仲舒传》说："仲舒所著，皆推明经术之意，及上疏条教，凡百二十三篇。"实际上这只是董仲舒的一部分著作，主要还是一些解经义的论文、上书、文告之类。在《汉书·艺文志》儒家类，著录有董仲舒百二十三篇，应该就是上面所说的那些著作。但就是这些著作，现在大部分也已经散失了。《汉书·董仲舒传》中又说："而说《春秋》事得失，《闻举》《玉杯》《蕃露》《清明》《竹林》之属，十余万言皆传于后世。"这些著作也大部分散失了，只有一些残片保存。此外，在《汉书·董仲舒传》中包含了《三策》，《汉书·五行志》中有董仲舒论灾异的七十七事，而在《汉书·食货志》中有《说武帝使关中民种麦》《又言限民名田》，在《汉书·匈奴传赞》中有《论御匈奴》。还有《汉书·艺文志》中列出《公羊董仲舒治狱》十六篇，而在《后汉书·应劭列传》中有《春秋决狱》二百三十二事，有学者怀疑这两本书是同一本。《春秋决狱》本为张汤等人向董仲舒请教断狱的案例汇编，晋以后失传，清王谟、马国翰有辑本，收入《玉函山房辑佚书》。

　　董仲舒现存最为重要的著作是《春秋繁露》，曾在《隋书·经籍志》中列有《春秋繁露》十七卷。由于《春秋繁露》（今本凡八十二篇）始见于《隋书·经籍志》，而未曾出现于《汉书·艺文志》，因此就有人怀疑这本书是后人的伪作。不过，现代学者经过对其中篇章与其他材料比对，认为今本《春秋繁露》应该是董仲舒的著作，徐复观在《两汉思想史》中认为，《春秋繁露》只有残缺，并无杂伪。[①]通过以上的概述可知，董仲舒的著作现在主要保存在《春秋繁露》中，这也是现代人了解董仲舒学说的主要文献。

———————

① 徐复观著：《两汉思想史》，第二卷，华东师范大学出版社2006年版，第195页。

二、"屈民而伸君，屈君而伸天"

汉武帝登基以后，为了施展雄才大略，招致人才，多次举行贤良对策，即由各地方推荐贤良文学之士，汉武帝亲自提出策问，贤良文学之士进行对策，汉武帝亲自阅读对策，从中发现人才，加以任用。公孙弘是参加对策，受到汉武帝赏识，才进入仕途的。董仲舒也是通过对策，而被任为江都相的。《史记》没有提到董仲舒参加对策，只说"今上（汉武帝）即位，为江都相"①。《汉书·董仲舒传》则明确说董仲舒由于对策受到汉武帝赏识而被任为江都相，并把董仲舒对策系于元光元年五月。②司马光的《资治通鉴》则把董仲舒对策认定在建元元年，即汉武帝即位的当年，根据就是《史记》上的"今上即位"。

在《汉书·董仲舒传》中，收录了汉武帝三篇策问和董仲舒的三篇对策全文。在这三篇对策中，董仲舒讲天人关系主要是讲天人感应，因此又称"天人三策"。董仲舒的著作较多，而这三篇对策则是他的代表作，是他政治哲学的核心。后人汇集的《春秋繁露》则是三策思想的展开与细化、深化。

---

① 《史记·儒林列传》。
② 《汉书·武帝纪》。

殷周时代的上帝说、天命论为天人感应说的长生奠定了基础。西周时代的"天道无亲，惟德是辅"的政治思想与墨子的顺天意者"必得赏"，逆天意者"必得罚"的天志论，也为天人感应说增添了催化剂。战国时代，天人感应说的观点已具雏形。同气相应思想与天命论思想相结合，产生了天人感应说，在先秦的著作中就已经有了这种思想，《周易·乾卦·文言》和《吕氏春秋·应同》都有"同声相应，同气相求"之类的思想。《吕氏春秋》首先将同气相应用于说明朝代更替的征兆，"凡帝王者之将兴也，天必先见祥乎下民。黄帝之时，天先见大寅大蝼，黄帝曰'土气胜'。土气胜，故其色尚黄，其事则土。及禹之时，天先见草木秋冬不杀，禹曰'木气胜'，木气胜，故其色尚青，其事则木。及汤之时，天先见金刃生于水，汤曰'金气胜'。金气胜，故其色尚白，其事则金。及文王之时，天先见火，赤乌衔丹书集于周社，文王曰'火气胜'。火气胜，故其色尚赤，其事则火。代火者必将水，天且先见水气胜，水气胜，故其色尚黑，其事则水。水气至而不知，数备，将徙于土"①。秦始皇用武力统一天下，他不怎么相信天命论，但他却相信五德终始说，认为自己是得了"水"德，以水德胜周的火德。因为水的颜色尚黑，数尚六，因此，秦始皇在制度上做了一系列的规定，如旗帜、服饰用黑色，车轴长六尺。由于

---

① 《吕氏春秋·应同》。

秦朝很快灭亡，天命论又反弹了回来，西汉一些思想家认为秦始皇灭亡的原因有不信天命、不施仁义、封建制改为郡县制、好大喜功、贪欲无度等若干条。西汉陆贾在《新语·明诫》中说："治道失于下，则天文变于上；恶政流于民，则虫灾生于地。"当时，天人感应、灾异谴告的思想都已经有了萌芽。汉初的刘邦、吕雉、汉文帝、汉武帝等人都有天人感应的思想，并在政治活动中有所表现。例如刘邦有病，不肯就医，说他自己的命是由上天决定的，医生如何能改变天意。"吾以布衣提三尺剑取天下，此非天命乎？命乃在天，虽扁鹊何益？"[1] 吕雉在刘邦死后，任用吕氏家族的人，垄断了朝廷上下要害部门，排挤刘氏家族。当时发生一次日食，吕雉很紧张。根据阴阳学说，日食是阴侵犯阳。吕雉是个妇女，属阴，在朝廷擅权，正是阴侵犯阳。根据天人感应理论，天文变化是上天对政治的态度，日食是大灾异，表明上天对当时政治的严厉谴责，谴责女人居然在朝廷擅权。吕雉对别人说："此为我也。"[2] 她认为日食是上天针对她而发的。男女分阴阳，君臣也分阴阳。君为阳，臣为阴。赏罚也分阴阳。赏，大家高兴，属阳；罚，悲哀痛苦，属阴。德为阳，刑为阴。因此，汉文帝时也曾经发生日食，当时并没有皇后干政擅权的问题，那就可能在别的方面出现了毛

---

[1]　《史记·高祖本纪》。

[2]　《史记·吕太后本纪》。

病。汉文帝小心行政，不知哪儿有问题，赶紧下诏，承认错误，承担责任："人主不德，布政不均，则天示之以灾，以诫不治。"然后，他向广大贤良征求意见，"举贤良方正能直言极谏者，以匡朕之不逮"①。他希望敢直讲真话的人给他指出缺点错误，指出他的不足之处，以便他更正。这说明，汉文帝是相信天人感应的，是真心诚意征求改善政治的意见的。有天命论或天人感应论在那儿，对皇帝的主观施政有抑制作用，对皇权也有制约作用。文、景盛世的出现与此不无关系。

汉武帝对汉初的天人感应说有点怀疑，因此才会提出策问："三代受命，其符安在？灾异之变，何缘而起？"②他询问：夏、商、周三代受命，他们的瑞符在哪儿？历代灾异的出现都是怎么产生的呢？

董仲舒的对策是：

> 臣闻天之所大，奉使之王者，必有非人力所能致而自至者，此受命之符也。天下之人，同心归之，若归父母，故天瑞应诚而至。《书》曰："白鱼入于王舟，有火复于王屋，流为乌"，此盖受命之符也。周公曰："复哉复哉。"孔子曰："德不孤，

---

① 《史记·孝文本纪》。
② 《汉书·董仲舒传》。

必有邻"，皆积累德之效也。及至后世淫佚衰微，不能统理群生，诸侯背畔，残贼良民，以争壤土，废德教而任刑罚。刑罚不中，则生邪气；邪气积于下，怨恶畜于上。上下不和，则阴阳缪戾而妖孽生矣。此灾异所缘而起也。[①]

董仲舒回答汉武帝的疑问说，天要让谁当王，是自然而然的，人是无能为力的，这就是"受命之符"。天下人都同心归向它，天的瑞祥就相应天下人的诚心而到来，例如《书》中所载的（商汤时）白色的鱼跳入汤的船，（周文王时）有火落在文王的屋顶上，变成红色的乌鸦。这些都是"受命之符"。这都是不断积累善德的结果。后世君主贪图享受，又不能统理百姓，诸侯背叛，驱逐民众投入战争来争夺土地，不进行道德教化，只用刑罚。刑罚使用不当，就产生邪气。民众中积累邪气，对官方的埋怨和厌恶也在积累。官民不协调，阴阳就会混乱，而产生妖孽。这就是灾异之所以产生的原因。

董仲舒在对策中又说：

> 臣谨案《春秋》之中，视前世已行之事，以观天人相与之际，甚可畏也。国家将有失道之败，而天乃先出灾害以谴告之，不知自省，又出怪异以警惧之，尚不知变，而伤败乃至。

---

① 《汉书·董仲舒传》。

以此见天心之仁爱人君而欲止其乱也。自非大亡道之世者，天尽欲扶持而全安之，事在强勉而已矣。①

董仲舒提出《春秋》。《春秋》是孔子根据古史编的中国最早的政治学典籍，有很高的权威性。在尊古卑今、厚古薄今的时代，利用《春秋》讲道理，就更有说服力。董仲舒说自己认真考察了《春秋》中所记载的前世已经做过的事情，来观察天与人相互作用的关系，是很可怕的。一个国家将要发生失道的败坏时，天就先发出灾害来警告它，这个国君如果不知道反省，天就会发出怪异现象来恐吓他，如果还不知道改变，那才会达到伤害败亡。由此可以看出，天对人君是仁爱的，想帮助人君防止祸乱。只要不是十分无道的时代，天都要给以扶持，让君主安全。这事就在君主的勤勉。也就是说，如果君主勤勉地为民众做好事，那么上天一定会扶持他，他就可以平安地做君主；相反，如果君主不勤勉政事，贪图享受，那么，上天就会使他家破国亡，身败名裂。

天人三策，董仲舒提出了天人感应说的主要内容，借助于《春秋》的权威，适应了当时社会的政治需要，产生了一定的影响。后来，他退休在家，又加以思考与修改，使天人感应说更加完善了。这就是他的《春秋繁露》一书。在这本书中：

---

① 《汉书·董仲舒传》。

第一，董仲舒提出宇宙模式，这就是天有十端说，十端是天地阴阳五行与人。具体说来，就是：天、地、阴、阳、木、火、土、金、水、人。他说："天有十端，十端而止已。"① "天、地、阴、阳、木、火、土、金、水，九，与人而十者，天之数毕也。"②

第二，董仲舒认为天地生万物。他说："天地之气，合而为一，分为阴阳，判为四时，列为五行。"③天地之气派生阴阳五行，阴阳五行化生万物。人也是天地生的，而且是天的骄子。"天者万物之祖，万物非天不生。"④ "为人者，天也。"⑤ "人之超然万物之上，而最为天下贵也。"⑥

第三，董仲舒提出了天人同类感应。董仲舒认为天生人，人象天，"以类合之，天人一也"⑦。天人同类，同类相动，因此，天人相感。人们从共振现象概括出同类相动，董仲舒以这个道理为根据来论证自己的天人感应说。

第四，天人相感，为什么都看不见？董仲舒列举出许多同类

① 《春秋繁露·官制象天》。
② 《春秋繁露·天地阴阳》。
③ 《春秋繁露·五行相生》。
④ 《春秋繁露·顺命》。
⑤ 《春秋繁露·为人者天》。
⑥ 《春秋繁露·天地阴阳》。
⑦ 《春秋繁露·同类相动》。

相动的现象，如把不同的琴瑟摆在那里，"鼓其宫，则他宫应之；鼓其商，而他商应之"。音调相同的琴瑟会感应自鸣，"非有神，其数然也"。天将阴雨，人欲睡卧，这是阴气相感。鸡到天将明，都相互鸣叫。美事招美害，恶事招恶类。总之，物本来就有"以类相招"的本性。弹这把琴上的宫调，那把琴上的宫调也自动响起来，这是同类相动，"其动以声而无形，人不见其动之形，则谓之自鸣也。又相动无形，则谓之自然。其实非自然也，有使之然者矣。物固有实使之，其使之无形"①。感应是看不见的，但它是确实存在的。所谓自鸣、自然都不是独立自然的，都有相互作用的东西，只是这种作用是无形的，没有被人们所发现、所认识而已。

第五，董仲舒认为，同类相感有中介物，天人相感的中介物是阴阳五行之气。弹宫而宫应，弹商而商应，中介物是声音。声音是无形的，所以看不见，人以为是自鸣的。天与人之间的中介物是阴阳五行之气，这种气充满空间，人在气中，就像鱼在水中，不知道自己周围充满了气，空间好像是虚空的，其实是充满气的、实的。他说："天地之间，有阴阳之气，常渐人者，若水常渐鱼者也。所以异于水者，可见与不可见耳，其澹澹也。然则人之居天地之间，其犹鱼之离水，一也。其无间，若气而淖于水。水之比于气也，

---

① 《春秋繁露·同类相动》。

若泥之比于水也。是天地之间，若虚而实，人常渐是澹澹之中，而以治乱之气，与之相流通相淆也。"① "渐"在这里是浸的意思。这里提到气是"无间"的。鱼之离水，这里的离，不是离开的意思，相当于"丽"，是附着、接触的意思。《诗经·渐渐之石》载："月离于毕，俾滂沱矣。"月接近毕宿时，天就将下大雨。《周易·离卦·彖》载："离，丽也。日月丽乎天，百谷草木丽乎土。"

第六，对于天人感应，宁可信其有，不可信其无。说的道理太多，人们对天人感应仍然持怀疑态度，根据当时人的理性，不能使人相信天人感应。董仲舒举出当时人们尚未认识的十种现象，都是奇怪的，人们还理解不了的现象。董仲舒认为，大家都不理解而又确实存在的现象，对人们有利还是不利，也无法知道，那是十分可怕的，有些现象为当时人所观察到，但还无法解释的现象，对人有利还是有害还不清楚，因此也是很可怕的。盲目性是可怕的。盲人骑瞎马，夜半临深池，危险性就在于盲目性。董仲舒的可贵在于承认事实，对于这些奇怪现象，自己解释不了，没有妄加否定，承认奇怪现象的存在，承认"非人所意"，而且提出这些现象对人有利有害还不清楚。

第七，利用阴阳五行讲灾异劝诫当政者。在《春秋繁露》中有论阴阳的五篇，论五行的九篇。以阴阳五行讲天人感应、灾异

---

① 《春秋繁露·天地阴阳》。

谴告，占相当大的篇幅。董仲舒以天、君、父为阳，为尊，地、臣、子为阴、为卑，因此强调："孝子之行，忠臣之义，皆法于地也。地事天也，犹下之事上也。"① "是故《春秋》君不名恶，臣不名善。善皆归于君，恶皆归于臣。"任何荣誉都要归于国君，任何罪过都要臣子承担。臣子做一件事，做好了是应该的，是托皇帝的洪福；做坏了，则是自己的失误。这当然是为国君树立权威的说法，这种说法用于维护君权，维护大一统政权，维护正常的稳定的社会秩序。然而事情总有两方面。维护了君权还要对君权有所限制。这就是从另一方面来维护君权。为国君者，要法自然，要以德配天。董仲舒说：

> 夫王者不可以不知天。知天，诗人之所难也。天意难见也，其道难理。是故阴阳入出实虚之处，所以观天之志；辨五行之本末、顺逆、小大、广狭，所以观天道也。天志仁，其道也义。为人主者，予夺生杀，各当其义，若四时，列官置吏，必以其能，若五行；好仁恶戾，任德远刑，若阴阳。此之谓能配天。②

在董仲舒看来，当政的王者不应该不知道天，天又是难知的。

---

① 《春秋繁露·阳尊阴卑》。
② 《春秋繁露·天地阴阳》。

通过阴阳出入虚实的变化来观察天志，通过五行的性能、生克来观察天道。根据阴阳变化，王者在行使授予、剥夺、赏赐、诛杀时要适时恰当，像寒暑四季变化那样。设置官吏，必须知人善任，像使用五行那样。王者要好仁恶恶，常施德政，讨厌残酷，尽量远离刑罚，像阴阳那样。这些都做好了，王者才可以说"能配天"。

天志、天意，都是可以从各种灾异中解说出来的。例如，"土干火，则多雷；金干火，草木夷；水干火，夏雹；木干火，则地动"[1]。

雷震多，就是"土干火"。土干火，可以有多种解释。据《五行顺逆》载，水主成长，"举贤良，进茂才，官得其能，任得其力，赏有功，封有德，出货财，振困乏，正封疆，使四方"。土是"君之官"。官是指功能、作用的意思。土的功能与国君的职能相似。土干火，就是国君干扰、妨碍了选举贤良，用人不当。也就是说，打雷多，皇帝就要考虑一下，在选举和任用方面有没有不妥之处。董仲舒用五行相生相克来比附政治，希望各官尽职尽责，让国家的政治进入正常的轨道。[2]

总之，董仲舒系统论证了天人感应说，形成了完整的政治

---

[1]　《春秋繁露·治乱五行》。

[2]　周桂钿著：《十五堂中国儒学课》，北京师范大学出版社2014年版，第72—80页。

思想体系，为后代官员向皇帝进谏提供了实用的理论武器，为制约皇帝权力、稳定政治与社会起了一定的积极作用。"董仲舒的宇宙系统的核心是天人感应，天人感应的目的则在于政治。"①董仲舒的天人感应说："一方面说皇帝代表天意，要人民服从皇帝，这就是所谓'君权神授'。另一方面要皇帝尊天保民，不要胡作非为，这就是所谓'神道设教'。这两方面的意义，在董仲舒的以下两句话中得到充分的体现，即：屈民而伸君。屈君而伸天。"②

董仲舒以天为主导，以天人关系为轴心，以阴阳五行为材料，编造出一套以儒家学说为核心的，融合了先秦诸子思想的天人感应说并将它用于国家的政治生活领域，从此，儒家学说成为中国传统政治思想和文化的主干，统治中国思想界长达两千年之久。

三、"大一统者，天地之常经，古今之通谊"

大一统，包括思想统一和政治统一两个方面。

"大一统"政治主张的形成与不断完善，是中华民族政治与

① 周桂钿著：《周桂钿文集·秦汉思想研究肆·董学探微》，福建教育出版社2015年版，第59页。

② 周桂钿著：《周桂钿文集·秦汉思想研究肆·董学探微》，福建教育出版社2015年版，第65页。

文化共同体建设和发展的客观需要。

早期儒家在这方面下了很大的功夫。

大一统观念产生比较早。儒家经典中很早就有对"大一统"理想的描述与向往。

在《尚书·尧典》中有"光被四表""以亲九族""平章百姓""协和万邦"，虽然还比较松散，却已有了一个中心，尧就是这个中心。在这个中心之外，围绕这个中心形成不同层次的政治圈，由小到大，由最亲近的"九族"到周围的"百姓"，再到远方的"万邦"。这是一个大一统系统，是中国政治文明史大一统的最初雏形。后来，这个系统一直延续了下来，并且在夏商时期得到进一步的发展。到了周王朝，周公采取封建制度，运用分片包干的办法，把天下广阔的土地与众多的民众，一起分封给先王之后、开国功臣以及自己的亲戚，由他们分别管理。周王称周天子，封国国君称诸侯。《诗经·小雅·谷风之什·北山》中说："溥天之下，莫非王土；率土之滨，莫非王臣。"这就是说："王"的权力遍及四海之内，宇内田野都是"王"的土地，民众都是"王"的臣民。这一诗句，充分体现了早期人们心目中的大一统观念，后来不断被世人频繁引用，成为国人所信奉的一种普遍的政治信条。

春秋时期，周王室衰微，五霸率诸侯尊王攘夷，是对大一统观念的继承。秦得天下，就下令统一文字货币度量衡，这些措施，也可以看作是大一统的继续。"车同轨，书同文"对后代影响很大，成为中华民族形成强大凝聚力的一个重要因素。

周公定制，其礼乐制度一直为后人所继承。据《左传·昭公七年》中记载，楚王做令尹的时候，使用国君的旌旗去打猎。大臣芋尹无宇就砍断了他的旌旗，义正词严地说："一个国家两个君王，有谁受得了？"臣下刚有分君权的企图，就受到"一国两君，其谁堪之？"的严正责难。芋尹无宇说："天子经略，诸侯正封，古之制也。封略之内，何非君土？食土之毛，谁非君臣？故《诗》曰：溥天之下，莫非王土。率土之滨，莫非王臣。"引用《诗经》的名句来作为他论证的依据，告诫君王不要数典忘祖。

孔子的理想国是大一统的君主国家。《礼记·坊记》载孔子言："天无二日，土无二王，家无二主，尊无二上。"在大一统的君主国家里，天子享有至高无上的权力，国家的一切政事出自天子："天下有道，则礼乐征伐自天子出。"[①]春秋时"礼乐征伐自诸侯出"正是天下无道的表现。由于君主的至尊地位，君主必须是圣王明君。儒家宣扬的尧、舜、禹、汤、文、武等就是理想国中的理想王。"天无二日，民无二王"，显然是"大一统"政治意识的朦胧体现。

大一统的提出，最先出现于《公羊传》。

《公羊传》在解说《春秋经》"隐公元年春王正月"时说：

---

① 《论语·季氏》。

　　"元年"者何？君之始年也。"春"者何？岁之始也。"王"
者孰谓？谓文王也。曷为先言"王"而后言"正月"？王正月也。
何言乎"王正月"？大一统也。

　　元年是指国君登基的第一年。春是一年的开始。王指周文王。
为什么先说"王"后说"正月"呢？这是说周文王历法的正月。
为什么要用周文王历法的正月呢？这是大一统。这里所说的"大
一统"，首先是指统一历法。其次，大，可以理解为重视，视某
物为大，那么，大一统可以理解为重视统一历法，即孔子重视使
用统一的历法。最后，从使用统一历法推出，孔子是主张政治统
一的。先秦历法有古六历，分别是黄帝历、颛顼历、夏历、殷历、
周历、鲁历。孔子不用鲁历，而用周历，说明他尊崇周朝的中央地位，
也反映他对统一政治的倾向。

　　汉承秦制，建立了以皇帝为核心的中央集权制度，这是适应
中国社会与政治发展规律的。汉代秦后，社会经济虽然稳定发展，
但统治集团内部政治斗争的风波不断。悍将造反，诸侯国割据，
外戚专权，朝局动荡等等，都极大影响了统治者对国家的治理与
统治。在政局不稳的背景下，董仲舒将儒家尊君重民思想用于现
实政治，提出了用儒家大一统学说来统一政治，统一人们的思想，
以巩固中央集权制度与封建国家的全方位的统一。

　　首先，维护君权至上是董仲舒的基本政治主张之一。他把君

主视为国家政治的核心。他说："君人者，国之本也。""夫为国，其化莫大于崇本。"①

董仲舒根据《公羊传》的"大一统"作了政治上的发挥。这就是，天下大一统，必须统一于王。所谓"大一统"，"尊王"之义是也。

董仲舒在给汉武帝的对策中说：

> 《春秋》大一统者，天地之常经，古今之通谊也。②

天地指空间，古今指时间。天地古今，古人称宇宙，佛教称世界。董仲舒把"大一统"称为宇宙普遍存在的根本法则。在这里，大，已经不能解释为重视，而是作为广大的意思，与一统组成一个特殊词组。把"大一统"看作宇宙普遍法则，不是《春秋》和《公羊传》的明确思想，而是董仲舒借《春秋》的名义发挥出来的思想，是他的重要的政治观点。

董仲舒对"春王正月"作了进一步的解释，以君权神授来论证君权的合理性。他说："置'王'于'春'、'正'之间，非曰'上奉天施而下正人，然后可以为王也，云尔'。"③ 王介于天人之间，

---

① 《春秋繁露·立元神》。
② 《汉书·董仲舒传》。
③ 《春秋繁露·竹林》。

起着联系天人的作用。他又说："唯天子受命于天，天下受命于天子，一国则受命于君。""《春秋》之法，以人随君，以君随天。"①民众要服从皇帝，皇帝要服从上天。董仲舒把"春王正"变成社会的三个层次：天、王、人。王即天子、皇帝。人即天下之民，泛指天子以外的所有人，包括各诸侯王、各级官员和普通百姓。人受命于天子，服从天子的命令。天子受命于天，顺从天的命令。上天的命令，就是天命。董仲舒用阴阳五行学说解释灾异现象来探讨天意，直接为汉武帝以及后来执政者强化君主专制与集权制造理论根据。

王，只有皇帝一个人，至高无上，权力极大，地位特殊。

人却是非常复杂的，上有卿相大夫、诸侯国王，中有各级官员，下有平民百姓。平民百姓中有父子、夫妻、兄弟、朋友诸种复杂关系。董仲舒用父为子纲、夫为妻纲，把小到封建社会的细胞——家庭都树立了中心，再把各家庭统一于为民父母的各级官员，再统一于皇帝一人身上。这就实现了全社会的政治大一统。社会形成一个整体，单个人是无法破坏这种统一的，只有那些盘踞一方的诸侯王有条件闹独立，搞分裂割据。吴楚七国之乱就是破坏统一的现象，因此，董仲舒所谓"屈民而伸君"，所要屈的不是平民百姓，而是各地诸侯王。而且这种政见正是从吴楚七国之乱的教训中引

---

① 《春秋繁露·为人者天》。

申和总结出来的。

其次，董仲舒又认为，思想统一是政治大一统的基础。

如何统一全国民众思想？

董仲舒提出，"罢黜百家，独尊儒术"。儒家思想代表天意，思想统一应该统一到儒学那里去。

董仲舒在对策中说：

> 今师异道，人异论，百姓殊方，指意不同，是以上亡以持统一，法制数变，下不知所守。臣愚以为诸不在六艺之科，孔子之术者，皆绝其道，勿使并进，邪辟之说灭息，然后统纪可一而法度可明，民知所从矣。[1]

师异道，人异论，百姓殊方，指意不同，讲的是百家争鸣。百家议论不同，法制常变，使民众不知道如何是好，会造成思想混乱，从而危及政治统治。《吕氏春秋·不二》篇中早说过："一则治，异则乱。一则安，异则危。"《吕氏春秋·执一》篇又称："王者执一，天子必执一。"治理国家，思想必须统一。这是政治的根本思想。政治的根本思想统一了，社会才能正常运转，保持稳定的局面。政治的思想一旦改变，社会就会大动荡，就要进行社会大改革或革命。政治的根本思想在一个国家中不允许是多元的。

---

[1] 《汉书·董仲舒传》。

根本思想确立之后，在不违背根本思想的前提下，对于特殊情况，可以采取特殊的方式处理事情，或者实行特殊制度、特殊政策。汉武帝时，董仲舒提出罢黜百家，独尊儒术，把全国思想统一于儒学。儒家学说就成了当时以及以后历代政治的指导思想。儒学产生于分封制时代，而在汉代也采纳了秦朝的郡县制，同时保存一部分分封制。但不影响儒学根本思想的权威地位，也不影响在全国政治中推行儒家的思想原则，即仁义之道。

周汉两代的政治实践证明，分封制度下的诸侯国容易搞独立活动，诸侯国各自独立，全国就会出现分裂、割据的局面。甚至有些比较大而富强的诸侯国还想叛乱、夺权。世界历史也表明，欧洲那些国家就是由于过去没有统一的政治力量和统一的权威思想，才留下至今分散的几十个国家。中国从秦汉开始，历代统治者都强调统一，而且深入人心，因此能保持统一大国的局面。一旦有分裂的危机就群起反对。在各种条件的逼迫下，不得已分裂了，中国人还都追求统一。东晋祖逖率军渡河北伐，虽未能成功，临死还大喊"渡河"。南宋诗人陆游有"王师北定中原日，家祭无忘告乃翁"的诗句，反映了统一祖国的强烈愿望，虽然知道"死去元知万事空"，还对祖国不能统一感到极度悲哀。祖国统一成为中华民族魂。全民族都为统一而奋斗。谁搞分裂均会成为历史的罪人，提倡统一的则是民族的功臣。这些都是董仲舒提倡大一统，独尊儒术给中华民族奠定的灵魂。董仲舒也因此成为中国历史上影响最大的思想家和政治理论家之一。[①]

政治大一统，有利于维护统一大国的局面。思想大一统，有利于统一思想，增加民族凝聚力，凸显民族精神的特色。不可否认，思想大一统也存在一些弊端，限制了主流思想之外的各种所谓"异端"思想，使思想界失去百家争鸣的活泼局面。另外，政治家强化主流思想，在民众中也会导致逆反心理，并使原有较多合理性的活泼的主流思想僵化，被歪曲成实用主义的工具。人类历史的实践表明，凡事都是利弊相连、功过并存的。利大还是弊大，功过孰多，要由实践来说话。由于董仲舒大一统论的深刻影响，中国始终维持统一的大国局面，分开了仍要再合。中华民族精神有极强大的凝聚力、向心力和同化力。从历史上看，太平盛世如文景之治、贞观之治都是出现在统一大国的时代，分裂时期难有这种景象。中国与周边国家相比，在两千年中一直处于天朝地位，无论在文化、科技或经济诸方面，都是各国不可企及的高水平。从总体上分析，大一统论对中国的影响，利大于弊，功大于过，应当肯定并坚持。

---

① 周桂钿著：《十五堂中国儒学课》，北京师范大学出版社2014年版，第81—85页。

四、三纲五常：中国伦理政治学的建立和完善

董仲舒提出了诸多实行大一统的治国方略。在治国方略上，董仲舒力主人伦政治。重视人伦与政治之间的关系，一直是先秦儒家在国家治理方略上的基本主张，但在董仲舒以前，它基本上只是一种纯粹的政治思想，并未付诸政治实践，是董仲舒将其全面完善并使之成为贯穿整个封建社会的治国理念。

先秦儒家认为，社会有五伦，即所谓君臣、父子、夫妇、兄弟和朋友五种基本的人伦关系。其关系准则既有道德规范的意味，又兼具政治规范的含义，但主要还是非强制性的伦理规范。

先秦儒家认为，人伦关系是相互对应的。

就君臣关系来说，孔子说："君使臣以礼，臣事君以忠"。臣之忠君，以君的礼让为前提。孔子还提出"以道事君，不可则止"的为臣之道。

先秦儒学强调父慈子孝，兄爱弟敬，夫义妇听，朋友有信，也都是对双方各有要求。在五伦中，孔子强调的主要是君臣关系和父子关系，而未涉及夫妇关系。如齐景公问政，孔子回答："君君、臣臣、父父、子子。"①

———————————

① 《论语·颜渊》。

　　董仲舒则在前人的基础上将各种人际关系择其要者定为"三纲"，即"君为臣纲、父为子纲、夫为妻纲"。再将儒家张扬的五种德性——仁、义、礼、智、信合为"五常"。这样，他就提出了以"三纲五常"为基本内容的伦理政治学说。

　　"三纲"是实现董仲舒理想社会等级秩序的总纲，是他最为欣赏的人伦等级基本公式。"三纲"概括了人类社会生活中最主要的人际关系，在这三种关系中，父子、夫妇关系是基础。这种对家族宗法伦常关系的强化，是与自给自足的家庭小农经济相适应的。董仲舒认为国家政治生活中的君臣关系就是家庭伦常关系的扩大，国家是大"家"，家庭是小"家"，其中的上下尊卑关系是相同的。倡导维护尊卑、贵贱等级秩序的礼，是儒家的一贯传统，"礼治"的根本任务就是要维护等级制。

　　董仲舒的"三纲"思想，附会上阴阳学说和天意论来论证其尊卑关系。他以类比的方式说明自然界的"贵阳而贱阴"，人类社会与此相应，则是"阳尊阴卑"。在自然界中："阳始出，物亦始出；阳方盛，物亦方盛；阳初衰，物亦初衰。物随阳而出入，数随阳而终始，三王之正随阳而更起。以此见之，贵阳而贱阴也。"①董仲舒将人类社会的基本人伦关系用阴阳关系来比附。他说："君臣父子夫妇之义，皆取诸阴阳之道。君为阳，臣为阴；父为阳，

———————————

① 《春秋繁露·阳尊阴卑》。

子为阴；夫为阳，妻为阴。"其间的关系是"阳尊阴卑"。这是一种严格的等级关系，不可逾越，即君尊臣卑，父尊子卑，夫尊妻卑。

董仲舒认为，"三纲"思想不仅符合阴阳之道，也是天意的体现。"王道之三纲，可求阴阳化生万物于天。""三纲"是顺应天意而产生的，是不能改变的。董仲舒说："凡物必有合。"① "合"就是相互配合，协调统一。他说，"阴者阳之合"，因此"妻者夫之合，子者父之合，臣者君之合"②。"三纲"的实质，是君为臣主、父为子主、夫为妻主；相反臣、子、妻则是完全为了配合君、父、夫才存在的。

这样，董仲舒就把儒家的"五伦"简化为"三纲"，并使之成为绝对的服从和被服从的关系，使原本是一种源自血缘的天伦关系完全成为一种人为的强制性的外在规范。董仲舒对儒家伦理思想的修正，使儒家思想变成为专制政治服务的学说，成为君（政）权、父（族）权、夫权的辩护者和有力维护者。

"五常"，则是董仲舒把先秦儒家"仁、义、礼、智、信"五种德性用阴阳五行理论加以神秘化，从而成为不变的"五常"。仁，爱人也。义，宜也，是要求人们安于自己所处的地位，品行

---

① 《春秋繁露·基义》。
② 《春秋繁露·基义》。

与其身份地位相符合。礼,敬也,用以"序尊卑大小之位,而差内外、远近、新旧之级者也"①,是一种行为规范和社会规则。智,聪明之质也,是一种"不惑"的资质,是达到仁的境界的前提和条件。信,诚也,是人与人交往言而有信的品质。

董仲舒把"五常"视为统治者永享天命的根本保证,他说:"仁、义、礼、智、信五常之道也,王者所专修饬也,五者修饬,故受天之佑,而享鬼神之灵,德施于方外,延及群生也。"②在"五常"之中,仁、义最为根本,是其他"三常"的基础。他把仁、义看作是天志、天理的体现:"人之血气,化天志而仁;人之德行,化天理而义。"③《春秋》讲的就是仁义的基本原则,而仁义的作用则在于:"仁之法,在爱人不在爱我;义之法,在正我不在正人。"④爱人和正我,是处理人与人关系的最基本准则,人们懂得这一点,国家就能安定。

董仲舒以五德配五行,以五行的永恒性证明五常的不变性。他先以五行配五官,再以五德配五官,即以木、金、水、火、土五行,与司农、司徒、司寇、司马、司营五官相配,并把五常确立为五官的道德准则,使之成为体现天道之不变伦常。

---

① 《春秋繁露·奉本》。
② 《汉书·董仲舒传》。
③ 《春秋繁露·为人者天》。
④ 《春秋繁露·仁义法》。

董仲舒借助阳尊阴卑和五行的观念，使"三纲五常"成为调整君臣、父子、夫妇关系的天道，使"五常"成为忠臣孝子之伦，构建起了一套封建专制的社会秩序的政治理论。"三纲五常"在此后两千多年的封建社会中，不断因为统治者的重视与贯彻，从而对中国人的基本社会生活与规范产生了决定性的影响。[①]

综上所述，董仲舒承前启后，继往开来，用天人感应的神学形式包装起了一整套新的政治哲学。它的核心内容是大一统论。大一统论包括政治统一和思想统一两个方面。政治统一，一方面，要求全国臣民服从皇帝；另一方面，要求皇帝服从上天。至于上天是什么？上天有什么命令？这就得由儒家来解释天命。因此，皇帝服从天命，实际上就是服从儒家学说的标准。思想统一，就是罢黜百家，独尊儒术。儒家在先秦是百家之一，到汉代登上了独尊的地位，并且从此以后，儒学在中国两千多年的政治思想史上一直居于指导地位，深深地渗入中华民族的文化传统，成为中华民族精神的主干。思想统一和政治统一是一致的，都统一于儒学，这就是董仲舒对中国政治学的贡献。

---

① 丁小萍著：《中国古代政治智慧》，浙江大学出版社2005年版，第163—164页。

第九章　朱熹对儒家治国思想的
继承与发展

朱熹是中国古代著名的思想家、经学家，宋代理学的集大成者，南宋"闽学"的开山者。自元朝中期恢复科举后，朱熹的《四书集注》被定为科举考试的标准解释，朱熹理学作为官方意识形态主导思想的地位正式确立。明朱元璋推崇朱子之学，规定科举取士以朱熹等宋儒的"传注为宗"。清康熙皇帝诏命李光地等人编辑《朱子全书》并亲自为之作序，认为虽圣人复起，也不能超越朱子。晚清名臣曾国藩以朱子为日课，李鸿章还特地为《婺源县志》作序，称朱熹"道德文章，照耀千古"。直到 1905 年清廷废除科举制度，朱子之学统治中国思想界、教育界长达八百年之久。

一、宋代理学集大成者

朱熹，生于公元 1130 年，卒于公元 1200 年，字元晦，又字仲晦，号晦庵，六十岁以后又改称晦翁，别称紫阳，云谷老人、沧州病叟等。祖籍徽州婺源（古属安徽，今属江西），出生于福建南剑州尤溪（今福建尤溪县）城外毓秀峰下的郑氏馆舍。为南宋宗师级的儒家学者，中国古代著名的思想家、经学家之一，宋代理学的集大成者，南宋"闽学"的开山者。

《宋史·朱熹传》说：

> 熹幼颖悟，甫能言，父指天示之曰："天也。"熹问曰："天之上何物？"松异之。就傅，授以《孝经》，一阅，题其上曰："不若是，非人也。"尝从群儿戏沙上，独端坐以指画沙，视之，八卦也。

朱熹不但从小聪颖，且幼承家学，其家为"婺源著姓，以儒名家"，其父朱松为二程再传弟子罗从彦的门人，少时又师从属于"洛学"一派的胡宪、刘勉之、刘子翚，三人皆为理学的信奉者，又好佛学。特别是刘勉之，对朱熹早年的人生影响很大，他视朱熹如子侄，并以其女嫁之。朱熹理学思想的形成，以受学于刘勉之为开始。朱熹早年为学博杂，泛滥词章，出入佛老，对各种学问都有着极为浓厚的兴趣。三十一岁时，他受学于其父同学、程颐的三传弟子李侗，继承了程颐的学说，从此真正走上理学的发展道路。"其为学，大抵穷理以致其知，反躬以践其实，而以居敬为主。"① 在经过长期的刻苦研究和努力之后，朱熹终于学有所成，不仅自成"闽派"师宗，而且成为中国封建社会后期影响最大的思想家、经学家、教育家。

朱熹自五岁就学，开始励志圣贤之学，一生乐此不疲，刻苦勤奋，因此学问渊博，在先秦诸子、佛道思想、史学文学、天文地理、文字音韵、训诂考据、典章乐律等诸多方面，都有相当深入且独到的研究与见解，取得了巨大的学术成就。更重要的是，朱熹以继承二程"洛学"为己任，广泛吸收了周敦颐、张载、邵雍等北宋理学家的思想养分，成为一代理学的集大成者，他的学说构建起一个规模庞杂而又不失缜密精致的哲学、政治、文化思想的体系。清代学者全祖望在《宋元学案》中盛赞朱熹思想"致广大，尽精微，综罗百代矣"。清康熙皇帝更是称赞朱熹是："集大成而绪千百年绝传之学，开愚蒙而立亿万世一定之规。"② 由此可见他的学说与贡献不同一般。

---

① 《宋史·朱熹传》。
② 王月清主编：《影响中国文化的十大哲人》，江苏人民出版社2016年版，第210页。

朱熹于宋高宗绍兴十八年（1148 年）中进士，曾任泉州同安县主簿，后任枢密院编修官，在江西南康、福建漳州、湖南潭州等地做过几年最高行政长官，晚年曾任焕章阁待制兼侍讲。朱熹平生不喜为官，"仕于外者仅九考，立于朝者四十日"[①]，只是考察巡视九次，在朝廷只有四十天，没有正儿八经坐下来当个像模像样的官。为什么呢？一则他不喜为官，更因为是讲了真话，得罪了当道权贵。仕途不顺，他一生将主要的时间（约四十年）用在福建讲学，其弟子也多是福建人，因此，以他为主的学派被称为"闽学"。绍熙五年（1194 年），朱熹 65 岁时，政治风云突变，他不幸被卷入当时政治斗争的旋涡，权臣韩侂胄称朱熹学派"伪学猖獗"，不断从攻击上给予升级，从"伪学""伪党"直到"逆党""死党"，甚至上书要求"斩熹"，不仅将朱熹夺职罢祠，而且还将朱熹定为"伪学首魁"，直到朱熹去世之时，加于他身上的罪名还没有解除。但韩侂胄死后，局势立即改变，"党禁"解弛，朱熹的地位又开始日渐上升。嘉定二年（1209 年），宋宁宗追谥朱熹为文公，三年后，《四书集注》被立于国学。宝庆二年（1226 年），宋理宗"诏赐熹遗表恩泽，谥曰文。寻赠中大夫，特赠宝谟阁直学士"。宝庆三年（1227 年），又追赠朱熹为太师，

---

① 《宋元学案·元晦学案上》。

"追封信国公，改徽国"^①，按照祭祀孟子的礼仪祭祀朱熹。淳祐元年（1241年），宋理宗又手诏朱熹跟周敦颐、张载、二程一起"从祀孔子庙"，最终成为配享孔庙的宋代大儒，在历代儒者中的地位及实际影响仅次于孔子和孟子。咸淳五年（1269年），宋度宗下诏赐文公阙里于婺源。阙里，本专自孔子故里或曲阜孔庙，诏赐朱熹故里为阙里，实际上是使用国家政权的力量将朱熹提升到了与孔子比肩的高度。

自元朝中期元仁宗年间恢复科举后，朱熹的《四书集注》被定成为科举考试的标准解释，朱熹理学作为官方主导思想的地位正式确立。明王朝建立后，朱元璋推崇朱子之学，登基第二年即诏令天下，规定科举取士以朱熹等宋儒的"传注为宗"。清康熙皇帝亦很重视朱子之学，他诏命李光地等人编辑《朱子全书》并亲自为之作序，认为虽圣人复起，也不能超越朱子。晚清名臣曾国藩、李鸿章等也十分推举朱子之学。曾国藩以朱子为日课，李鸿章在光绪八年（1882年）还特地为《婺源县志》作序，称朱熹"道德文章，照耀千古"。一直到清末1905年袁世凯、张之洞主张废除科举制度为止，朱子之学统治中国思想界、教育界长达八百年之久。由此可见，朱熹的思想学说成为元明清三代的官方哲学。朱子理学不仅深刻地影响了中国封建社会后期的传统思想文化，

---

① 《宋史·朱熹传》。

而且还远播海外，如李朝时期的朝鲜、德川时代的日本，"朱子学"在政治领域和思想文化领域都拥有举足轻重的地位。

朱熹一生著述颇丰，是中国历史上著作最多的儒家学者之一。影响最大的当推《四书集注》，其他有重要影响的还有《周易本义》《朱文公文集》《朱子语类》《朱子家礼》等等，研究其政治思想的材料主要是《四书集注》《朱文公文集》《朱子语类》等。

2002 年 12 月，上海古籍出版社与安徽教育出版社一道，共同出版了《朱子全书》，共 27 册，不仅囊括了朱熹的全部著述文字，而且将今人对已经失传的朱熹文字的考订辑录编辑成册，并附有历代文献家对各种版本朱熹著作的著录、序跋、考订，等等，是目前最为完备的《朱子全书》，这对于想深入研究探讨朱熹的学人，无疑是一种福音。

二、"存天理，灭人欲"

朱熹强调所谓的"王霸之辩"，认为汉唐等朝代都是霸道政治，不以汉唐之治为理想，他的理想是直接孔孟的仁政，效法与实现夏商周三代的王道政治。他结合历史经验，以理学为指导，针对当时国家的政治形势，提出了一整套自己的颇具有理学特色的治国理政的方略。

天理观是朱熹政治思想的理论基础，"理"是朱熹政治哲学的最高范畴。

1. 朱熹提出："宇宙之间，一理而已。"

在朱熹看来，"理"是宇宙之本体，万物之本原。"宇宙之间，一理而已。天得之而为天，地得之而为地，而凡生于天地之间者，又各得之以为性。"[①] "未有天地之先，毕竟也只是理。有此理，便有此天地；若无此理，便亦无天地。无人无物，都无该载了。有理便有气流行，发育万物。"[②]

朱熹汲取并改造了张载哲学气本体论的思想，继承并发展了二程的理本气化论，提出以理为宇宙本体，以气为构成万物的材料的理本气末的观点。

朱熹认为，"理"是"所以生万物之原理"，"气"则是"率理而铸型之质料"。理是本，气、物则是末。从本体来说，是理在气先："以本体言之，则有是理然后有是气；而理之所以行又必因气以为质也"[③]。"理也者，形而上之道也，生物之本也。气也者，形而下之器也，生物之具也"[④]。从万物生成来看，他说："二气五行，天之所以赋受万物而生之者也。自其末以缘本，则五行

---

① 《朱文公文集·读大纪》。
② 《朱子语类》卷一。
③ 《孟子或问》卷三。
④ 《朱文公文集·答黄道夫书》。

之异，本二气之实。二气之实，又本一理之极。是合万物而言之，
为一太极而已也；自其本而之末，则一理之实，而万物分之以为体，
故万物之中各有一太极。"①作为本体的理，派生出二气、五行、
万物，而万物又复归于理，这就是朱熹的宇宙生成论。在朱熹看
来，理生万物是这样一个过程："既有此理，便有此气；既有此气，
便分阴阳，以此生许多物事。"②

　　2. 朱熹提出：宇宙万事万物皆是"一体两分"。

　　朱熹的宇宙观是辩证的，是理气同体两分。他在其理气论的
基础上，提出了"一体两分"的辩证法命题。

　　朱熹认为，宇宙万物是理与气妙合而成的，理和气是统一的，
二者不能截然分开。他说："须是合理与气看。理是虚的物事，
无那气质，则此理无安顿处。《易》说'一阴一阳之为道'。这
便兼理与气而言。"③"理是形而上者，气是形而下者。"④"理
也者，形而上之道也，生物之本也。气也者，形而下之器也，生
物之具也。"⑤朱熹说，对于理气的一体二分，"当离合看"⑥。

_____

① 　《通书·理性命注》。
② 　《朱子语类》卷九四。
③ 　《朱子语类》卷七四。
④ 　《朱子语类》卷一。
⑤ 　《朱子文集·答黄道夫书》。
⑥ 　《朱子语类》卷七四。

他进一步解释说："形上形下，只就形处离合分别，此正是界至处，若只说在上在下，便成两截矣。"① 这就是说，合而看，理气浑然一体，不能分开认成两截；离而看，理气又可谓有先后，理在气先。朱熹在理气论的基础上进一步解释"凡一事物便有两端"② 的道理。"天下的道理，只是一个包两个。"③ 于此可见，朱熹的宇宙观包含着十分丰富的辩证法思想，他的所谓的"一体两分"，实质上就是对立统一。这就使得他在提出自己治国理政的政治主张时，能够比较好地做到各方面辩证的统一。

3. 朱熹提出："父子、兄弟、夫妇皆是天理自然。"

朱熹认为，理不仅是宇宙万物创生的本原，而且还是社会运行的最高准则。作为封建统治秩序的道德伦理——"三纲五常"规范即是天理在人类社会中的体现。朱熹说："宇宙之间，一理而已……而凡生于天地之间者，又各得之而为性，其张之为三纲，其纪之为五常，盖皆此理之流行，无所适而不在。"④ 他还说："未有这事，先有这理，如未有君臣，已先有君臣之理，未有父子，已先有父子之理。"⑤ "如舜之命契，不过是欲使'父子有亲，君

---

① 《朱子语类》卷九四。
② 《朱子语类》卷十三。
③ 《朱子语类》卷六二。
④ 《朱文公文集·读大纪》。
⑤ 《朱子语类》卷九五。

臣有义，夫妇有别，长幼有序，朋友有信'，只是此五者。至于后来圣贤千言万语，只是欲明此而已。这个道理本是天之所以与我者，不为圣贤而有余，不为愚不肖而不足。"①这样，他把"三纲五常"这一人类社会的政治和伦理关系，说成是天理的表现。"父子、兄弟、夫妇皆是天理自然"②。

4. 朱熹提出："人人都有一个太极。"

朱熹提出"理一分殊"的观点，来说明作为万物本原的"理"与丰富多样的具体万物的关系。他把"理"之全体称为"太极"，这个太极就是一，是宇宙的本体。就每一事物来看，它们都完整地禀受了这个"理"（太极）作为自己的本性。他举例来说："人物之生，天赋之以此理，未尝不同，但人物之禀受自有异耳。如一江水，你将勺去取，只得一勺；将碗去取，只得一碗；至一桶一缸，各自随器量不同，故理亦随以异。"③"一江水"是"理一"：容器不同，水之体未变，而水之量随之而不同，是"分殊"。不同容器的水来自于"一江水"，这是万殊归于一理："一江水"变成不同容器里的水，则是一理化为万殊。这一思想源于佛教的"一多相摄"，通过"一即多，多即一"的论证来说明一和多的关系。

---

① 《朱子语类》卷十四。
② 《朱子语类》卷十三。
③ 《朱子语类》卷四。

朱熹用"月印万川"的比喻来说明"理一分殊"。佛教说："一月普现一切水（月），一切水月一月摄"，天上的月亮只有一个，却完整地映现在每条江河之上。他进一步指出，"人人都有一个太极（理）"，这个太极并非太极的一部分，而是太极的整体，就像月亮只有一个，"及散在江湖，随处可见"一样。以此，朱熹论证人人固有伦理道德规范的各种德性。既然德性是人人所共有的，那么遵守君臣、父子、夫妇之理就是人人应尽且能尽之本分。

5. 朱熹提出："性即理。"

从天理观和"理一分殊"的观点出发，朱熹得出了"性即理"的结论。

朱熹认为，从人类的本性来说，"理"构成人的性，具有天理的人性叫"天命之性"。性即理，也就是性本善。然而，虽然人人都有一个本善之性，在实际中却不是人人皆善、事事皆善。原因何在？关于这一问题，从张载开始，理学家引入了"气质之性"说来解释，朱熹沿袭了这个概念。与"理"构成人的"性"相应，"气"构成人的"形"。由此，朱熹把人性区分为"天命之性"和"气质之性"两个层面，前者指人禀理而生、纯粹至善的性；后者指人禀气而有形的，有清浊、偏正、善恶的性。这也是朱熹与其理气观相应的人性观。

朱熹利用传统的"气禀说"，认为气禀的"精粗""通塞"决定了人物之分。

作为禀气而生的人，其贵贱、贫富、寿夭都取决于其所禀得之气。气禀的"昏明""清浊"决定了圣凡、智愚之别；气禀的多少、厚薄则决定了贵贱、贫富之分。"禀得精英之气，便为圣为贤，便是得理之全，得理之正。禀得清明者便清爽；禀得敦厚者便温和；禀得清高者便贵；禀得丰厚者便富；禀得久长者便寿；禀得衰颓薄浊者便为不肖、为贫、为贱、为夭。"①

朱熹在"天命之性"和"气质之性"的基础上，与此相应，引入"道心"和"人心"两个概念。"道心"出于"天命之性"，来源于"性命之正"，是至善的。人人都有天赋的善性，即便是小人也同样有"道心"。"人心"则生于"气质之性"，来源于"形气之私"，即口、身、鼻、目、四肢等私欲，所以有善与不善。人人都有"形气之私"，故君子也有"人心"。

"道心"和"人心"之别，就提出了一个问题，即如何使"人心"服从"道心"，使"道心"常为一身之主的问题。这是如何保存心中之天理，即善本性的问题。

6. 朱熹提出："存天理，灭人欲。"

朱熹认为，保存心中的天理，就是恢复自己的本性，就是保持自己的"道心"。要保存天理，保持"道心"，就必须去掉那蒙蔽了天理的东西，也就是恶的"人心"，这就是人欲。因此，

---

① 《朱子语类》卷四。

恢复本性的过程，就是存天理、去人欲的过程，这是使人们"气质之性"回归"天命之性"的问题，也是克己复礼的过程。依朱熹所说，礼就是理，是理之节文。复礼，就是复理，就是恢复本性。

理、欲关系一直都是儒家思想的重要论题。天理、人欲之分首见于《礼记·乐记》。其中把天理、人欲作为一对对立的伦理范畴提出来："人生而静，天之性也。感于物而动，性之欲也。物至知知，然后好恶形焉。好恶无节于内，知诱于外，不能反躬，天理灭矣。夫物之感人无穷，而人之好恶无节，则是物至而人化物也。人化物也者，灭天理而穷人欲者也。"《乐记》认为，天理与人欲是相对应的，人易受外物的影响而好恶无节，就会人欲横流而天理灭绝。先秦时期的儒家思想，一般肯定"饮食男女，人之大欲"，肯定人欲一定的正当性与合理性，并认为在一定程度上，人的正当合理欲望正是道德规范和道德原则的出发点。同时提倡，当人欲与天理冲突时，人欲应服从天理。一个人不能无限制地放纵自己的欲望，而要把自己的欲望限制在合理有限的范围内，要靠礼义道德来调节人的欲望。汉儒董仲舒提出，"正其谊不谋其利，明其道不计其功"，把理、欲关系对立起来，但也不是此消彼长的绝对对立关系，道、利之间有相互联系的一面。由此可见，在宋代以前，理、欲关系并非是绝对对立的，其基本主张是"以理节欲"。到了宋代，在程朱理学那里，天理和人欲的关系却走向了极端，成为截然对立的、不能相容相成的东西。

朱熹就认为，天理与人欲是相互对立、此消彼长、不可并存的。"人只有天理、人欲两途，不是天理，便是人欲……克得那一分人欲去，便复得这一分天理来。"① "人之一心，天理存，则人欲亡。人欲胜，则天理灭，未有天理人欲夹杂者。"② "人只有个天理人欲，此胜则彼退，彼胜则此退，无中立不进退之理。"③在这种情况下，他提出："一事不到，则天理便隔绝于一事之下；一刻不贯，则天理便隔绝于一刻之中"④。因此，"天理"不会自发"扩充"，只有"革尽人欲"，才能"复尽天理"。因此，朱熹认为致学的目的就在于"存天理、灭人欲"。"革尽人欲，复尽天理，方始是学。"

不过，朱熹尽管把天理与人欲截然对立，但他还是通过对"天理""人欲"的辩证统一给人的基本物质欲望留下了一席之地。朱熹说："日用之间莫非天理。"⑤ "饥便食，渴便饮，只得顺他。穷口腹之欲，便不是。盖天只教我饥则食，渴则饮，何曾教我穷

---

① 《朱子语类》卷四十一。
② 《朱子语类辑略》卷三。
③ 《朱子语类》卷十三。
④ 《朱子语类》卷四十四。
⑤ 《朱子语类》卷四十。

口腹之欲？"① 他认为饥食、渴饮是天所教我，亦即天理所然，但穷其欲则违背了天理。朱熹更明确地说："饮食者，天理也。要求美味，人欲也。"② 可见，朱熹并不完全否定人的客观的物质需要和欲望，但他强调必须以理来限制、节制欲望，不知节制的欲望，才是与天理相悖的应灭之人欲。③

三、"正君心是大本"

朱熹把传统儒家关于君主在施行仁政时的中心地位和关于正君心的重要性的主张概括为："正君心是大本"。

朱熹说："天下事有大根本，有小根本，正君心是大本。"④

在朱熹看来，正君心是人心与道心的理论要求。

所以要正君心，是因为君主之心也有可能不正；所以必须正君心，做臣子的有正君心的任务，做君主的有加强自我修养以保证自己的心常保持仁心，即道心常为一身之主，做到君心正的义务。

---

① 《朱子语类》卷九十。
② 《朱子语类》卷十三。
③ 丁小萍著：《中国古代政治智慧》，浙江大学出版社2005年版，第196—200页。
④ 《朱子语类》卷一〇八。

朱熹说：

> 盖自上古圣神继天立极，而道统之传有自来矣。其见于经，则"允执厥中"者，尧之所以授舜也；"人心惟危，道心惟微，惟精惟一，允执厥中"者，舜之所以授禹也。尧之一言，至矣，尽矣！而舜复益之以三言者，则所以明夫尧之一言，必如是而后可庶几也。

> 盖尝论之：心之虚灵知觉，一而已矣，而以为有人心、道心之异者，则以其或生于形气之私，或原于性命之正，而所以为知觉者不同，是以或危殆而不安，或微妙而难见耳。然人莫不有是形，故虽上智不能无人心，亦莫不有是性，故虽下愚不能无道心。二者杂于方寸之间，而不知所以治之，则危者愈危，微者愈微，而天理之公卒无以胜夫人欲之私矣。精则察夫二者之间而不杂也，一则守其本心之正而不离也。从事于斯，无少间断，必使道心常为一身之主，而人心每听命焉，则危者安、微者著，而动静云为自无过不及之差矣。

> 夫尧、舜、禹，天下之大圣也。以天下相传，天下之大事也。以天下之大圣，行天下之大事，而其授受之际，丁宁告戒，不过如此。则天下之理，岂有以加于此哉？①

---

① 《四书章句集注·中庸章句序》。

以上一大段是在理学中极为有名的话。它包含了以下几项重要的内容：

1. 提出了传道与传心之说。所谓传道就是传道统。韩愈提出尧舜禹道统相传，至孟轲之死而不得其传，但韩愈没有提出传心之说。朱熹始阐传心之说。他认为"人心惟危，道心惟微，惟精惟一，允执厥中"，就是所谓十六字传心诀。所谓传道即传心，传圣人之学与其道，即是传圣人之心。

2. 区别人心与道心。朱熹说心是人人共有的，但其中有人心、道心之别。道心乃原于性命之正，人心则生于形气之和。这并不是说一个人有两个心，其为"心之虚灵知觉，一而已矣"。每个人都有人心、道心，虽上智不能无人心，虽下愚不能无道心。人们应当审慎地区别人心与道心，使二者不杂，坚守道心之正而不离。这就要通过不间断的修养，使道心常为一身之主，而人心听命于道心，就可以使人心由危而安，道心由微而著，言语行动起来，恰到好处，无过也无不及了。

3. 君心与常人一样不可以没有修养。既然人人皆有人心与道心，而人心与道心有别，包括上智在内，即使像尧舜禹这样的既是贤君又是圣人的君主也不能例外，他们的心也不全是道心。因此有可能存在不正的东西，更不用说是后代的君主了，因此格君心之非就是不可避免的事了，也就是说，修身对于每一个君主均是必要的。只有坚持修身，才可以使天理之公胜人欲之私。

4. 传道、传心的问题，也就是正君心问题，它是国家能否治理好的一件最大的事。所以，尧舜禹在他们传禅帝位时，才以此丁宁告诫接替他们帝位的人。

关于人心道心之辨，朱熹晚年在注《尚书·大禹谟》时，有进一步的解释。

他说：

> 心者，人之知觉，主于身而应事物者也。指其生于形气之私者而言，则谓之人心。指其发于义理之公者而言，则谓之道心。人心易动而难反，故危而不安。义理难明而易昧，故微而不显。惟能省察于二者公私之间以致其精，而不使其有毫厘之杂。持守于道心微妙之本以致其一，而不使其有顷刻之离。则其日用之间，思虑动作，自无过不及之差，而信能执其中矣。①

这个注，可以帮助我们进一步理解朱熹关于人心道心的思想，特别是关于人心为什么会"危而不安"，道心为什么会是"微而不显"，朱熹在这里讲得更为清楚。

从以上朱熹关于人心道心之辨，可以看到他已经从他所理解的人的本质，从所谓自然道理，从政治伦理的角度上，阐释了为

---

① 《朱子大全文集》卷六五，《尚书·大禹谟》注。

什么要正君心，正君心的任务是怎样提出来的问题。至于为什么正君心是治道的大本，这里虽然也已提到，但还没有展开阐释。

为什么说正君心是治道的大本？

朱熹是从两个方面展开对这一个问题的进一步阐释的。

朱熹指出："天下国家之大务，莫大于恤民。"[1]"天下之纪纲不能以自立，必人主之心术公平正大，无偏党反侧之私，然后有所系而立。"[2]要达到这个目的，君主就必须修德以正心。一方面，只有君心正了，政事才能正，君心如不正，他底下的臣子，虽可以在处理政事上帮他改正错误，但是这一事纠正了，在另一事上可能又犯了；这一个人用得不当，帮助他去掉了，他可能又用了另一个不该用的人。君主的错误将是纠不胜纠。而且，还要估计到君主根本不听谏的可能性。如果不听谏，连帮他纠正也不可能。为了从根本上解决问题，就只有"格君心之非"，使君心正。朱熹在《孟子集注》中，引用了一段程子的话，以注什么叫"格君心之非"，为什么要"格君心之非"，以此阐述自己的观点。

> 程子曰："天下之治乱，系乎人君之仁与不仁耳"。心之非，
> 即害于政，不待乎发之于外也，昔者孟子三见齐王而不言事，

---

① 《朱文公文集·庚子应诏封事》。

② 《宋史·道学三》。

门人疑之。孟子曰："我先攻其邪心，心既正，而后天下之
事可从而理也。"夫政事之失，用人之非，知者能更之，直
者能谏之。由然非心存焉，则事事而更之，后复有其事，将
不胜其更矣；人人而去之，后复用其人，将不胜其去矣。是
以辅相之职，必在乎格君心之非，然后无所不正；而欲格君
心之非者，非有大人之德，则莫之能也。①

总之，"君仁莫不仁，君义莫不义，君正莫不正"②。君心正，
政才得正，君主有仁心，才有仁政。这就是朱熹为什么讲治道以
正君心为大本之第一个理由。朱熹认为，这个结论不仅是符合逻
辑的，而且也是为历史所已经证实了的。他在平日与弟子的言谈中，
就曾多次有所引证。

与君主正心问题密切联系的，还有一个心术问题。

朱熹的所谓心术相当于他讲的本领。他认为心术直接影响本
领，本领即在心术。心术正，本领大；心术不正，本领就小。只
有心术正、本领大的君主，才能施仁政，行王道，为尧舜之君。
否则，虽有智谋、有能力，也只能为管仲、齐桓，为汉祖、唐宗。
关于朱熹这方面的言论，《朱子语类》中记载了很多。如；

---

① 《四书章句集注·孟子集注卷七·离娄章句上》。
② 《孟子·离娄上》。

> 问管仲小器。曰："只为他本领浅……大凡自正心、诚意，以凡平天下，则其本领便大。……管仲资禀极高，故见得天下利害都明白，所以做得许多事。自刘汉而下，高祖太宗亦是如此，都是自智谋功力中做来，不是自圣贤门户来，不是自自家心地义理中流出。"①

> 太宗后来做处尽好。只为本领不足，与三代便别。②

朱熹还认为，一个人如果心术不好，即使是有礼乐制度，也不能发挥作用。

他说：

> 圣人救世之心虽切，然得做便做，做不得便休。本领更全在无所系累处。有许大本领，则制度点化出来都成好物。故在圣人则为事业。众人没那本领，虽尽得他礼乐制度，亦只好小屋收藏器贝，宝塞都满，运转都不得。③

朱熹在这里明白地讲了本领如何在心术。心术好，本领就大；反之，就是没本领。

---

① 《朱子语类》卷二五。
② 《朱子语类》卷一三四。
③ 《朱子语类》卷十四。

心术的状况还牵涉到君道与师道的统一问题。

在传统儒家思想中，君道与师道是统一的，叫做作之君、作之师。但朱熹认为既为君又为师是有条件的，这就是做君主的，必须君心正，能明明德，能新民，否则就不能有师道，不能把君道与师道统一起来。所以，他又说：

> 自秦汉以来，讲学不明。世之人君，固有因其才智做得功业，然无人知明德新民之事。君道间有得其一二，而师道则绝无矣！①

在朱熹看来，无师道，为君者仅凭才智以成功业，就决不能有理想的君道，其功业充其量也不过是霸者之业，而不可能是王道仁政。因此，这也就不是朱熹的理想。

以上主要是从心政的关系上论证正君心是治国的大本。

另一方面，正君心之所以是治国的大本，还由于君主在一国中的地位和作用所决定。朱熹是"君权天授"论者，又是"君权天理论"的主张者。他在《大学章句序》中写道：

> 盖自天降生民，则既莫不与之以仁义礼智之性矣。然其气质之禀或不能齐，是以不能皆有以知其性之所有而全之也。

---

① 《朱子语类》卷十三。

一有聪明睿智能尽其性者出于其间，则天必命之以为亿兆之君师，使之治而教之，以复其性。此伏羲、神农、黄帝、尧、舜，所以继天立极，而司徒之职、典乐之官所由设也。①

在这里，朱熹除了以他的理气心性的观点说明教育的必要性外，还讲了君主的起源、君主在国家中的地位与作用，以至整个国家机器设立的目的。

在朱熹看来，君主是受天命以为亿兆之君师的。君对民的影响很大，是国家治乱之所系，其地位朱熹又称之为"以一身托乎兆民之上"。"君者表也，民者影也，表正则影无不正矣，君者源也，民者流也，源清则流无不清矣。"②

正是基于"论学便要明理，论治便须识体"③的认识，朱熹十分重视强调识大体，抓根本，把正君心作为整个治国纲领的出发点和核心。人君一身既是天下国家之本，而人君的行止又决定于君心，所以抓根本就是抓正君心。"正心以正朝廷，正朝廷以正百官，正百官以正万民，正万民以正四方。"④这就是朱熹理学治国纲领的出发点。

---

① 《四书章句集注·大学章句序》。
② 《朱子大全文集》卷十五，《经筵讲义》。
③ 《朱子语类》卷九五。
④ 《朱文公文集》卷六十七。

四、"格物致知，正心诚意"

朱熹之学，被人归结为正心诚意之学，朱熹自己对这个归结也深以为然。

如前所述，朱熹认为，"存天理，灭人欲"就是治国之本。

至于如何才能做到"存天理，灭人欲"，朱熹主张以"格物致知，正心诚意"为去欲之方。他的格物穷理的道德目的，就是要实现封建道德的准则，使人能"革尽人欲，复尽天理"，达到穷理与尽心的统一，成为心与理想合一的圣贤。

"格物致知，正心诚意"是一个古老而常新的哲学命题。它最早出现于《礼记·大学》中。《大学》开篇即说：

> 大学之道，在明明德，在亲民，在止于至善。知止而后有
> 定；定而后能静；静而后能安；安而后能虑；虑而后能得。
> 物有本末，事有终始。知所先后，则近道矣。古之欲明明德
> 于天下者，先治其国；欲治其国者，先齐其家；欲齐其家者，
> 先修其身；欲修其身者，先正其心；欲正其心者，先诚其意；
> 欲诚其意者，先致其知；致知在格物。物格而后知至；知至
> 而后意诚；意诚而后心正；心正而后身修；身修而后家齐；
> 家齐而后国治；国治而后天下平。自天子以至于庶人，壹是

皆以修身为本。其本乱而末治者否矣。其所厚者薄，而其所薄者厚，未之有也。

朱熹十分重视格物致知论，并且将它作为构筑其理学体系的思想方法。在此基础上，他明确提出了以《大学》的"三纲八目"作为治国纲领的政治主张。

"三纲"，即明明德，亲民，止于至善。"明德"，指人本来清明、未被物欲所蔽的德性。"明明德"，是使蒙蔽的清明德性重新清明起来。"亲民"，即用自己的清明之德，使天下人都清明纯净起来，做到日新，日日新，更日新。"止于至善"，即达到至善至美之境界，具体来说就是为人君至于仁，为人臣至于敬，为人子至于孝，为人父至于慈，与国人交往至于信的所谓儒家一套社会规范与社会秩序了。

八目是：格物、致知、诚意、正心、修身、齐家、治国、平天下。

朱熹以"三纲"之中的"明明德"为纲中之纲，即以君主的正心为治国的本源性工夫。同时，他又以八目中的修身为本，修身就是诚意己心。他试图通过澄清端正君心的工夫，使君主达到人格完善的境界，以身教引导下效，以此来成就他理想中的王道政治。

绍兴三十二年（1162年），他在《壬午应诏封事》中向宋孝宗建言治国大政时说："帝王之学必先格物致知以极夫事物之变，使义理所存，纤悉毕照，则自然意诚心正，而可应天下之务。"①

《大学》中的"八目"，以修身为本，格物致知、诚意正心为修身之方，齐家、治国、平天下则是修身之结果。如果说"正心诚意"是修身即"灭人欲"之方，那么，"格物致知"则是"正心诚意"之方。

朱熹在《大学章句序》指出，人们之所以不能保持自己本来的善性，原因之一是"不能皆有以知其性之所有"。因为不能知，所以不能全性；为了全性，首先必须知。这是朱熹特别强调格物、致知的真正目的之所在。

朱熹认为，所谓"格物"，就是指穷尽事物之理，通过研究认识事物，彻底认识其中所包含的道理；所谓"致知"，就是指扩大自己的认识，穷究一切道理，以求达到认识的极致境界。

朱熹所说的"格物"，原则上是格一切物，既包括有形的自然物，又包含社会现象和道德人伦。他说："格，至也。物，犹事也。穷至事物之理，欲其极处无不到也。""致，推极也。知，犹识也。推极吾之知识，欲其所知无不尽也。"②"如《大学》《中庸》《语》《孟》四书，道理粲然，人只是不去看，若理会得此四书，何书

---

① 《宋元学案·晦翁学案》。

② 《四书章句集注·大学章句》。

不可读，何理不可究，何事不可处？"①由此可见，朱熹提出的"格物致知"是一种要求人们养成"涵养心性"的工夫。

在朱熹看来，人心的灵明，都是有知的，而天下的万物，都是有理的，"格物致知"的目的即是"穷理"，理是不生不灭、永恒不变的。一旦有一天豁然贯通，大彻大悟，做到了"穷理"，就可以达到"顺理以应物"的境界，人们就可以在认识世界与改造世界中到达自由自在的地步。

朱熹所谓格物的一个意义就是读书，特别是读儒家的经典。他认为，通过读书就能学到圣贤的思想，就能用圣贤的思想去观察和了解客观的世界。

朱熹说："为学之道，莫先于穷理；穷理之要，必在于读书。"②"读书以观圣贤之意，因圣贤之意以观自然之理。"③"圣人言语皆枝枝相对，叶叶相当。不知怎生排得恁地整齐。今人只是心粗，不仔细穷究。若仔细穷究来，皆字字有着落。"④"格物只是穷理，物格即是理明。"⑤"格物，是物物上穷其至理。"⑥"致

---

① 《朱子语类》卷十四。
② 《朱文公文集·甲寅行宫便殿奏札》。
③ 《朱子语类》卷十。
④ 《朱子语类》卷十。
⑤ 《朱文公文集》卷三十。
⑥ 《朱子语类》卷十五。

知，所以求真知，真知是要彻骨都见得透。"① "穷理须是穷得尽，得其皮肤是表也，见得深奥是理也。知粗而不知其精，皆不可谓之格，故云表里粗精无不尽。"② 朱熹要求人们不脱离日常实际生活格物，要求对事物的大小粗精进行周密的考虑，他的方法论在历史上产生了很大的影响。

朱熹还指出："格物致知"的具体方法是"主敬"，即"居敬穷理"。所谓"居敬穷理"，就是要自始至终使自己保持一种恭敬警惕专一的心态，竭力体察认识事物之"理"，力争回归合于"理"的状态。朱熹说："学者工夫，惟在居敬穷理二事，此二事互相发。能穷理，则居敬工夫日益进。更居敬则穷理工夫日益密，譬如人之两足，左足行则右足止，右足行则左足止。"③ 强调持敬的主体修养，使朱熹的认识论的伦理学意义更为突出，气味更为浓厚，伦理本位主义更为突出。

在修养工夫方面，朱熹主张"主敬涵养"；他不仅发展了程颐"涵养须用敬"的思想，也吸收概括了程门弟子及他自己的修养体验。朱熹的"主敬"理论突出强调了"未发"，即人在无所思虑及情感未发生时，仍须保持一种收敛、敬畏和警觉的心理状态，

---

① 《朱子语类》卷十六。
② 《朱子语类》卷十八。
③ 《朱子语类》卷七。

最大程度地平静思想和情绪，这样就可以涵养一个人的德性。此外，朱熹也注意人在动的状态中的"主敬"，这贯穿于"未发"和"已发""知和行"的全过程。而人们学习和道德修养的目的，朱熹认为就在于"存天理，去人欲"，这一结论一方面有维护政治统治秩序的意味，但另一方面，在伦理学上也有用理性原则来作为社会普遍道德法则的意义。①

五、朱熹对中国政治与文化的影响

朱熹是继孔子、董仲舒之后对中国思想文化与政治生活影响最大的思想家、哲学家、教育家，他不仅继承和发展了先秦、汉以来的传统儒家学说，还继承和发展了北宋兴起的新儒家学说，他集儒家学说之大成，亦因其学问博大精深、内涵丰富，接近现实生活，有利于统治者巩固稳定其统治，从而对中国封建社会后期的政治实践与民众的社会生活都产生了重要的影响，从而成为中国传统文化发展的又一座新的里程碑。

朱熹的天理治国思想，特别是他的一系列用儒家学说治国的政治主张，经过其私淑弟子真德秀著的《大学衍义》以及明朝中

① 丁小萍著：《中国古代政治智慧》，浙江大学出版社2005年版，第202—203页。

叶丘浚的《〈大学衍义〉补》的阐释，并得到南宋理宗以及元、明、清各朝统治者的提倡与不同程度的实践，对中国的传统政治与文化产生了深远的影响。

朱熹的治国理政思想产生于封建社会后期，成为中国传统社会上层建筑的一个有机部分。

朱熹的治国理政思想首先是传统儒家治国理政思想的继承。

在继承儒家学说方面，朱熹首创"道统"二字，从形式上完善了儒家学说的传授体系。他还提出"十六字心传"说，即："人心惟危，道心惟微，惟精惟一，允执厥中"，高度提炼并丰富了儒家道统说的内涵。在前人的基础上，他把《春秋》大义概括为"正谊不谋利，明道不计功；尊王，贱伯，内诸夏，外异狄"[①]。这对后世史学观产生十分重要的影响。

以孔孟为代表的传统儒家的治国理政思想产生于中国从奴隶社会向封建社会的过渡时期，囊括了孔子、孟子等儒家哲圣对解决现实政治矛盾的意见和他们对自己最终的政治理想的描绘，考虑现实问题的角度和他们仁政理想的阶级实质。他们的以"伦理道德"为特色的治国理政思想，基本上反映了下层社会民众的一些政治要求。如孔子的重民、富民，"节用而爱人，使民以时"的思想；孟子提出的"有布缕之征，粟米之征，力役之征。君子

---

① 《朱子语类》卷八十三。

用其一，缓其二。用其二而民有殍，用其三而父子离。"① "当今之时，万乘之国行仁政，民之悦之，犹解倒悬也。"② "民为贵，社稷次之，君为轻。"③ 以及要求统治者与民同乐等等主张，都在一定程度上反映了被统治者的要求，为统治者与被统治者之间的沟通以及建立起一个比较稳定的社会秩序搭起了一座良好的桥梁。

对统治阶级治国理政经验的总结，无疑是孔孟治国理政思想的一项重要内容。孔孟治国思想中所包含的限君思想，关于"见利思义"和"上下重征利，而国危矣"等的论述，以及关于用人、鉴别人才等等的论述，其中包含了很多积极因素。这些思想与主张，经过朱熹的继承与发展，已经成为中华政治文明中不应忽视的一份可贵的文化遗产。

从世界眼光来看，从孔孟到朱熹，从传统儒家的治国思想直到朱熹的治国思想，不能说没有缺陷和遗憾。比起古希腊、罗马的著名思想家的治国思想，比起欧洲封建社会那些著名思想家的治国思想，传统儒家最大的弱点是没有把国家明确地作为单独研究的对象，没有从国家制度上探讨政体与立法问题。中国从奴

---

① 《孟子·尽心下》。
② 《孟子·公孙丑上》。
③ 《孟子·尽心下》。

隶社会到封建社会都未能产生像亚里士多德的《政治学》那样的系统地研究国家的学术专著。从早期儒家的治国理政思想，直到朱熹的治国理政思想，其学说主流在中国长期的封建社会中，已经为统治者所利用。特别是其"三纲""五常"的政治伦理观念和朱熹的天理人欲说为统治者所重视和利用，对中国传统政治产生了十分重要的影响。董仲舒罢黜百家、独尊儒术的建议能为汉武帝所采纳，朱熹的天理治国思想在元、明、清几代中能为君主所赏识，并不是偶然的，其根本原因即在于儒家的治国思想本身存在着可以给历代治国安邦者提供政治哲学以及一些具体有用的东西。

其次，朱熹的治国理政思想又是对传统儒家治国理政思想的创新与发展。

在先秦儒家以及二程学说思想的基础上，朱熹进一步发展了天理治国论，其政治智慧为元明清三代统治者所接纳并用于国家的实际政治生活之中，这充分体现了朱熹对中国传统政治思想的重大贡献。

所谓天理治国论，即把内在于人心的天理，贯彻到外在的政治事务中去，由内圣开出外王，在政治治理的实践中落实天理的原则。程颢、程颐首倡天理治国论，认为天理既是宇宙的本体、人伦的原则，又是治理国家、管理社会的准则。在二程思想的基础上，朱熹进一步发展了天理治国论。朱熹把天理与道等同，道既是中国哲学与文化的核心和最普遍范畴，又是政治治理的依据，循道而行，则天下大治；背道而行，则政治昏暗不明。由此，朱熹把是否行道作为检验政治昏明的标准，强调从道不从君，道统之道高于君主之位的思想。他认为尧舜三代之君主行王道，推广义理之心；而汉唐君主推行的则是霸道，追求利欲以行私，尤其是唐代君主与儒家天理原则多有不合，不仅杀兄劫父以代其位，而且伦常关系混乱，并以智力把持天下，所以，朱熹把汉唐诸君排斥在道统之外。这是以"天理即道"为标准来衡量政治是非的表现，而不是以君主的意志作为政治治理的原则。朱熹以道作为政治治理的理论依据，把学术与政治相结合，扩大了"天理"思想的影响和运用范围，使儒者传道与王者统道在一定程度上结合了起来。然而，客观现实往往是，掌权者在实际政治生活中往往不按"道即天理"的原则办事，这就使得后世思想家在入仕的同时，不得不以理抗势，祭起朱熹的天理论及从道不从君，以仁义之道重于君主之位的思想的旗帜与之抗衡，这体现了朱熹思想对中国传统政治文化的影响。

除此之外，朱熹提出了"正君心是大本"的政治主张。这一主张从治体的高度批判君主的独断，体现了其在维护君主专制同时又欲约束君权的意图。这种圣王合一的政治理想既有强化道对现实政治的批判力度和调节力度的一面，也有进一步神化君权的一面。

　　总的说来，朱熹的治国理政学说主要在于节制执政者的不当欲望，强调统治者的修身修心，更好地协调君臣民众间的矛盾关系，凝结着传统文化的精华，值得我们认真研究与重新探讨，对之加以扬弃，以更好地为今日中华民族的复兴大业服务。

第十章　王阳明的心学

王阳明一生的活动，主要表现在两个方面：一是"破山中贼"；一是"破心中贼"。前者是指他镇压民间动乱、维护明朝廷统治秩序的事功；后者是指其建立心学理论体系的学术成就。他以"辅君""淑民"为目的，自认在一定程度上有助于挽救明王朝的统治危机。他的主要学术活动是在南宋陆九渊开创的心学基础上，发展和奠定了中国心学的理论体系。他精通儒、道、佛等诸家学说，是中国封建社会后期著名的哲学家、教育家、军事家、政治家，更是宋明心学的集大成者。

一、山中贼心中贼全破

王阳明，本名王守仁，浙江余姚（今属宁波余姚）人。

他生于公元1472年，卒于公元1529年，字伯安，幼名王云，后更名为王守仁。因曾筑室阳明洞，创办阳明书院，自号阳明子，世称他为阳明先生。

王阳明一生的活动，主要表现在两个方面：

一是"破山中贼"；

二是"破心中贼"。

在"破山中贼"方面，王阳明站在官方的立场，积极镇压民间动乱、维护明朝廷统治秩序。他修炼民兵，"行十家牌法"，制定与颁行"乡约"，将维护君主政治的道德原则贯穿融通于实践之中，事功厥伟。他以"辅君""淑民"为根本目的，自认在一定程度上有助于挽救明王朝的统治危机。

在"破心中贼"方面，王阳明学宗陆九渊，建立以"致良知"为核心的一套心学理论体系。他的主要学术活动是在南宋陆九渊开创的心学基础上，发展和奠定了中国心学的理论体系。他精通儒家、道家、佛家等诸家学说，是中国封建社会后期著名的哲学家、教育家、军事家、政治家，更是宋明心学的集大成者，同时，他还是一位著名的诗人。

　　王阳明出身于明朝中后期的一个士大夫家庭。其父自幼好学，35 岁科举及第，榜列状元，后又任东宫辅导，为太子讲读，官至南京吏部尚书。如此优越的家庭环境，对王阳明影响是很大的。他少年时，"豪迈不羁"，喜"读书学圣贤"，兴趣聚焦在军事、文学上面，15 岁便留心边事，"慨然有经略四方之志"。他好言兵事，且善骑射。28 岁时，王阳明考取进士，步入仕途。34 岁任兵部武选清吏司主事，是年开始授徒讲学，一路可谓是春风得意。

　　不料，世事难测。正德元年（1506 年），王阳明因上疏抗议宦官刘瑾把持朝政，被捕入狱，随后被贬为贵州龙场驿丞，顿时命运突变，仕途运蹇。

　　不过，人世间的道路都并非是笔直的，挫折也并不都是坏事。

　　龙场处在远离政治中心的偏僻边塞苦寒之地，在这里，王阳明正好可以暂时远离世间烦扰，集中精神深入思考一些人生与学术上的深层次问题，最终做到了豁然开悟。

　　王阳明本人在追忆这段经历时说："其后谪官龙场，居夷处困，动心忍性之余，恍然有悟，体验探求，再更寒暑，证之六经四子，沛然若决江河而放之海也。"[1]"忽中夜大悟格物致知之旨，寤寐中若有人语之者，不觉呼跃，从者皆惊。始知圣人之道，吾

---

[1]　《王阳明全集》，上海古籍出版社1992年版，第240页。

性具足，向之求理于事物者，误也。"① 王阳明龙场所悟之道，是对宋儒以来的圣人之道的重新认识，他认为圣人之道不应外求，而是"吾性具足"。

经过龙场悟道，王阳明的人生、学问由此得到进一步升华与发展。

悟道之后的王阳明，对于圣学传承有了更为自觉的使命感，他在龙场创办了龙冈书院。书院有具体的"教条"，规定书院的目标"一曰立志，二曰劝学，三曰改过，四曰责善"②。据王阳明自己的描述，这个书院虽然地处边鄙，但产生了不小的影响，出现了"门生颇群集"③ 的景象，赢得了众多学子的青睐。

四年之后，王阳明结束贬谪生活，离开龙场升任江西庐陵县知县。庐陵任上的王阳明，积极将其所悟之道用于政事，"为政不事威刑，惟以开导人心为本"④。决积案，清邮驿，杜苛捐杂税，禁迷信神会。

正德五年（1510 年），刘瑾伏诛。王阳明再次时来运转，此后一路升迁，历任刑部、兵部主事，兵部尚书，都察院左佥都御史等职。

---

① 《王阳明全集》，上海古籍出版社1992年版，第1228页。

② 《王阳明全集》，上海古籍出版社1992年版，第974页。

③ 《王阳明全集》，上海古籍出版社1992年版，第679页。

④ 《王阳明全集》，上海古籍出版社1992年版，第1230页。

在政治上，王阳明忠于明王朝君主，热心政治，敢于任事，一生事功显著。

他曾多次镇压福建等地的民间动乱，又平定宁王朱宸濠叛乱。朱宸濠叛乱平定后，王阳明抵杭州献俘，因奸人谗言，非但无功，反遭诬获咎，经太监张永设法调停才得以免祸。正德十六年（1521年），王阳明方因功被封为特进光禄大夫、柱国、新建伯。此后，从嘉靖元年（1522年）到嘉靖六年（1527年），他丁忧在家，不被幸召，以讲学著书为事。后广西思恩、田州叛乱，朝廷起用他前往征讨。1529年，王阳明因肺病急疾上疏乞归，逝于江西南安舟中的途中，时年57岁。随后，朝廷以其擅离职守，追夺其封爵世袭。至穆宗即位方重予世袭，谥文成。万历十二年，诏从祀孔庙，"终明之世，从祀者止守仁等四人"①。如朱熹一样，王阳明生前毁誉交加，死后倒饱享殊荣。

王阳明以文官掌兵符，集文武谋略于一身，做事智敏，用兵神速，在镇压民间动乱方面颇显他的军事才能。对于他的事功，《明史》中曾这样评价说："守仁所将皆文吏及偏裨小校，平数十年巨寇，远近惊为神。""终明之世，文臣用兵制胜，未有如守仁者。"②

王阳明的一生，不但事功厥伟，而且还是宋明理学心学派的

---

① 《明史·王守仁列传》。
② 《明史·王守仁列传》。

集大成者。

他在为学初期，就曾遍读朱熹遗书，并按朱熹"格物穷理"的方法格亭前竹子，"格"竹七天，无所得且罹疾。后又涵咏出入于佛老之学，亦无所得。但这段经历对于王阳明来说并非是可有可无，对于他的学问的增长与思考是有作用的。

前面提到，王阳明36岁时被谪贬于贵州龙场驿，正处人生困厄之机，他自筑草棚栖身，因穷荒无书，潜心悟道，忽中夜大悟"格物致知"之旨，"悟格物致知，当自求诸心，不当求诸事物"。这一后人所称的"龙场大悟"，正是王阳明心学的起点。王阳明的理学思想主要继承了南宋理学家陆九渊的"心学"主张，并加以发展，提出"心即理""致良知""知行合一"等新说，后人将他的学术成就与陆九渊并列，称"陆王心学"，以与程朱理学相区别。黄宗羲评价阳明心学的创立，结束了明代学术"此亦一述朱，彼亦一述朱"[1]的宋代理学的统治局面。从更深的含义看，陆王心学与明清之际的思想启蒙有着一定内在的关联。在一定意义上可以说，陆王心学特别是王门后学奏响了中国反思传统与近代启蒙思潮的序曲。

王阳明的著作，被辑为《阳明全书》（又称《王文成公全书》），共38卷，现在也有多种版本《王阳明全集》的问世，其中《传习录》

---

[1] 黄宗羲著：《明儒学案》，中华书局1985年版，第179页。

《大学问》是研究王阳明政治思想的主要著作，值得对此有心者仔细学习和推敲。

二、"心外无物，心外无理"

王阳明的政治哲学，可以概括为"心即理"。

相对于程朱的"格物致知"思想，王阳明将关注点更多地投注于对人们"心"的认知与开发上面。

宋明理学是儒学应对佛、道挑战的产物，由北宋大儒周敦颐、张载、邵雍等人发其端，经程颢、程颐兄弟发展而创立，至南宋朱熹集其大成。理学援佛、道思想精华入儒，打破了汉唐经学专务章句训诂的学风，重在阐发儒家经典的义理，并以"理"为宇宙的本体、本原，故而称为"理学"，因为二程与朱熹的贡献尤大，故而学界长期将这一段的儒学发展概括称为"程朱理学"。差不多与朱熹同一时代的陆九渊，则以"心"为宇宙本原，创立"心学"；至明代，王阳明集心学之大成，继承了陆九渊的学术思想并将其发扬光大，使阳明心学大行于世，终成一代显学，学界又概称为"陆王心学"。

从狭义上讲，"陆王心学"与"程朱理学"是两个不同的学派，二者并立，分庭抗礼；但是从广义上看，二者则同属宋明理学的范围。因为无论是程朱还是陆王，其学问宗旨都在于探讨与促进人格完善，并且都把"存天理，去人欲"视为完善人格的必由之路、成圣成贤的不二法门。所以，对所有宋明理学家，包括王阳明而言，"理"始终是圣贤学问的终极旨归。在这一基本点上，陆王心学与程朱理学并无二致。

在宋明理学的语境中，"理"是最高的哲学范畴，具有两方面含义：

首先，理是派生天地万物的宇宙本体，是所有生命的本原。朱熹说："理也者，形而上之道也，生物之本也。"① 所谓形而上，就是形体未生之前，也就是天地万物和所有生命都还没形成的时候。朱熹说"理"是一切万物形成之前的"道"，也就等于说"理"是永恒的、超验的、抽象的。作为心学鼻祖的陆九渊，虽然以"心"立说，但同样也承认"理"的本体意义。他说："塞宇宙一理耳。学者之所以学，欲明此理耳。"② "万物森然于方寸之间，满心而发，充塞宇宙，无非此理。"③

其次，理也是指事物的条理、规律和准则，寓于具体的万事万物之中。

如程颐就认为，"凡一物上有一理"，甚至"一草一木皆有理"。

---

① 《朱子文集·答黄道夫书》。
② 《陆九渊集·与赵咏道书》。
③ 《陆九渊集·语录》。

由于理除了本体上的抽象意义外，又作为规律性的知识寓于具体的万事万物之中，所以它是可以为人们所认知并践履的。而当"理"落实到道德实践层面时，它就表现为社会的伦理原则和道德规范。符合社会的伦理原则和道德规范的，就被宋儒们称为"天理"。

"天理"与"人欲"，由此成为一对并立的哲学概念。

宋儒们所谓的人欲，不是指人的正常、基本欲望，而是指那些违背伦理道德的不合理、不正当的欲望。宋明理学的全部内容，包括阳明心学在内，就是要人们在日用伦常的道德实践中，彻底去除人欲，让天理得到全部呈现，从而获得人格完善，达到圣贤的做人境界。王阳明说："须是平日好色、好利、好名等项一应私心扫除荡涤，无复纤毫留滞，而此心全体廓然，纯是天理。"①

由此可见，无论是二程、朱熹还是陆九渊、王阳明等人，在"存天理，去人欲"这一理学的根本宗旨上都是毫无二致的。程朱与陆王最重要的不同点，在于如何认识"理"，也就是要通过什么样的修行功夫，才能让此心达到"纯是天理"的境界。

在修行和为学的方向上，程朱理学强调格物致知、即物穷理，就是强调学习知识的重要性，认为人的道德境界会随着知识的增进而逐步提升。程朱认为，理在万事万物中，所以，必须把万事

---

① 《阳明全书·传习录上》。

万物中的理——研究透彻，功夫方能得力。如平时读书治学、待人接物等，都是修行工夫，"凡一物上有一理，须是穷致其理"，"须是今日格 1 件，明日又格 1 件，积习既多，然后脱然自有贯通处"①。他们认为，如果学人不脚踏实地走这条路，而是沉溺于玄思冥想，那就是"师心之用"，会导致空疏自大的毛病。

然而，陆王心学则恰恰相反，在陆王看来，知识的增长并不能直接促成人格的完善，程朱的方法未免过于支离琐碎，会导致学人漫无所归。王阳明说："朱子所谓'格物'云者，在即物而穷其理也。即物穷理，是就事事物物上求其所谓定理者也。是以吾心而求理于事事物物之中，析'心'与'理'而为二矣。夫求理于事事物物者，如求孝之理于其亲之谓也。求孝之理于其亲，则孝之理其果在于吾之心邪？抑果在于亲之身邪？假而果在于亲之身，则亲没之后，吾心遂无孝之理欤？见孺子之入井，必有恻隐之理，是恻隐之理果在于孺子之身欤，抑在于吾心之良知欤？以是例之，万事万物之理，莫不皆然。是可以知析心与理为二之非矣。"②王阳明进一步明确提出了"物理不外于吾心；外吾心而求物理，无物理矣"③的观点，否认在主观之外有客观"物理"的

---

① 《近思录》卷三。
② 《传习录中·答顾东桥书》。
③ 《传习录中·答顾东桥书》。

存在。可以说，心学与理学最根本的分歧就在这里。两个学术系统的所有差异，都是从这个命题发端的。正是在这个意义上，陆王提出了"心即理"的命题，从而创立了与程朱理学分庭抗礼的"心学"。

在了解王阳明"心即理"这个命题之前，我们有必要先弄清"心"这个概念。

在朱熹看来，心具有能知能觉的功能，是身体的主宰，"心者，人之神明，所以具众理而应万事"①。就是说，人以此知觉功能便能与外在的事事物物打交道。但是除此之外，朱熹又认为心具有二重性，他说："心者，人之知觉，主于身而应事物者也。指其生于形气之私者而言，则谓之人心。指其发于义理之公者而言，则谓之道心。"②也就是说，当心表现为个体之私时，便是人心；当它合乎天理时，便是道心。所以在朱熹那里，人格完善的过程就是以天理主宰人心、转人心为道心的过程。

而在王阳明这里，心首先是指知觉功能："心不是一块血肉，凡知觉处便是心，如耳目之知视听，手足之知痛痒，此知觉便是心也。"③但是，王阳明与朱熹的根本不同之处，就在于他没有把

---

① 《朱子语类》卷四。
② 《朱子大全文集》卷六五，《尚书·大禹谟》注。
③ 《阳明全书·传习录下》。

心打成两截，分什么人心和道心，而是认为此心即是天理。在阳明看来，就是你当下能够直接体验的这个心，这个"能视听言动"的心，便是天地万物的本体，便是超越时空的宇宙本原。

以心为本的观点从先秦思孟学派的"尽心知性知天"，到唐代禅宗的"以心法起灭天地"，再到南宋陆九渊的"宇宙便是吾心，吾心即是宇宙"的提出，都有较系统的理论观点，然而把这些理论观点上升到心物、心理关系这一哲学基本问题的高度，并对之作出系统哲学论证的，则是王阳明。

王阳明继承了孟子直到陆九渊的"心即理"的心学观点，认为"心外无物，心外无事，心外无理，心外无义，心外无善"①。

王阳明认为，对于万事万物的本原，不应从外部世界来寻求。他在《咏良知四首示诸生》中有一首这样的诗："人人自有定盘针，万化根缘总在心。却笑从前颠倒见，枝枝叶叶外头寻。"王阳明所说的万化根源的"心"，究竟何指？《传习录下》记载王阳明游南镇，"一友指岩中花树问曰：天下无心外之物，如此花树在深山中自开自落，于我心亦何相关？先生曰：你未看此花时，此花与汝心同归于寂；你来看此花时，则此花颜色一时明白起来，便知此花不在你心外"。从《传习录下》这段生动的记载里可以看出，王阳明心学所谓的"心"，指的是人的感觉经验。他说："心

---

① 《阳明全书·与王纯甫》。

不是一块心肉，凡知觉处便是心。如耳目之知视听，手足之知痛痒，此知觉便是心也。"① 由此可见，在陆王心学的思想体系中，"心"可以说是最高的哲学范畴。

在王阳明这里，心指的是各种知觉，万事万物都是心的外化，心是世界的本原。他说："天没有我的灵明，谁去仰他高？地没有我的灵明，谁去俯他深？鬼神没有我的灵明，谁去辨他吉凶灾祥？"② 外物离却人心，便不复存在。这样，王阳明与朱熹把理作为世界的本原的观点针锋相对，认为世界的本原不是理，而是心。王阳明说："理也者，心之条理也。是理也，发之于亲则为孝，发之于君则为忠，发之于朋友则为信。千变万化，至不可穷竭，而莫非发于吾之一心。"③ 他还说："心即理也。此心无私欲之蔽，即是天理，不须外面添一分。以此纯乎天理之心，发之事父便是孝，发之事君便是忠，发之交友治民，便是信与仁。只在此心去人欲存天理上用功便是。……譬之树木，这诚孝的心便是根，许多条件便是枝叶。须先有根，然后有枝叶；不是先寻了枝叶，然后去种根。"④

前面说过，王阳明早年曾是朱子理学的忠实信徒，不仅笃信

---

① 《阳明全书·传习录下》。
② 《阳明全书·传习录下》。
③ 《阳明全书·书诸阳卷》。
④ 《阳明全书·传习录上》。

格物穷理之说，而且身体力行，但是徒耗多年的精力和光阴，始终一无所获，最后还差点退失了学为圣贤的道心。究其原因，按照王阳明后来的反思，就在于朱熹的格物致知说会导致"物理吾心终若判而为二"的结果。换言之，就是心与理割裂为二、知与行断成两截。最后，经过多年的反复摸索和苦心实践，王阳明终于在龙场驿那个"居夷处困"的绝境中，大悟陆九渊的"心即理"之旨："始知圣人之道，吾性自足，向之求理于事物者误也。"阳明心学由此诞生。

　　不可否认，王阳明之所以能够在龙场悟道并在后来创立自己的心学思想，其学术渊源主要来自陆九渊。但是，倘若没有此前数十年的对各家学说的广览博收，身心践履，没有颠沛流离、百死千难的生活阅历，没有浴火重生、凤凰涅槃似的生命体验，就绝没有后来的王阳明，也不会有风靡天下、传诸后世的阳明心学。由此可见，阳明心学的根本特色，不在于其思想资源来自何处，而是在于其独特的人生体验及其具有的强大的实践品格。王阳明对"心"的体认，对于确立人的主体性，高扬人的主体意识，其哲学意义十分重大。这，就是阳明心学最核心的精神价值，也是王阳明留给我们最重要的精神遗产。①

---

① 王觉仁著：《王阳明心学》，民主与建设出版社2015年版，第300—306页。

三、"致良知"

在"心即理"的理论基础上，王阳明提出了他自己的"致良知"的思想理论体系。

"致良知"是王阳明一生全部学说的最高概括，是其心学思想体系中的核心部分。

王阳明说："吾生平讲学，只是致良知三字。"①

应该说，致良知是王阳明对孟子"良知"思想的继承和发展。

"良知"，是儒家的基本概念之一。它由孟子最先提出。孟子说："人之所不学而能者，其良能也；所不虑而知者，其良知也。孩提之童，无不知爱其亲者；及其长也，无不知敬其兄也。亲亲，仁也；敬长，义也。无他，达之天下也。"②可见，孟子所谓不学而能知的良知良能是指天赋先验的道德观念。王阳明所说的良知，继承了孟子的观念，并作了进一步的发挥，他的"良知"的含义首先保留了孟子的原意，继而又赋予了"良知"本体论的学术意义。

本来，"良知"已经兼具本体论意义和道德实践的功夫论意

---

① 《阳明全书·寄正宪男手墨二卷》。

② 《孟子·尽心上》。

义双重功能，然而，王阳明又在"良知"之前加上了一个"致"字。一字之加，全局皆变，这不仅极大方便了世人的修学，更是突出了阳明心学"简易直截、当下即是"的方便特点。

王阳明认为：

第一，良知是"心之本体"，人所固有，是先验的，不用外求。"知是心之本体，心自然会知，见父自然知孝，见兄自然知悌，见孺子入井自然知恻隐，此便是良知，不假外求。"①

第二，良知是人心固有的是非之心。王阳明的良知源于孟子的良知、良能。"良知者，孟子之所谓是非之心，人皆有之者也。是非之心，不待虑而知，不待学而能，是故谓之良知。"② 良知是判断是非的唯一标准，"尔那一点良知，是尔自家的准则，尔意念着处，他是便知是，非便知非，更瞒他一些不得"③。

第三，良知即天理。"吾心之良知，即所谓天理也。"④ "良知是天理之昭明灵觉处，故良知即是天理。"⑤

可见，王阳明的良知是指先验的、与生俱来的、人人俱有的是非、好恶之心；是内在于人又超越万物的宇宙本原；是自圣人

---

① 《阳明全书·传习录上》。
② 《阳明全书·大学问》。
③ 《阳明全书·传习录下》。
④ 《阳明全书·传习录中》。
⑤ 《阳明全书·传习录中》。

以至愚人，无不相同的普遍价值标准。

王阳明的"致良知"，是对《大学》"格物致知"的新解释。

王阳明认为，良知是与生俱来，人所固有的。但是，良知会受到遮蔽，有人明知善恶却昧着良知为恶不善，"知得善，却不依这个良知便做去；知得不善，却不依这个良知便不去做，则这个良知便遮蔽了"①。

王阳明认为，"良知"固然是愚夫愚妇与圣人共同具有的，没什么差别；但能否"致良知"，却是愚夫愚妇与圣人区别之所在。"良知良能，愚夫愚妇与圣人同。但惟圣人能致其良知，而愚夫愚妇不能致，此圣、愚之所由分也。"②王阳明又说："心之良知是谓圣，圣人之学，惟是致此良知而已。自然而致之者，圣人也；勉然而致之者，贤人也；自蔽自昧而不肯致之者，愚不肖者也。愚不肖者，虽其蔽昧之极，良知又未尝不存也，苟能致之，即与圣人无异矣。此良知所以为圣、愚之同具，而人皆可以为尧舜者，以此也。是故致良知之外无学矣。自孔、孟既没，此学失传几千百年，赖天之灵，偶复有见，诚千古之一快，百世以俟圣人而不惑者也。"③

---

① 《阳明全书·传习录下》。

② 《阳明全书·传习录中》。

③ 《阳明全书·书魏师孟卷》。

王阳明非常强调"致良知"的重要性，他指出："人孰无是良知乎？独有不能致之耳。"①他认为《大学》八目的宗旨在于"致知格物"。

八目指的是：格物、致知、诚意、正心、修身、齐家、治国、平天下。

对于"致知"，王阳明解释为"致良知"。他主张"性无不善，知无不良"②，所以"致吾心之良知者，致知也"③。致良知，也就是好善而去恶。

王阳明认为，"致良知"在于"格物"。他把"物"解为"事"，将"格"解为"正"。他说："物者，事也，凡意之所发必有其事，意之所在之事谓之物。格者，正也，正其不正以归于正之谓也。正其不正者，去恶之谓也。"④这样，"格物"便是在意念发动处的件件事情中为善去恶，避开主观意念中恶的认识，接近善的感觉。

这里必须指出，王阳明的"格物"，不同于朱熹的外求的格物，而是在于正心，"天下之物本无可格者，其格物之功只在身心上

①　《王阳明全集》，上海古籍出版社1992年版，第279页。
②　《阳明全书·传习录中》。
③　《阳明全书·传习录中》。
④　《阳明全书·大学问》。

做"①。在他看来，这样就可以避免朱学之"务外遗内"之弊，杜绝其"支离破碎"之病。

王阳明的"致知格物"，主要目的在于好善去恶。他把"致知格物"总结为著名的"王门四句教"："无善无恶心之体，有善有恶意之动，知善知恶是良知，为善去恶是格物。"②这四句诀，可谓阳明学的真谛。

在王阳明看来，八目中格物、致知、诚意、正心、修身是同一过程的不同表现，是穷究人心之良知。他说："身、心、意、物者，是其工夫所用之条理，虽亦各有其所，而其实只是一物。格、致、诚、正、修者，是其条理所用之功夫，虽亦皆有其名，而其实只是一事。"③这样，他就把《大学》的实践道德思想转变成自己的"格物致良知"的道德修养论。

更重要的是，王阳明指出，"破心中贼"也就是致良知的最要紧的功夫是在于克己。

王阳明曾多次奉命镇压民众的"叛上作乱"，致力于"破山中贼"，厥功甚伟。但他认为，"民虽格面，未知格心"，比"山中贼"更难破的是"心中贼"。他的"致良知"学说就是破"心中贼"

---

① 《阳明全书·传习录下》。
② 《阳明全书·传习录下》。
③ 《阳明全书·大学问》。

的一粒灵丹，有点铁成金的功效。他说，即使愚夫愚妇，倘真能"知这良知诀窍，随他多少邪思枉念，这里一觉，都自消融。真个是灵丹一粒，点铁成金"①。这个破"心中贼"，达到"存理灭欲"的具体方法与诀窍即是"克己"。

王阳明认为，克己的功夫应该包括四种境界：

一是"静坐息虑"。这种功夫使吾心处于"悬空静守"状态，可以排除杂念。

二是"省察克治"。这种功夫要求人们认真内省吾心一己之私，努力克制、革除"好色、好货、好名"等私利之欲。

三是"防于未萌之先"，"克于方萌之际"，注重防微杜渐。

四是勘破"生死念头"。这种功夫是"克己"的最高境界。由于生死之念是与生俱来的本能，所以最不容易去掉。但人只要有了生死念头的"毫发挂带"，私欲的克制便不能彻底。人们只有将生死念头看得透彻，才能使心之全体"流利无碍"，最终达到"无视无听，无思无作，淡然平怀"的崇高境界，实现人之至善本性的彻底归复，就可以做到人的视听言动莫不体现天理。②

---

① 《阳明全书·传习录下》。
② 丁小萍著：《中国古代政治智慧》，浙江大学出版社2005年版，第212—214页。

四、知行合一

明正德四年（1509 年），王阳明受聘在贵阳"文明书院"主讲，始揭"知行合一"之教。在王阳明哲学中，"知"仅指主观形态的知，不包括宋儒经常使用的求知之义；"行"既指人的实践行为，也包含宋儒不使用的心理行为之义。知行范畴的区别，决定了王阳明对知行关系及其内涵的认识有自己独到的创见。

王阳明十分强调"致良知"的"致"，在此基础上，他提出了"知行合一"的政治道德实践问题。

早在《尚书·说命》中就有"知之匪艰，行之惟艰"的知行思想，此后，知行关系问题就成为历代中国儒家学说的一个争论不断的、历久而弥新的重要的理论问题。在王阳明之前的传统儒家知行观中，"知"主要是指对伦理道德的认识，"行"则主要指的是道德实践。在知行关系上，朱熹的观点是知与行分离为二的。朱熹主张的是知先行后、知轻行重、知行互发的知行观。

王阳明明确反对前儒将知与行截然分离的观点。在他看来，知即行，行即知，知行原为一，原是在两个字说一个工夫，这也就是知行本体。他说："外心以求理，此知行之所以二也；求理于吾心，此圣门知行合一之教。"① "古人所以既说一个知，又说一个行者，只为世间有一种人，懵懵懂懂地任意去做，全不解思维省察；也只是个冥行妄作，所以必说个知，方才行得是。又有一种人茫茫荡荡，悬空去思索，全不肯着实躬行，也只是个揣摸影响，所以必说一个行，方才知得真。此是古人不得已补偏救弊的说话"② "知行工夫本不可离。只为后世学者分作两截用功。"③ 由此可见，王阳明既反对只重行，不懂知；也反对只重知，而不懂行。反对将知行二者割裂，认为前者是"冥行妄作"，践行后者也不会有什么实际功效。

王阳明强调以"知"指导"行"，以便"行得是"；又以"行"躬行"知"，以便"知得真"。他主张"知行合一"。

王阳明说："某尝说：知是行的主意，行是知的功夫。知是行之始，行是知之成。若会得时，只说一个知，已自有行在。只说一个行，已自有知在。"④ 王阳明认为，行不但包含了动机，而且包含了某种意向、念头。不知而行是冥行，知而不行是妄想，王阳明把厌恶和喜好的情绪也都叫做行。他说："今人学问，只因知行分做两件，故有一念发动，虽是不善，然尝未尝行，便不

① 　《王阳明全集》，上海古籍出版社1992年版，第43页。
② 　《阳明全书·传习录上》。
③ 　《阳明全书·传习录中》。
④ 　《阳明全书·传习录上》。

去禁止。我今说个知行合一，正要人晓得一念发动处，便即是行了。发动处有不善，就将这不善的念克倒了，须要彻根彻底，不使那一念不善潜伏胸中。此是我立言宗旨。"①

王阳明认为，"知是行之始"，对于伦理道德的认识而言，这是道德实践的起点；"行是知之成"，对于伦理道德的实践而言，这则是道德认识的目的。他说："行之明觉精察处便是知，知之真切笃实处便是行。若行而不能精察明觉，便是冥行，便是学而不思则罔，所以必须说个知。知而不能真切笃实，便是妄想，便是思而不学则殆，所以必须说个行。元来只是一个功夫。"②

王阳明主张"知行合一"，"知"和"行"是相互影响、相互渗透的。在他看来，知行是同一个功夫，知行合一并进不可分离。知则必行，不行不足谓之知；真知则必行，不行终非真知。

王阳明十分强调"知""行"的相互联系，以至提出了著名的"一念发动处便即是行"的命题。这一命题似乎抹去了"知"与"行"的质的差别。他比喻说："夫人必有欲食之心，然后知食。欲食之心即是意，即是行之始矣……必有欲行之心，然后知路。欲行之心即是意，即是行之始矣。"③所以，他认为，"一念发动处，

---

① 《阳明全书·语录三》。

② 《阳明全书·答友人问》。

③ 《阳明全书·传习录上》。

便即是行了"①。实际上，王阳明的"意""一念发动处"，只是"行"的动机，尚不是"行"。他之所以强调"一念发动处，便即是行"，是有明确的立言宗旨的。他说："今人学问，只因知行分作两件，故有一念发动，虽是不善，然却未曾行，便不去禁止。我今说个知行合一，正要人晓得一念发动处，便即是行了。发动处有不善，就将这不善的念克倒了，须要彻根彻底，不使那一念不善潜伏在胸中，此是我立言宗旨。"②心中的一念不善，就叫做"心中贼"。"破山中贼易，破心中贼难。"③王阳明讲知行合一，就是为了解决"破心中贼"的问题。

王阳明"知行合一"的立言宗旨，不在于把知等同于行，而是强调在邪念、妄念方萌未萌之际，就要依据良知本体，痛下"诚意正心"的自省功夫，彻底克倒邪念、妄念与不善之念，不留一丝一毫，从而保证道德活动从动机初始到实践完成全部过程的正确，即使之合乎良知、合乎道德。他认为"防于未萌之先，而克于方萌之际，此正《中庸》戒慎恐惧、《大学》致知格物之功。舍此之外，无别功矣"④。

王阳明的"知行合一"与"致良知"是一致的。对于"致良

---

① 《阳明全书·传习录下》。

② 《阳明全书·传习录下》。

③ 《阳明全书·与杨仕德薛尚谦书》。

④ 《阳明全书·答陆原静书》。

知"蕴含的"知行合一"内容，明末儒家多有论述。刘宗周说："良
知为知，见知不囿于闻见；致良知为行，见行不滞于方隅。即知即
行，即心即物，即动即静，即体即用，即工夫即本体，即上即
下。"① 这个论述虽然过于玄妙，但指出了"致良知"学说中所蕴
含的"知行合一"关系，良知为知，而致良知为行。后来黄宗羲也
说："先生致知于事物，致字即是行字，以救空空之理。"②

可见，王阳明所说的"行"，实质只是一种道德践履，是专
指所谓的克己功夫。在这一点上，王阳明与朱熹并没有什么根本
性的不同。所以，王阳明要求人们"静时念念去人欲存天理，动
时念念去人欲存天理"③。他们都是要求去人欲而存天理。只是在
方法与手段上，朱熹更多地强调以知识的增进作为修养的基本途
径，而王阳明则以为不必在增进知识上下功夫。在他看来，学问
思辨都是行，不徒朱熹所说的由学问而达到致知的一条途径，而
应该包括陆九渊所强调的尊德性、重实行的修养方法。由此可见，
王阳明的"知行合一"说，实际上是朱熹理学和陆九渊心说的折
中而成。④

---

① 黄宗羲：《明儒学案·师说》。
② 黄宗羲：《明儒学案》上卷八。
③ 《阳明全书·传习录上》。
④ 丁小萍著：《中国古代政治智慧》，浙江大学出版社2005年版，第215—217页。

五、"天下一家"

"天下一家"是王阳明的政治理想。

王阳明把"致良知"的思想与《大学》的政治伦理学说结合在一起，形成了"万物一体"说，产生了"天下一家""中国一人"的理想政治观。他的"万物一体"说是"致良知"思想的扩展，与其"明德、亲民"说相联系。《大学》有所谓"三纲领""八条目"。三纲领是："在明明德，在亲民，在止于至善。"王阳明将大学定义为"大人之学"，故视为"大学问"。

关于"明明德"，王阳明写道："大人者，以天地万物为一体者也。其视天下犹一家，中国犹一人焉。若夫间形骸而分尔我者，小人矣。大人之能以天地万物为一体也，非意之也，其心之仁本若是。其与天地万物而为一也，岂惟大人，虽小人之心，亦莫不然。彼顾自小之耳，是故见孺子之入井，而必有怵惕恻隐之心焉。是其仁之与孺子而为一体也。孺子犹同类者也，见鸟兽之哀鸣觳觫而必有不忍之心焉，是其仁之与鸟兽而为一体也……是其一体之仁也，虽小人之心，亦必有之。是乃根于天命之性，而自然灵昭不昧者也。是故谓之明德……是故苟无私欲之蔽，则虽小人之心，而其一体之仁，犹大人也。一有私欲之蔽，则虽大人之心，而其分隔隘陋，犹小人矣。故夫为大人之学者，亦惟去其私欲之蔽，以自明其明德,复其天地万物一体之本然而已耳;非能于本体之外,而有所增益之也。"①

所谓"明德",即是指人心中固有的完美的德性,亦即孔子讲的"仁"。"仁"就是良知之所以为"良"者。这种"良知",即"仁",是根源于天命之性的天赋。这是不同等级、不同地域、不同时代的人都所共有的"本然良知"。"良知"的显露发用,就是"天道"的贯彻流行。"自圣人以至于愚人,自一人之心以达于四海之远,自千古之前以至于万代之后,无有不同是良知也者,是所谓天下之大本也。"② 由于人人都有共同的"良知",因此人与人,不论是富贵贫贱,也不论是古今远近,都以"良知"为融合汇通点,凝成一体。不仅世上不同的人都有共同的"良知",而且宇宙天地、世间万物也具有人的"良知"。人与天地、万物的共同发源处都是"良知","良知"又把人与天地、万物凝为一体。他说:"人的良知,就是草木瓦石的良知","天地无人的良知,亦不可为天地",因此,"天地、万物与人原是一体,其发窍之最精处,是人心一点灵明。风雨露雷,日月星辰,禽兽草木,山川土石,与人原只一体"③。这种"良知",也是天地万

---

① 《阳明全书·大学问》。

② 《阳明全书·朱守乾卷》。

③ 《阳明全书·传习录下》。

物与人所共有的，使人可以与鸟兽一体之仁。"明明德"也就是恢复"以天地万物为一体之仁心"。

王阳明把"明明德"和"亲民"视为体用关系，以前者为体，后者为用。关于"亲民"，他说："明明德者，立其天地万物一体之体也；亲民者，达其天地万物一体之用也。故明明德必在于亲民，而亲民乃所以明其明德也。亲吾之父以及人之父，以及天下人之父，而后吾之仁实与吾之父、人之父、与天下人之父而为一体矣，实与之为一体，而后孝之明德始明矣……君臣也，夫妇也，朋友也，以至于山川神鬼鸟兽草木也，莫不实有以亲之，以达吾一体之仁。然后吾之明德始无不明，而真能以天地万物为一体矣。"①

可见，王阳明的"亲民"，即"仁民"，也就是用"以天地万物为一体之仁"来对待百姓，这是一个由己及人的过程，亦即孟子所说的推仁于四海的过程。把一己之仁心推及吾之父兄，然后及于人之父兄，最后推及山川神鬼草木，最后实现"万物一体""天下一家""中国一人"的理想政治。

关于"止于至善"，王阳明写道："至善者，明德、亲民之极则也。天命之性，粹然至善，其灵昭不昧者，此其至善之发见，是乃明德之本体，而即所谓良知者也。至善之发见，是而是焉，

---

① 《阳明全书·大学问》。

非而非焉，轻重厚薄，随感随应，变动不居，而亦莫不有天然之中。是乃民彝物则之极，而不容少有拟议增损于其间也。少有拟议增损于其间，则是私意小智，而非至善之谓矣。"①

所以，王阳明思想的核心是"致良知"，而"致良知"的最后归宿，不是别的，正是"天地万物一体"。

不过，在王阳明"万物一体"的整体观中，人与人之间的爱是有厚薄亲疏的，物与物之间也是有等差的。这又与"万物一体"论不相和谐。在王阳明的认识中，人与人之间的爱之所以有厚薄，这不是人为刻意要这样，而是先天注定的，"道理合该如此"。而这个"合该如此"的"道理"是"良知上自然的条理，不可逾越此，便谓之义；顺这个条理，便谓之礼；知此条理，便谓之智；终始是这条理，便谓之信"②。这也就是封建伦理道德的仁、义、礼、智、信。按照这个"条理"，得不到爱，甚至作出牺牲的人或物，就要"忍得"。不论是用草木去养禽兽，还是宰禽兽以养亲、祭祀、宴客，抑或箪食壶羹宁救至亲不救路人，这都是"道理合该如此"，因此必须要做到"心又忍得"。

既然爱有等差厚薄，那么封建宗法等级制度也就"合该如此"了。王阳明把社会人群分为生知者、学知者、困知者三类，"三

---

① 《阳明全书·大学问》。

② 《阳明全书·传习录下》。

者人品力量自有阶级,不可躐等而能也"①。他说,达成其理想政治的根本原则只是"所谓父子有亲,君臣有义,夫妇有别,长幼有序,朋友有信,五者而已"②。而维护封建宗法等级制度的纲常伦理又是从"良知"上自然生发出来的,同样是"合该如此"。

在王阳明看来,因为是"万物一体",所以要"仁民爱物";因为爱有差等,所以必须维护封建宗法等级制度和封建伦理纲常。既要施行仁政,又要维护封建等级制度,这是封建时代难以解决的理论和实践问题。应该说,王阳明的"万物一体"论对此从哲理的高度上作了更完整、更严密、更巧妙的回答。他确信,只要贯彻"以万物为一体",就可以把整个社会凝聚成既有秩序、有等差,又相亲相爱、不分彼此的和谐整体。在这个整体中,由于人人都能做到"公是非,同好恶,视人犹己,视国犹家,而以天地万物为一体"③,因此便可实现天下大治。

王阳明从"万物一体"出发,提出的"天下一家""中国一人"的观点,是对先秦以来儒家学说"天人合一"观的发展。这种整体观是中国古代政治思维和政治理想的典型形态。除了荀子强调天人相分,大部分思想家都主张"天人合一"的和谐观。但在宋

---

① 《阳明全书·传习录中》。
② 《阳明全书·答顾东桥书》。
③ 《阳明全书·传习录中》。

明理学以前，天人合一，还是以天、人的区别为前提，是有区别
的天、人的合一。而在理学家这里，则天、人无别，天人本为一，
因此不必言合。程朱理学认为，万物一体，皆有此理，以"天理"
把社会、自然、万物凝为一体，明确提出"万物一体"论。而作
为陆王心学的大师的王阳明的观点则是对"万物一体"论的系统
全面的论述。这种以和谐为价值取向的整体观，在历史发展进程
中产生过巨大的影响，对于中华民族的形成、发展和凝聚，在文
化上起过积极的作用。

在当代，对中华民族传统整体观加以扬弃，剔除其封建宗法
的糟粕，弘扬其强调整体、和谐、统一的合理内容，仍有十分重
要的现实意义。而它还将超越国界，在世界文明范围内，越来越
引起人们的重视。这也是中华政治文化对世界人类文明作出的杰
出贡献。[①]

六、治理乡村："十家牌"制度和"乡约"制度

作为一名忠实于君主与重视封建统治秩序的官僚，王阳明曾
积极镇压民众"叛上作乱"。在这一实践过程中，对于如何进行

---

① 丁小萍著：《中国古代政治智慧》，浙江大学出版社2005年版，第217—
219页。

民众控制，他提出过自己的种种主张，并予以实施。对于乡村治理，王阳明有着自己的真知灼见。这主要体现在他提出的乡治主张中，他的乡治主张主要包括"十家牌"制度和"乡约"制度两部分内容。

"十家牌"法有《十家牌法告谕各府父老子弟》和《牌行崇义县查行十家牌法》两篇文献资料。该法确定以牌为编排单位，十家为一牌，详列各家丁口、房产、寄寓客人等资料。该牌由同牌之家轮流收掌，如发现可疑之人，要即行报官：否则犯隐蔽之罪，十家连坐。所以"十家牌"制度实质上是一种保甲制。十家牌法，究其本质，是中国古代什伍连坐之法的变种，其根本目的在于加强对民众的控制，稳定乡村的社会秩序。

"南赣乡约"与"十家牌法"相仿，只是在具体运作上更胜一筹。它以约为单位，以定期聚会（每月望日）管理地方事务为主要形式。由乡村中的豪绅任约长、约副、约正、约史、知约和约赞，择定寺观为固定的会所。

与"十家牌法"的简约实用不同的是，"南赣乡约"散发出相当浓厚的教化色彩，更容易使人联想为王阳明"乌托邦"式的社会控制模式。王阳明相信"人之善恶，由于一念之间"，所以要修身自省，互相监督和劝勉，消除内心恶念。同约聚会主要就是通过一系列较复杂的礼制程序彰善纠过，培养仁厚之俗；兼及调解经济和民事纠纷，严防暗通"贼人"。王阳明反复强调劝诫无效后，要呈报官府究治。"乡约"实际上就是借地方豪绅的力量，加强对乡村民众实行具体的统治。

王阳明坦言，施行"十家牌法"的目的是"防奸革弊，以保安良善"，要求各家"父慈子孝，兄爱弟敬，夫和妇随，长惠幼顺，小心以奉官法，勤谨以办国课，恭俭以守家业，谦和以处乡里"。而族规中有"国课早输，谓之上农"，犯匪僻奸邪等重罪者，"合族鸣官究治"的类似条款。

王阳明乡治计划的重点是"牌"和"约"，而很少有"宗族"。这是因为，王阳明要想采取新型的乡治方案，就必须重组乡村的权力结构。宗族内部有过多的共同利益，内聚力强的另一面是对外排斥性强；不如以"牌"和"约"来重新整理，国家权力更容易自由得以伸展。况且，王阳明的乡治计划并未将宗族作为直接打击的对象，而是默许它有一定的活动空间，只不过官府成为乡村社会控制"金字塔"式权力结构的顶端。就此而言，国家权力与宗族系统之间的依存和融通是极其微妙的。[1]

七、王阳明心学对后世的影响

明初，程朱理学在思想界一统天下，"非朱氏之言不尊"[2]，

---

[1] 丁小萍著：《中国古代政治智慧》，浙江大学出版社2005年版，第220—221页。
[2] 何乔远：《名山藏·儒林集记》。

圣道已明，"不烦后人发挥，照他说的去做就成"①。这种思想沉闷导致理学日趋僵化、没落，面对明朝中期的社会危机，更陷入束手无策的困境。在这种情况下，弘治、正德年间，王阳明顺应"天下之士，厌常喜新"的思潮，集南宋以来"心学"思想之大成，建构了以"致良知"为核心的"心学"理论体系。他用四句话概括了他的主要哲学思想，被后人称为"王门四句诀"，即："无善无恶心之体，有善有恶意之动，知善知恶是良知，为善去恶是格物。"这四句诀，可谓是"阳明学"的真谛。

王阳明心学在程朱理学占统治地位的明代，形成了对官学权威的冲击和否定，为知识界的思想解放提供了一定的氛围。其后，以泰州学派的兴起为标志的儒学世俗化思潮，尤其是一些具有异端色彩的政治思想，都深受王阳明心学的影响。王阳明继承和发展了陆九渊的心学思想，在宋明理学中形成了陆王学术流派，在明中、后期的思想界曾经风靡一时，一度取代了程朱理学的地位，左右中国思想界长达百年之久。

王门心学与官学化的程朱理学思想体系相呼应，形成了另一种官学政治认知系统，在明代中期以后的政治思想界影响极广，从而使明代政治思想的发展越发显得多样化而异彩纷呈。黄宗羲

① 薛暄：《读书录》。转引自施建中主编：《中国古代史》（下册），北京师范大学出版社1996年版，第436页。

在《明儒学案》中把王门后学分为浙中王门、南中王门、粤中王门、江右王门、楚中王门、北方王门、粤闽王门及泰州学派八派。这八派遍布整个南中国，可谓兴盛一时。但不久之后，便趋衰落。黄宗羲说："阳明先生之学，有泰州、龙溪而风行天下，亦因泰州、龙溪而渐失其传。"[1] 王阳明身后，其心学由门人王艮、王畿、钱德洪等人发扬光大，遂成一代显学，深刻地影响了此后五百年的中国思想史。从明到清，及至民国，无数政治家、思想家和仁人志士，都将王阳明奉为心灵偶像，对阳明心学顶礼膜拜，并从中汲取了源源不绝的精神力量。

例如，黄宗羲受王阳明的影响很深，他所写的《明儒学案》，就以王阳明为明代学术的中心人物，他更坚持王阳明"心外无理"的观点，认为"天地万物之理实不外于腔子里，故见心之广大"，如果"以天地万物之理即吾心之理，求于天地万物以为广大"，那就是"仍为旧说所拘"[2]。

此外，王阳明不仅对中国近代历史进程产生了不小的影响，而且传至日本，形成日本的阳明学，在日本的历史尤其是日本近代历史进程中发挥过相当重要的作用。王阳明死后，他的学问和思想也一度受到攻击，但是由于其弟子的不懈努力，其学依然风

---

[1] 黄宗羲：《明儒学案》卷三二。
[2] 黄宗羲：《明儒学案》卷三十七。

行天下，辉煌一时，而其时谨守程朱藩篱者，几复无人，可见明中叶以后阳明学的势力影响之大。

当代学者周桂钿认为，陆王心学的影响是巨大的。陆九渊强调发明本心，蔑视一切权威，"宇宙便是吾心，吾心即是宇宙"，"六经皆我注脚"。王守仁讲求理在吾心。他们都强调主观意志、自立精神、独立意识。"不以孔子的是非为是非"的李贽和"不以皇帝的是非为是非"的黄宗羲都受到陆王心学的明显影响。顾炎武说：陆学以德为宗，学者"群然趋之"①。"冲决网罗"的谭嗣同和"礼赞"阳明的郭沫若，他们进步的激烈思想都有心学影响的痕迹。蒋介石将台湾的草山改名为阳明山，也有推崇阳明学的意思。不过，陆王心学对后代的消极影响也是很明显的。后世的意志决定论、知识反动论、读书无用论、只红不专等，都与陆王心学强调道德不重视知识有直接或间接的联系。所谓"易简功夫"，所谓"一通百通"，所谓"狠斗私心一闪念"，都可以说是陆王心学在"文化大革命"中的重新泛起。②

---

① 顾炎武：《顾亭林文集》卷二。
② 周桂钿著：《中国传统哲学》，福建教育出版社2017年版，第188、189页。

第十一章　顾炎武的家国情怀

顾炎武，原名绛，字忠清，后因清朝入主中原，更名炎武，字宁人，人称亭林先生，江苏昆山人。他在经学、史学、音韵、小学、金石考古、方志舆地以及诗文诸学等方面，都有独到的建树。为学以经世致用的鲜明旨趣，朴实归纳的考据方法，创辟路径的探索精神，以及他在众多学术领域的杰出成就，宣告了晚明空疏学风的终结，开有清一代朴学风气之先，是乾嘉汉学的"不祧之祖"。他提出"天下兴亡，匹夫有责"的政治理念，影响深远，成为激励中华民族奋进的精神力量。顾炎武著述宏丰，计有著作40多种，400余卷，主要有《天下郡国利病书》《日知录》等。他的一些具体政论集中在《亭林诗文集》里面。

一、倡导"天下兴亡，匹夫有责"的政治理念

治国平天下是中国古代士大夫的远大政治抱负，作为一名处在中国刚刚进入转型时代的传统士人，顾炎武正是怀着建设家国的坚强信念以及高度的社会责任感，最早提出了"天下兴亡，匹夫有责"的政治理念。

在《日知录》中，顾炎武说：

> 有亡国，有亡天下，亡国与亡天下奚辨？曰：易姓改号，谓之亡国；仁义充塞，而至于率兽食人，人将相食，谓之亡天下。……是故知保天下，然后知保其国。保国者，其君其臣肉食者谋之；保天下者，匹夫之贱，与有责焉耳矣。[①]

这段话，被梁启超概括为"天下兴亡，匹夫有责"。这段话包含着三层意思：

第一，"亡国"与"亡天下"，"保国"与"保天下"的区别。"亡国"是指在国家中处于执政地位的统治者被新的统治者所取代，王朝更替；"亡天下"则是指国民伦理道德严重沦丧。"保国"是指统治者维持和巩固其执政地位与既得利益；"保天下"是指

包括统治者在内的全体国民培养和保持其应有的做人良知与道德本性。

第二，"保天下"与"保国"的联系和区别。统治者应该以身作则地努力培养和保持其做人应有的正能量品质，以自己高尚的道德行为来引导和化育天下民众，使民众也都具有做人应有的良好德性，这样才能保住自己的执政地位而坐稳江山。怎样才能保住执政地位而坐稳江山，这是统治者自己的事，无关乎百姓，但培养和保持做人应有的品德节操却是事关每一个人，事关天下的兴亡，即使是普通民众也不能置身事外。

第三，提出维护社会道德，保天下人人有责。顾炎武强调，伦理道德是国家赖以存在的文化基础，仁义道德是人之所以为人者的本原，一个人如果丧失了其做人应有的道德品质，他就成了"无本之人"，如果一国之人普遍丧失了做人应有的道德品质，那就意味着要"亡天下"了。从"天下兴亡，匹夫有责"的观念出发，顾炎武尖锐抨击当时腐朽颓废的社会风俗，提出了"拨乱反正，移风易俗"的政治建设之主张。

中国历史上，孔子很早就提出"为政以德"，要求统治者"道之以德，齐之以礼，有耻且格"[1]；又说足食、足兵、民信三项立

---

① 《论语·为政》。

国的要素，必不得已而要去其二，则去兵、去食，"民无信不立"①等等。曾子在《大学》中说："自天子以至于庶人，一是皆以修身为本。"孟子见梁惠王说"王亦曰仁义而已矣，何必曰利"，指出"上下交征利则国危矣"，"未有仁而遗其亲者也，未有义而后其君者也"②等等，他们都强调人们的道德自觉和良好的社会道德秩序是立国之基、为政之本。顾炎武在前人的基础上，继承和发展这一传统，明确区分保国和保天下，并说明了二者的关系。把国家的安定，政权的稳固，建立在官方教化、提高人们道德自觉的基础之上，这是顾炎武对中华文化在社会治国理政方面大智慧的继承和拓新。

明清交替之际，江南士子的抗清活动此起彼伏，满汉矛盾异常激烈。顾炎武的天下兴亡责任感却能超越时空。他能够跳脱传统的"华夷之辨"的羁绊，摒弃狭隘的民族主义，而将视野放大到"天下大义"的广阔空间来对待，在当时，这是很不容易做到的一件事情。顾炎武通过广泛研究当时的社会风俗，得出"风俗者，天下之大事"③。认为人心风俗的好坏是社会治乱的根本原因。对于明朝末年政治腐败和道德堕落的风气，他痛加抨击，主张实施

---

① 《论语·颜渊》。

② 《孟子·梁惠王上》。

③ 《日知录·廉耻》。

"清议"，让每一个人都积极参与到家国兴盛的管理之中并努力贡献其力量，"以天下之权，寄天下之人"①。总之，顾炎武的"天下兴亡，匹夫有责"是一种境界，一种胸怀，一种气概，一种理念，是一种所有人都应该肩负的神圣历史责任感。然而，这种品质的塑造和养成，在顾炎武看来，则需要每个人从自我做起，从日常做起，躬身践行，持之以恒。

二、提出"合天下之私，以成天下之公"的政治思想

顾炎武把个人私欲与国家公器结合起来，提出了"合天下之私，以成天下之公"的政治理念，进一步将社会道德领域的主张推及到政治领域。

"合天下之私，以成天下之公"是顾炎武家国情怀中的理想意识。在他的道德理想中，一生都表现了追求一种"合私成公"的大公情怀。针对当时普遍存在的"存天理，灭人欲"的道德蒙昧主义，顾炎武指出，古贤早已说过"衣食男女，人之大欲存焉"之类的话，个人私利是客观存在的，是人之常情，无可非议，道德不能离开人们现实的物质生活环境来培养。顾炎武说："自天

---

① 《日知录·守令》。

下为家，各亲其亲，各子其子，而人之有私，固情之所不能免矣。"①"天下之人各怀其家，各私其子，其常情也。"②在顾炎武看来，自从天下有家以来，人们就得繁殖人丁，养家糊口，生存发展，因此，追求利益，满足适当私利是合理的，无可非议的，与人性近于善及其社会道德建设并不矛盾。无"私"就无"公"，没有现实的物质利益就没有道德上的善，利益是向善的动力。这里充分体现了顾炎武"利为民所谋"的富民观，天下之"公"是天下人"私"的综合表现，没有天下之"私"，就不可能有"天下之公"了。针对封建道德说教的虚伪性和荒谬性，顾炎武指出"至于当官之训，曰以公灭私，然而禄足以代其耕，田足以供其祭，使之无将母之嗟，室人之谪，又所以恤其私也，此义不明久矣"③。认为当权者们大谈"有公无私""以公灭私"，不过是好听的言辞，其实是把少数统治者之私冒充为"天下为公"。统治者要治理好天下，就不能否定人们的私利，而是要满足人们的私利。因此，"为天子为百姓之心，必不如其自为，此在三代以上已然矣。圣人因而用之，用天下之私成一人之公，而天下治"④。顾炎武认

---

① 《日知录·言私其豵》。
② 《亭林文集·郡县论五》。
③ 《日知录·言私其豵》。
④ 《亭林文集·郡县论五》。

为"合天下之私，以成天下之公，此所以为王政也"①。《管子》曰："仓廪实而知礼节，衣食足而知荣辱。"荀子说："以养人之欲，给人之求。"②顾炎武同意他们的观点，认为只有改变民众贫困的生活状况，才有道德可言，他提出"欲使民兴孝兴悌，莫急于生财"③。他指责那些否定个人必要利益的空洞的道德说教，指出"所恶于兴利者，为其必至于害民也"④。统治者应该"使民以利"，实施社会治理要以利奖名，造成一个"以名为利"的风化局面，发展人们的精神建设。采取奖励的办法，对名节突出的个人或给以物质奖励，或赐以官爵，以此淳化风俗，使社会上人人向善。顾炎武认为，民富与国强始终是一个不可分割的关系体，"以名为利"教化世人的道德路径，体现了顾炎武的"利民""富民"之情。顾炎武"藏富于民""还利于民""以名为利"的治理理念至今仍具有借鉴意义。⑤

---

① 《日知录·言私其豵》。

② 《荀子·礼论》。

③ 《日知录·未有上好仁而下不好义者也》。

④ 《日知录·兴利之臣》。

⑤ 参引罗春洪：《天下兴亡，匹夫有责——顾炎武的家国情怀及其启示》，《中国德育》2014年第13期。

三、探索"博学于文""行己有耻"的践行路径

顾炎武的家国责任感不仅仅表现为一种思想上的认识，更多的是反映在他的日常生活的具体实践之中，表现为一种自一身而至于家国天下的身体力行的探索方式上面。

明清鼎革之际，山河破碎，国破家亡。顾炎武，这位苏州昆山的传统士人，曾参加过南明的抗清活动。血与火的洗礼，激活了他治学报国的热忱；生与死的考验，锻造了他对家国兴亡深深的忧患意识。"天下兴亡，匹夫有责"，体现了他将家国命运与个人荣辱融于一体的独到见解，表现出了他欲"拯斯人于涂炭，为万世开太平"①的宏大理想。

那么，一介布衣匹夫，如何才能肩负起"天下兴亡"的责任呢？

顾炎武给出的答案是："博学于文""行己有耻"。"治乱之关必在人心风俗。"②这是他的"天下兴亡，匹夫有责"道德责任在个人道德实践上的具体要求。

明末清初，程朱理学的顽固思维和科举考试的无比有力的指

---

① 《亭林文集·病起与蓟门当事书》。
② 《亭林文集·与人书九》。

挥棒，使得大多数读书人只知背诵四书，娴熟八股，醉心功名，导致"士无实学"。清军入关，国难关头，许多书生虽然能够挺身而出，敢于抗争，却进退失据，无力抗阻清兵铁骑，只能"平时袖手谈心性，临危一死报君王"。顾炎武在《日知录》中记述了这一切。面对理学空谈无力的状况，充满国家天下责任心的顾炎武决心有所改变，靠他的努力，探索一条不同于宋明理学的空谈心性，但有价值、有前途的经世致用的新路。为此，顾炎武提倡"博学于文"，期望以此达到改变世俗人心、移风易俗的目的。

"博学于文"源自于《论语》。

在《论语·雍也》篇中，"子曰：君子博学于文，约之以礼，亦可以弗畔矣夫。"大意是说，君子广泛地学习文化知识，并且用礼来约束自己，也就不会离经叛道了。

顾炎武说："愚所谓圣人之道者如之何？曰：'博学于文'，曰：'行己有耻'。自一身以至于天下国家，皆学之事业。自子、臣、弟、友以至出入、往来、辞受、取与之间，皆有耻之事业。耻之于人大矣，不耻恶衣恶食，而耻匹夫匹妇不被其泽。"[①]在顾炎武这里，"文"不是指一般的文章与单纯地追求广博的知识，而是立身处世、待人接物以至天下国家大事的一个总称。"君子博学于文，自一身而至于国家天下，制之为度数，发之为音容，莫非

---

① 《亭林文集·与友人论学书》。

文也。"① 在他看来，"学"的目的是为了"经世致用""明道淑世"。顾炎武鲜明地反对那些"不学，则借一贯之言，以文其陋；无形，则逃之性命之乡，以使人不可诘"② 的"面墙之士"和"为利禄者"。正是这些人使得"神州荡覆，宗社丘墟"。只有通过认真学习与获得"自一身以至于天下国家"的具体文化知识，才能真正从中把握"一贯之道"和"天地性命之理"，也才能做出"有益于天下""有益于将来""有益于社会"的事情来。

在立身处世方面，顾炎武提出了"行己有耻"的行为准则。

"行己有耻"一词也源自于《论语》。

在《论语·子路》中："子贡问曰：'何如斯可谓之士矣？'子曰：'行己有耻，使于四方，不辱君命，可谓士矣。'"

顾炎武认为，"行己有耻"主要是指人们都要看到自己的社会责任，不能只关心个人的名利，而忽略关心天下国家的大利，要具有高度的责任感和坚贞的气节。顾炎武说："吾观三代以下，世道衰微，弃礼义，捐廉耻，非一朝一夕之故。然而松柏后凋于岁寒，鸡鸣不已于风雨，彼昏之日，固未尝无独醒之人也。……彼阉然媚于世者，能无愧哉？"③ 在顾炎武看来，人的一言一行要讲是非、

---

① 《日知录·博学于文》。

② 《日知录·朱子晚年定论》。

③ 《日知录·廉耻》。

善恶、廉耻，"有耻"是个人日常行为核心的底线。更重要的是，顾炎武所谓的"有耻"，主要来自对国家民众高度的社会责任感。顾炎武认为，只有懂得"天下兴亡，匹夫有责"的真实道理，才能"不耻恶衣恶食，而耻匹夫匹妇不被其泽"，学经世之文，行淑世之事。"士而不先言耻，则为无本之人；非好古而多闻，则为空虚之学。以无本之人，而讲空虚之学，吾见其日从事于圣人而去之弥远也。"①

明末清初，顾炎武抗清失败后归隐山林。由于被人出卖，他被县衙逮捕，命悬一线。好友归庄等人多方奔走营救，但真正帮顾炎武死里逃生的是钱谦益。这位曾经的东林名士、南明弘光朝廷礼部尚书，曾是顾炎武平生最钦佩的读书人，也曾是江南士大夫群体的领袖人物。然而，面对清兵压境，钱谦益没有赴死报效南明，而是奉表降清，居庙堂，享厚禄，成为清廷招降江南士人的一面旗帜。牢狱之灾，偶像降清，严酷的现实使顾炎武深刻认识到，明末清初的士大夫身上，依旧存在着很多负面因素，包括夸毗、贪婪、势利、虚伪、浇薄、游惰。尤其是"夸毗"之性，就是没操守、没骨气，奴颜卑膝、谄媚阿谀。南明政权迅速垮台，跟这一劣根性有着密切的关系。这一劣根性的出现，说到底还是社会道德风气败坏所致。因而，要重塑民族之魂，就必须"正人

---

① 《亭林文集·与友人论学书》。

心”，讲廉耻，重建世人道德防线。缘此，顾炎武构建了人的道德防线，这就是“行己有耻”。“行己有耻”的立论基础，是现实的人性。孟子说：“食色性也，君子不谓之性也。”顾炎武则超出这一传统的认知，承认男女之欲是普遍人性。然而，承认“私欲”并不意味着认可“为所欲为”。他认为，礼义廉耻四者，以“耻”为最根本。无耻是万恶之源。士大夫是公众人物，代表国家形象，“故士大夫之无耻，是谓国耻”。因此，“行己有耻”被顾炎武视为关乎国家前途和民族命运的大问题。具体而言，就是应做好慎独，不做有亏良心气节的事情；不与贪腐坏同流；保持耿介的独立人格；不放弃良知、信念和操守等等。

顾炎武倡导“博学于文”“行己有耻”的道德准则和立身处世的道德底线，特别强调“士大夫之无耻，是谓国耻”①。他践履“博学于文”“行己有耻”的道德底线，认为做人必须要有远大的抱负和崇高的理想，要以“明道救世”为己任。“天生豪杰，必有所任……今日者，拯救斯人于涂炭，为万世开太平，此吾辈之任也。仁以为己任，死而后已。”②这种基于“为万世开太平，此吾辈之任也”的情真意切之责任感与积极躬身践履的优良风范，对于现代社会的道德建设仍具有十分重要的借鉴意义。

---

① 《日知录·廉耻》。

② 《亭林文集·病起与蓟门当事书》。

四、主张"名""法""礼"兼用的综合治理方案

顾炎武虽然肯定人的"私利"的合理性，但更认为人们的逐利行为应该受到"礼"的制约。如果超越"礼"的限度去追逐私利，那就不是君子爱财取之有道，而是小人贪财，取之无道，属于贪图"不义之财"的无耻行为了。顾炎武虽然不反对人们对私利正当的追求，但是坚决反对置"礼义"于不顾而无耻贪婪地追逐私利的不义行为，强调求富应该坚持"行己有耻"的原则，将自己的逐利行为严格控制在"礼"所允许的范围之内。人们的逐利行为应该在政府政治教化下进行，即所谓"朝廷有教化，则士人有廉耻；士人有廉耻，则天下有风俗"①。

顾炎武总结明朝亡国的历史教训，告诫后世治国者，管理国家当采用"法""名""礼"兼采并用的综合治理方式。顾炎武"名""法""礼"兼采并用的综合治理思想，具有两个基本的特点：一是以培养人的羞耻心为廉政建设的目标。"耻维不张，国乃灭亡"是顾炎武廉政思想的根本观点。他认为，羞耻心是廉政的道德心理基础；离开这个心理基础，廉政就无从谈起。二是"名""法""礼"应该兼采并用、综合治理，廉政建设的开展才可能取得成效。在

---

① 《日知录·廉耻》。

这里：

首先，顾炎武主张以"名教"治国。顾炎武回顾明朝的历史，指出明朝末年社会世风日下，人心道德沦落是导致王朝更替的根本原因。顾炎武指出，自宋明以来，执政者在政教方面出现了严重的问题。特别是宋真宗赵恒所著《励学篇》倡导的利诱方式，以"书中自有千钟粟""书中自有黄金屋""书中自有颜如玉""书中车马多如簇"的歪理，来教育和激励人们从小立志于追求荣华富贵的生活，为争取"千钟粟""黄金屋""颜如玉""车马多如簇"而勤奋学习，如此"以利为教"，其结果必然是士子们为官后，不再以修齐治平为目的，而是利用职权谋私，不择手段地追求"千钟粟""黄金屋""颜如玉""车马多如簇"的腐化生活，最终酿成"无官不贿遗""无守不盗窃"的黑暗腐败、政权沦亡的悲惨结局。针对长期以来由于统治者"以利为教"所造成的人欲横流、唯利是图的民风和官风，顾炎武认为"后之为治者宜何术之操？曰：唯名可以胜之"①。这就是主张用"以名为教"来代替"以利为教"。如果说"以利为教"是劝人求"利"的话，那么"以名为教"则是教人求"名"。顾炎武所讲的"名"是指"忠信廉洁"之类的道德名声，主张国家教化应以立德、立功、立言"三不朽"来风化世人，重建道德人心秩序。与"名教"主张紧密相

---

① 《日知录·名教》。

关的是，顾炎武力主改革隋唐以来的科举制度，反对以科举作为取士的唯一途径，主张将汉代的"察举"制度与科举制度结合起来，以平时的道德操行作为取士的首要标准，以科举考试的成绩作为其次要标准。他希望通过推行这种新的选官制度，来达到改善民风和官风的目的。

其次，顾炎武主张以法治国。在顾炎武看来，名教并不适用于所有人，对于那些极端自私自利的人，名教就起不到作用，对这部分人只能依靠"法治"方式来治理。对于官场上的贪腐行为，顾炎武主张以严法惩治，认为"法不立，诛不必，而欲为吏者之毋贪，不可得也"[1]。对犯有贪污贿赂罪的官员，一律不得赦免其罪，按照刑律该杀的则格杀勿论，罪不至死的也必加严惩，决不仁慈。

最后，顾炎武主张用"礼教"治国。顾炎武认为，仅靠"名教"和"法治"，还不能从根本上改变官风和民风败坏的局势。要使官风和民风有根本的好转，还应该采取"以礼治心"的"礼教"方式。他说："周公之所以为治，孔子之所以为教，舍礼其何以焉？"[2]又说："弟少习举业，多用力于四经，而三《礼》未

---

[1] 《日知录·除贪》。

[2] 《亭林文集·仪礼郑注句读序》。

之考究。年过五十，乃知'不学礼无以立'之旨。"① 顾炎武所谓的"礼教"，是要求统治者重视儒家"三《礼》"（《周礼》《仪礼》《礼记》）在国民中普及儒家所提倡的做人标准和行为规范，使人人懂得为人处世的基本规矩。在顾炎武看来，无论官场还是民间，"礼教"皆十分重要。如果连为人处世的基本规矩都不懂、基本修养都没有，不知道自己该怎样待人接物、处理问题，为官者那就不但是盲人骑瞎马，更可能是胡作妄为了。② 总之，"为政先礼，礼其政之本"③。礼在国家政治生活中具有重要的地位。顾炎武主张用礼治国，可谓是找到了问题的根本。

---

① 《亭林文集·答汪苕文书》。

② 参引周可真：《顾炎武的社会管理思想》，《苏州大学学报》2013年第5期。

③ 《礼记·哀公问》。

第十二章　黄宗羲的传统政治新思维

黄宗羲提倡经世致用，于经史百家及天文、算术、乐律以及释、道无不用心研究，在学术上以"濂洛之统，综合诸家"。明亡后，他举兵抗清，在明王朝恢复无望的情况下，隐居林下潜心著述，晚年拒绝清廷征召，成为清初的一名不与朝廷合作者。黄宗羲著作等身，其中《明儒学案》及《宋元学案》是具有创造性的学术史鸿篇巨制；《明夷待访录》则是中国古代政治思想史上的不朽篇章，对中国近代政治思想的演变产生过重要的影响。

一、一位超越时代的思想家

明末清初，剧烈的社会动荡和国破君亡的政治大变局，促使大批传统士人反思明代弊政，反思宋明理学，对传统政治思维和政治体制进行再认识。在批判和反思的基础上，他们纷纷主张明道救世、崇实致用、调整君权、改革体制，形成一股影响深远的社会政治批判思潮。黄宗羲就是这个思潮的主要代表人物之一。

黄宗羲，生于公元 1610 年，卒于公元 1695 年，字太冲，号南雷，又号梨洲，浙江余姚人。他多才博学，提倡经世致用，于经史百家及天文、算术、乐律以及释、道无不用心研究。他是明末东林遗孤领袖、复社名士，师事理学大师刘宗周，在学术上以"濂洛之统，综合诸家"。明亡后，他举兵抗清，在明王朝恢复无望的情况下，他隐居潜心著述。晚年拒绝清廷征召，成为清王朝的一名不合作者。黄宗羲著作等身，其中《明儒学案》及《宋元学案》是具有创造性的学术史鸿篇巨制；《明夷待访录》则是中国古代政治思想史上的不朽篇章，对中国近代政治思想的变化产生过巨大的影响。黄宗羲的政治思想还见于《易学象数论》《孟子师说》《破邪论》《汰存录》等。浙江古籍出版社编有《黄宗羲全集》，可供对此有兴趣者涵咏和研究。

以黄宗羲、顾炎武、王夫之为代表的明末清初社会政治批判思想家高举公天下的旗帜，激烈抨击暴君暴政，乃至否定秦汉以来的政治制度。其中，黄宗羲的政治观点最具代表性。

黄宗羲是中国明末清初最伟大的政治思想家之一，他是一位最先从民主的立场来反思中国传统政治制度的弊端者，堪称是中国思想界启蒙第一人。他的成就，凝集着中国古代政治批判思想的精华。黄宗羲对现实和历史的批判是激烈的、精彩的、深刻的。在近代维新思潮形成和发展的过程中，《明夷待访录》曾起过积极的启蒙作用。但是，由于主观和客观的原因，黄宗羲的思想言论只能成为历史上特定形势下的一段慷慨陈词而已。黄宗羲终其一生，他所代表的思潮长期处于沉寂之中。就客观形势而言，他的政治理想和具体设计，在当时也不可能成为现实。

《明夷待访录》一书，可谓集中了黄宗羲一生的主要政治思想，在清代被列为禁书。直到清末，进步的知识分子才把这部书刊布出来，作为中国民主主义思想启蒙的宣传教材，当时，这部书对于中国学术界、思想界的启蒙起到了重要的鼓舞作用。

二、"天下为主，君为客"

在君民关系上，黄宗羲在《明夷待访录·原君》中提出了"天下为主，君为客"这一在当时石破天惊的骇世之论。

黄宗羲将"古之君"与"今之君"、"古之法"与"今之法"

相互比照，认为皇帝制度的要害是以"大私"为"大公"，并由此带来一系列弊政。据此，他批判乃至否定秦汉以来的政治体制、法律制度、土地制度和政治关系。

　　黄宗羲把人类历史分为三个阶段：第一阶段是无君时代。"有生之初，人各自私也，人各自利也，天下有公利而莫或兴之，有公害而莫或除之。"无君则天下混乱无序，人们都孜孜于一己之私利，纷争不已。这无疑属于乱世。第二阶段是有君且王者大公无私的时代。有人站出来为天下兴利除害，这就是君主。在当时，"天下为主，君为客"，古代圣王皆公而忘私，"不以一己之利为利，而使天下受其利，不以一己之害为害，而使天下释其害"。由于"凡君所毕世经营者，为天下也"，故造就了人类的盛世。从黄宗羲的全部政论看，这个阶段指的是尧舜禹汤文武等在位的时代。第三阶段是君主一心谋私的时代。当此之时，君主"以我之大私为天下之大公"，"使天下之人不敢自私，不敢自利"，有君反而不如无君，"向使无君，人各得自私也，人各得自利也"。在这种情况下，君主遂成为"天下之大害"①。

　　这种君主制度起源论和发展史的阐释方式表明，在黄宗羲看来，无君则天下利不兴，害不除；有君而君心不公也违背设君之道。简言之，君主制度是为了公众利益的需要而设立的，君主理

---

① 黄宗羲：《明夷待访录·原君》。

应是公众利益的代表，有君且君心大公无私是最理想的政治模式。这个思想进一步发挥了中国古代的"公天下"论。

黄宗羲以天下为公、一人为私为价值尺度，对皇帝制度下的帝王意识、政治关系和政治体制，进行了深入的探讨和思考。

黄宗羲的公私论和王霸论与朱熹等著名理学家的认识十分接近。他认为，"王霸之分，不在事功而在心术"，战国以来，人主之所讲求，策士之所揣摩，只在"利害二字"，帝王皆无"王者之心"，而行"霸者之事"，就连汉唐盛世的帝王心术也只是一个"霸"字。这必然会导致"举世尽在利欲胶漆之中"①，而帝王尤甚。他认为，春秋以来，天下有乱而无治，其根本原因是因为君主的心术不正，违背了公天下的设君之道。帝王们都"视天下为莫大之产业"，"以天下之利尽归于己，以天下之害尽归于人"。许多帝王为了争夺天下，聚敛财富，不惜涂炭万民，结果"今也以君为主，天下为客，凡天下之无地而得安宁者，为君也"。由此可见，那些没有王者之心的帝王是人间一切祸患的根源。"天下之大害者，君而已矣"②。

黄宗羲之所以得出如下结论：主要原因有四：

第一，引发了围绕最高权力的厮杀和征战。帝王既然以天下

---

① 黄宗羲：《孟子师说》卷一。
② 黄宗羲：《明夷待访录·原君》。

为自家的私产，那么"人之欲得产业，谁不如我"？帝王们千方百计维护既得利益，而"一人之智力不能胜天下欲得之者众"①，结果必然导致王朝更迭不断，强者逐鹿中原，从而天下涂炭、生民流离失所。

第二，君民关系恶化，形成对立的关系。皇帝制度的特征之一是"以天下而养一人"②。古代圣王之时，君主以井田制将土地分配给民众，而战国秦汉以来则实行向民众自有土地征收赋税的制度，这就使古代的民养于上，一变而为当今的民无以自养。许多帝王横征暴敛，这又使王道仁政一变而为霸道暴政。因此，"今也天下之人怨恶其君，视之如寇仇，名之为独夫，固其所也"。黄宗羲不仅肯定了仇视乃至诛杀暴君的正义性，而且对"小儒规规焉以君臣之义无所逃于天地之间"③的成见不以为然。

第三，君臣形成主奴关系。黄宗羲说："原夫作君之意，所以治天下也。天下不能一人而治，则设官以治之。是官者，分身之君也。"君臣皆为天下而设，"非独至于天子遂截然无等级也"④。在他看来，君臣共治天下，彼此之间是分工合作关系，"夫治天下犹曳大木然，前者唱邪，后者唱许。君与臣，共曳木之人也"。

---

① 黄宗羲：《明夷待访录·原君》。
② 黄宗羲：《孟子师说》卷六。
③ 黄宗羲：《明夷待访录·原君》。
④ 黄宗羲：《明夷待访录·置相》。

因此，"君臣之名，从天下而有之者"，"臣之与君，名异而实同"，臣"以天下为事，则君之师友"①。他认为战国秦汉以来，"天子而豢畜其臣下，人臣而自治以佣隶，其所行者皆宦官宫妾之事，君臣之礼，几于绝矣"②。黄宗羲对这种形同主奴的君臣关系模式进行了猛烈的抨击，他主张恢复"君使臣以礼，臣事君以忠"的君臣关系模式。依据这种"君臣正道"③，臣君都要以道义为重，以天下为重，以万民为重，臣可以不服从无道之君，而君则必须以臣为师为友。

第四，帝王行"非法之法"，导致天下大乱。黄宗羲认为，由于古代圣王立法为天下而后世帝王立法为一家，所以"三代以上有法，三代以下无法"。他以"三代之法"为典范，抨击秦汉以来的制度是"一家之法，而非天下之法"。帝王们为了维护一家一姓的王朝，处处设禁，严加防范，"故法不得不密"，结果"法愈密而天下之乱即生于法之中"，这种法实属"非法之法"④。这就从根本上否定了秦汉以来的制度、法律、礼仪、政策的合理性

① 黄宗羲：《明夷待访录·原臣》。
② 黄宗羲：《孟子师说》卷二。
③ 黄宗羲：《孟子师说》卷四。
④ 黄宗羲：《明夷待访录·原法》。

和正义性，把皇帝制度视为天下动乱的根源。[①]

黄宗羲认为，君主的角色应是人民最大的公仆，而不是奉天承运的真龙天子。上古时代，"以天下为主，君为客"。国君不仅从属于天下百姓，而且也直接为他们服务。所以，"凡君之所毕世经营者，为天下也"。后来，情况就颠倒过来了，"今也以君为主，天下为客"。君王"以为天下利害之权皆出于我，我以天下之利尽归于己，以天下之害尽归于人"，把天下看作是"一人之产业"。故黄宗羲大声疾呼："岂天地之大，于兆人万姓之中，独私其一人一姓乎！"[②] 黄宗羲在这里深刻揭露了专制集权制度的不合理性，直接否定了封建君主的专制统治。

君民关系是中国古代最基本的政治关系。黄宗羲的以上观点，对两千年来神圣不可侵犯的君权的合法性提出了质疑，体现的是与中国历史上以往思想家们未曾有过的、崭新的"民主"的思想，而不是传统的"民本"的思想。"民主"的思想是以"民"为主体，而"民本"思想则是以君主为主体，"民"只是作为君主政权的关键成分而已，它与"主权在民"的思想在本质上是完全不同的。

正是在君民关系的基础上，在《明夷待访录·原臣》篇中，

---

① 刘泽华、葛荃主编：《中国古代政治思想史》，南开大学出版社2011年版，第522—524页。
② 黄宗羲：《明夷待访录·原君》。

黄宗羲明确提出了自己的关于君臣关系论的观点。

　　黄宗羲指出，在国家治理中，君臣之间的关系是平等的，而非不平等的主仆关系，更不可以"父子"相比拟。"天下之大，非一人所能治，而分治之以群工。"①天下并非君主一人所能治，所以就需要臣吏帮助君主共同治理天下。"是官者，分身之君也"②，君与臣的差别只是为天下服务的分工不同而已。黄宗羲认为，"臣"之"出仕"，"为天下，非为君也；为万民，非为一姓也"。黄宗羲批判传统的"仕于君"的思想，认为臣不应该仕于君，应该仕于天下："故我之出而仕，为天下也，非为君也；为万民，非为一姓也"③。他呼吁天下士子"以天下万民起见，非其道，即君以形声强我，未之敢从也"④。他指出为官者应该努力追求"天下大治"，所谓治应该是民众的安乐。"天下之治乱，不在一姓之兴亡，而在万民之忧乐"，告诫官吏的职责要以"万民之忧乐"为依归，官吏应为民众服务而不是为君主服务。

　　黄宗羲的君臣关系与君民关系的学说，打破了"君为臣纲"的封建思想藩篱，是对封建专制主义的有力抨击与批判，对于近代先进人士探讨救国救民的真理，改革中国传统政治的弊政，促

---

① 黄宗羲：《明夷待访录·原臣》。
② 黄宗羲：《明夷待访录·置相》。
③ 黄宗羲：《明夷待访录·原臣》。
④ 黄宗羲：《明夷待访录·原臣》。

使中国本土民主思想的产生，具有一定的积极意义。

三、"有治法而后有治人"

黄宗羲在《明夷待访录·原法》中，继承和发展传统政治思维中"法为要，人次之"的思想，明确提出"有治法而后有治人"。他抨击"谓天下之治乱不系于法之存亡"的观点是"俗儒之勦说"，认为"非法之法桎梏天下人之手足"，即使"有能治之人"也因制度上的牵制而"不能有度外之功名"。在他看来，必须以"天下之法"取代"一家之法"，才能发挥"治人"的作用。

黄宗羲认为："三代以上有法，三代以下无法。"[1] 因为三代以上之法，非为一己而立，而是为天下而立的。"二帝、三王知天下之不可无养也，为之授田以耕之；知天下之不可无衣也，为之授地以桑麻之；知天下之不可无教也，为之学校以兴之，为之婚姻之礼以防其淫，为之卒乘之赋以防其乱。"[2]

三代以下无法，是因为三代以后，乃"一家之法，而非天下之法"。黄宗羲质问说，法没有一丝一毫为天下之心，还能称之为法吗？"后之人主，既得天下，唯恐其祚命之不长也，子孙之

---

① 黄宗羲：《明夷待访录·原法》。
② 黄宗羲：《明夷待访录·原法》。

不能保有也，思患于未然以为之法。然则其所谓法者，一家之法，而非天下之法也。是故秦变封建而为郡县，以郡县得私于我也；汉建庶孽，以其可以藩屏于我也；宋解方镇之兵，以方镇之不利于我也。此其法何曾有一毫为天下之心哉！而亦可谓之法乎？"①

黄宗羲还认为，三代之法是"无法之法"，而后世之法则是"非法之法"。"三代之法，藏天下于天下者也：山泽之利不必其尽取，刑赏之权不疑其旁落，贵不在朝廷也，贱不在草莽也。在后世方议其法之疏，而天下之人不见上之可欲，不见下之可恶，法愈疏而乱愈不作，所谓无法之法也。"②"后世之法，藏天下于筐箧者也；利不欲其遗于下，福必欲其敛于上；用一人焉则疑其自私，而又用一人以制其私；行一事焉则虑其可欺，而又设一事以防其欺。"③这样的法不得不密，"法愈密而天下之乱即生于法之中，所谓非法之法也"④。黄宗羲通过三代之"天下之法"与后世之"一家之法"的对比，指出三代之法疏而乱不作，后世之法密而乱生于其中。可见，法不在疏与密，而在于公与私。"三代之法"是公之法，治之法；"一家之法"是私之法，乱之法。

黄宗羲在批判了封建君主的专制法律制度之后，提出应该建

---

① 黄宗羲：《明夷待访录·原法》。
② 黄宗羲：《明夷待访录·原法》。
③ 黄宗羲：《明夷待访录·原法》。
④ 黄宗羲：《明夷待访录·原法》。

立"天下之法"来取代"一家之法"。他反对"天下之治乱不系于法之存亡"的观点，认为行"天下之法"则治，行"一家之法"则乱。

黄宗羲强调"有治法而后有治人"，只要有了维护天下民众利益的公法，才能取消君主一家之法的专制弊端。有了好的法制不怕没有好的治理者，否则"非法之治"只能"桎梏天下人之手足，即有能治之人，终不胜其牵挽嫌疑之顾盼"①。

黄宗羲在分析"三代之法"与三代以下之法之后，最后得出"有治法而后有治人"的命题。这一思想已包含近代法治思想的萌芽。②

四、宰相理政、方镇御边、学校议政、用士要严

黄宗羲理想中的政治模式是"三代之法"，他主张恢复三代的井田、封建、学校、卒乘之制。在他看来，"不以三代之治为治者，皆苟焉而已"③。不过，黄宗羲又是头脑清醒、面对现实的思想家、理论家，他并不主张立即原原本本地尽复旧制，而是力图用西周、

---

① 黄宗羲：《明夷待访录·原法》。
② 丁小萍著：《中国古代政治智慧》，浙江大学出版社2005年版，第262页。
③ 黄宗羲：《孟子师说》卷四。

汉唐制度中的某些合理成分，调整弊端百出的宋明制度。他针对明代弊政，提出恢复宰相制度和学校议政制度，设置相对独立的边镇等，以改革过度集权的政治体制，防止宦官专政以及加强边境保护等等政治主张。

明清之际，人们普遍把辅臣无权视为明代弊政和亡国之因。黄宗羲在《明夷待访录·置相》中就尖锐地指出："有明之无善治，自高皇帝罢丞相始也。"他认为废除宰相制度有三大弊端：一是君主更加轻视群臣，使君臣之间形同主奴。二是不能补救君权传子之弊。"天子传子，宰相不传子。天之子不皆贤，尚赖宰相传贤足相补救，则天子亦不失传贤之意。宰相既罢，天子之子一不贤，更无与为贤者矣。"三是朝政尽归于宦官。明代阉党之祸尤为酷烈的根源在于罢相，而相权落入宦官手中。黄宗羲主张恢复汉唐宰相制度，由宰相、公卿、谏官与天子公议与治理朝政，从而排除宦官专政的可能性，即"凡章奏进呈，六科给事中主之，给事中以白宰相，宰相以白天子，同议可否。天子批红。天子不能尽，则宰相批之，下六部施行"①。

在中央与地方的关系上，黄宗羲主张参行郡县和方镇两种体制。黄宗羲认为"自三代以后，乱天下者无如夷狄矣"。边疆民

---

① 黄宗羲：《明夷待访录·置相》。

族频频侵扰乃至入主中原，"则是废封建之罪也"①导致的结果。但是，"今封建之事远矣，因时乘势，则方镇可复也"。他分析了唐代的盛衰，认为"唐之所以亡，由方镇之弱，非由方镇之强也"②。他又分析了封建与郡县的利弊，指出："封建之弊，强弱吞并，天子之政教有所不加；郡县之弊，疆场之害苦无已时"。为了兴利除弊，巩固边防，他认为欲去两者之弊，使其并行不悖，则沿边之方镇最为可取。具体做法是：在边疆各地俱设方镇，"田赋商税，听其征收，以充战守之用；一切政教张弛，不从中制；属下官员亦听其自行辟召，然后名闻"。凡按时朝贡，治理边疆有方有功者，"许以嗣世"③。

　　黄宗羲提出所谓方镇的方，实质是享有自主权、近乎封君的地方行政实体。以中央放弃对边疆地方的统治权，来解决权力过分集中的中央集权问题，这种方案，未必科学。

　　如果说恢复和加强宰相、方镇权力是为了调整帝王与朝臣公卿、封疆大吏的政治关系和权力配置，那么完善和加强学校的职能，就是为了强化舆论制约，调整朝廷与在野士大夫的不协调的关系。

　　宋代以后，君权日趋绝对化，谏议机制的功效大大削弱。宋

---

① 黄宗羲：《明夷待访录未刊文·封建》。
② 黄宗羲：《明夷待访录·方镇》。
③ 黄宗羲：《明夷待访录·方镇》。

制与唐制相仿，而其机构与职官往往形同虚设，谏官的职能也进一步向监察百官偏移。至元、明、清三代，朝廷干脆取消了专职谏议机构及相应的言官，以致弊端丛生。在这种情况下，许多人主张仿效古制，完善谏议制度。宋代名相范仲淹依据《礼记》等儒家经典中的思想材料，主张建立天子定期斋戒受谏制度。宋明理学诸子及其传人大讲"格君心之非"，主张天子以天下之心为心，服从舆论的监督。王夫之等人力主恢复唐代制度，以充分发挥封驳、言谏机制的作用。黄宗羲则集前代之大成，独具匠心地设计出了一套学校议政的、以"士权"限制君权的制度。

在《明夷待访录·学校》中，黄宗羲提出了以学校为议政机关的政治思想。他主张天子"公其非是于学校"。

黄宗羲认为，学校议政是圣王之制。在三代，人们可以在学校评议朝政，"天子之所是未必是，天子之所非未必非，天子亦遂不敢自为非是，而公其非是于学校"①。"东汉太学三万人，危言深论，不隐豪强，公卿避其贬议。宋诸生伏阙捶鼓，请起李纲。三代遗风，惟此犹为相近。使当日之在朝廷者，以其所非是为非是，将见贼道奸邪摄心于正气霜雪之下！君安而国可保也。"②

为充分发挥学校议政职能，黄宗羲主张实行学校议政制度，

---

① 黄宗羲：《明夷待访录·学校》。
② 黄宗羲：《明夷待访录·学校》。

即学官由国家任命改为公议推举，学校定期评议政治，天子百官必须接受舆论监督。在他的政治设计中，提出建立三个具体制度：一是天子定期亲临太学听谏制度。具体做法是：给予太学祭酒相当于宰相的地位或者由离任的宰相担任太学祭酒。每月初一，天子率宰相、六卿、谏官到太学，以弟子身份听祭酒讲学。祭酒有权批评朝政，"直言无讳"。这项改革的目的是将历代帝王听讲学、纳谏净、采舆论的做法制度化，并进一步提高学校地位，扩大其议政职能。二是建立地方官定期接受舆论监督制度。具体做法是：郡县学官不再由国家任命，而由"郡县公议，请明儒主之。自布衣以至宰相之谢事者，皆可当其任，不拘已仕未仕也。其人稍有干于清议，则诸生得共起而易之"①。每逢初一、十五在学校举行缙绅士子大舍。学官讲学，地方官以弟子身份听讲。郡县官政事有差错，集会者可以批评、责罚，令其改正，所谓"郡县官政事缺失，小则纠绳，大则伐鼓号于众"②。这项改革的目的是充分发挥士大夫群体的清议作用，强化对地方官的舆论监督。三是建立学校荐举人才的制度。"择名儒以提督学政，然学官不隶属于提学……每三年，学官送其俊秀于提学而考之，补博士弟子；送博士弟子于提学而考之，以解礼部，更不别遣考试官。发榜所遗之士，

---

① 黄宗羲：《明夷待访录·学校》。
② 黄宗羲：《明夷待访录·学校》。

有平日优于学行者，学官咨于提学补入之。"①

　　黄宗羲对学校体制的认识和设想，触及到了中国政治史的一根主线——公议与独裁的矛盾、人才与官僚的矛盾。他的"以学统政"论旨在倡公议，并由公议培养人才。他强调学校不是朝廷或天子培养"驯良"之所，学校应有言论自由。这样的学校体制，兼有议事、监察和用人之权，而且把教育与治国、育人与用才统一起来。人才的内涵包括才能与公议两个方面，从而在才能与身份上都将不同于"家天下"政制下的官僚。更重要的是，学校成了一个可以与君权相抗的、代表民意的机构。黄宗羲设计的学校制度，虽然与资产阶级的代议制不同，但却有了议会制度中的评议、审查、监督、质询、弹劾等职能的初步构思。黄宗羲主张将历代君主政治中的积极因素，诸如乡校议政、群臣谏议、处士横议、太学生干政、书院谠论、士大夫清议及帝王听讲经书、采纳民意之类，加以集粹并力图使之制度化、经常化。其中太学祭酒、郡县学官由士人公推，由他们代表民意的设想内蕴着某些近代民主的因素。但是，黄宗羲没有设想：如果议而不纳，谏而不改，帝王和官僚一意孤行，又当如何处置？采取什么样的政体、规范和程序制衡最高统治者，使其不得违反公议和民意？如此看来，黄宗羲的政治设计仍属于谏议的范畴，还不能与近代民主政体同

---

① 黄宗羲：《明夷待访录·学校》。

日而语。①

黄宗羲对明末取士制度之弊也多有批评，在取士制度上，他主张通经致用，建议恢复古代之"取士也宽，用士也严"的选官制度。

黄宗羲批评明代取士"取士也严，用士也宽"的制度。取士严，只科举一途，"虽使古豪杰之士若屈原、司马迁、司马相如、董仲舒、扬雄之徒，舍是亦无由而进取之"，结果"豪杰之老死丘壑者多矣"②，士不能尽其用。同时，用士宽，一旦科举进身，则"上之列予侍从，下亦置之郡县。即其黜落而为乡贡者，终身不复取解，授之以官"，结果"此在位者多不得其人"③。

他主张恢复宽于取、严于用的选官制度，认为"宽于取则无枉才，严于用则少幸进"④。取士宽，则多途取士，在科举之外广辟仕途，"宽取士之法，有科举，有荐举，有太学，有任子，有郡邑佐，有辟召，有绝学，有上书"。用士严，唐时"及第者未便解褐，入仕吏部又复试之，然亦只是簿、丞、尉、录"，对人才的任用不能轻许以官爵，要经严格的审查和试用。

---

① 刘泽华、葛荃主编：《中国古代政治思想史》，南开大学出版社2011年版，第524—526页。
② 黄宗羲《明夷待访录·取士下》。
③ 黄宗羲《明夷待访录·取士下》。
④ 黄宗羲《明夷待访录·取士下》。

黄宗羲主张六部院寺及郡县的吏胥必须全部从士人群体中选拔担任。他认为，今之吏胥或以徒隶为之或为无赖之人所据，或造成有利之处，无所不至，并创文网以私其私，使得"天下有吏之法，无朝廷之法"，并使士人羞与为伍；或造成"父传子，兄传弟"，"天下无封建之国，有封建之吏"①。"诚使吏胥皆用士人，则一切反是，而害可除矣。"②

为了促进人才的选拔与完善，黄宗羲甚至还提出了废除科举八股取士，提倡奖励"绝学"，任用有用之才，大力发展天文、水利等自然科学技术等建议。③

五、"重定天下之赋"与"工商皆本"主张的提出

在国计民生问题上，黄宗羲要求"重定天下之赋"，提出"工商皆本"的治国主张。

在传统时代，土地和赋税问题是关系到君民关系、政治稳定和国计民生的头等大事。黄宗羲注重民生困苦，他根据当时豪强地主肆意霸占田地，农民无地可耕，且百姓困于赋役的现状，通

---

① 黄宗羲《明夷待访录·胥吏》。
② 黄宗羲《明夷待访录·胥吏》。
③ 丁小萍著：《中国古代政治智慧》，浙江大学出版社2005年版，第267页。

过总结历史经验，认为秦汉以来，无论田制、税法都存在着严重的弊端。他主张根据实际情况改革田制，重定国家税法，以减轻民众的负担。同时，在发展经济上，黄宗羲也反对重农抑商的传统观点，代表新兴工商业的利益，提出了"工商皆本"的重要政治主张。

黄宗羲说："古者井田养民，其田皆上之田也。自秦而后，民所自有之田也。上既不能养民，使民自养，又从而赋之，虽三十而税一，较之于古亦未尝为轻也。"① 黄宗羲认为，井田系由帝王授田于民，是君养民；后世庶民自己买田，是民自养。民众耕种自己的私田，即使按古制最轻的税法征赋，也还是太重了。造成民生困苦的原因，不仅在于井田不复，而且在于税法不周。官家的横征暴敛使民众到达无以自养的地步。针对这种状况，黄宗羲主张推行屯田，"重定天下之赋"。

所谓"重定天下之赋"，有四层含义：一是"履亩而税"。他主张将土地编号，设立号长，"按号而为催科"，改变按户征税的现行办法。二是"任田不任用"。即改变秦汉以来根据国家和君主的需求确定赋役数量的做法，而根据土地数量重新确定赋役数量，"授田于民，以什一为则；未授之田，以二十一为则；

① 黄宗羲：《明夷待访录·田制一》。

其户口则以为出兵养兵之赋"①。三是"任土作贡"。即废除专以钱和银为赋、困瘁民生的税法。四是解决税额不齐问题。具体做法是：土地分为五等，分别定为一亩二百四十步、三百六十步、四百八十步、六百步、七百二十步，"鱼鳞册字号，一号以一亩准之"，"使田图之等第，不在税额之重轻而在丈量之广狭，则不齐者从而齐矣"②。这种改革，是土地制度上的一种民主主义。黄宗羲要求取消封建的土地占有，还农民以土地，同时减轻农民的赋税负担，对于清初统治者调整政策、缓和阶级矛盾，无疑具有一定的促进作用。

面对明清之际商品经济发展的社会现实，黄宗羲批评"世儒不察，以工商为末，妄议抑之"，反对农业为本、工商为末的传统观点，他从当时社会的实际出发，鲜明地提出"工商皆本"的发展经济的思想。在黄宗羲看来，"夫工固圣王之所欲来，商又使其愿出于途者，盖皆本也"③。他反对官府垄断矿产，他主张废除金银等贵金属货币，以铜钱作为统一货币。

毋庸置疑，黄宗羲的"重定天下之赋"和"工商皆本"的经济治国思想，其目的在于调整君民关系，着眼于发展"切于民用"

---

① 黄宗羲：《明夷待访录·田制三》。
② 黄宗羲：《明夷待访录·田制三》。
③ 黄宗羲：《明夷待访录·财计三》。

的事业，冀望以此达到国家社会繁荣、经济安定、民众富足。尽管他的一些具体主张是不现实的、幼稚的，诸如恢复井田、废除金银货币等，但总的说来，黄宗羲的财政经济思想和主张，切中时弊且符合潮流。特别是"履亩而税"的主张，与清代赋税改革的方向是一致的。[1] 他的"工商皆本"的思想更具有积极的时代价值和现实意义，实开清末民初中国工商业发展之先声。

---

[1]　刘泽华、葛荃主编：《中国古代政治思想史》，南开大学出版社2011年版，第526—527页。

第十三章　王夫之的政治哲学

王夫之少年时曾拜衡阳有名的学者伍定相、邹德溥为师，儒学功底深厚，因生逢乱世，无缘通过科举取得功名。顺治三年，清军南下到湖南，王夫之举兵衡山，武装抗清，失败后，又参加南明桂王政权，后见事无可为，归隐深山，潜心著述，以文字抒发自己的志向。他一生治学多端，对于古代所留存的各种学问都有所涉猎，而尤其对儒家义理和历史评述最为精辟。主要政治、哲学著作有《周易外传》《尚书引义》《读四书大全说》《读通鉴论》《张子正蒙注》《思问录》《宋论》等。

一、"国初三大儒，惟船山先生纯是兴民权之微旨"

王夫之，生于公元 1619 年，卒于公元 1692 年，字而农，号薑斋，明末清初湖南衡阳人，因晚年隐居于衡阳石船山，自称"船山遗老"，故人称他为"船山先生"。

王夫之少年时曾拜衡阳有名的学者伍定相、邹德溥为师，儒学功底深厚，因生逢乱世，无缘通过科举取得功名。崇祯十七年五月，李自成打进北京，崇祯皇帝自缢。王夫之闻此，数日不食，作《悲愤诗》一百韵，思及即哭，悲苦难抑。明亡以后，继有弘光、隆武帝相继被杀，王夫之更是十分悲愤，续作《悲愤诗》百韵。顺治三年（1646 年），清军南下到湖南，王夫之曾举兵衡山，武装抗清，失败后，又曾参加南明桂王政权，后来见事无可为，决计归隐，遁藏深山，窜身"瑶"洞，潜心著述，以文字抒发自己的志向。

王夫之反对豪强地主的特权，曾经多次指斥豪强地主对于农民的残酷剥削与压迫。对于商人，他颇持鄙视的态度。他说："生民者农，而戕民者商。"[①]他竭力反对农民的造反行动，希望维护封建等级制度的社会秩序。他的活动和理论研究的目的，也还是

---

① 王夫之：《读通鉴论》卷三。

寻找巩固封建统治的办法。

　　贯穿于王夫之思想中的最显著的特点是反对民族压迫和对于各思想学派的严肃批判精神。他对于历史上祸国殃民的暴君污吏，对于老庄思想，对于法家申韩学说中敌视人民的方面，对于汉代的天人感应论，对于佛教的一切唯心的理论，对于程朱学派及陆王学派，都进行了比较深刻的解剖和尖锐的批判。[①]王夫之的政治思想融哲学、史评、政论于一体，尤其在政治哲学方面博采众长，独放幽馨。他推崇王充，独宗张载，修正程朱，扬弃陆王，改铸佛老，然后精研易理，淹贯经史，参驳百家，推陈出新。王夫之把哲学思辨、历史分析和时政品评有机地结合在一起，建构起了一个集批判、调整、改造、肯定于一体的极其宏富的政治思想体系。

　　在王夫之的著作中，大部分儒家义理的阐释都是以注疏体的方式写成，没有作为语录体的著作。而这一状况也可能是他缺乏思想上的对话者，其所教授的学生仅能接受初级的儒学，而难以与王夫之进行思想上的交锋。正是由于王夫之的思想以注疏体写出，许多地方都以书面语表述，而且随着经典语脉转合，使得他的思想经常以片段的、不连续的状态阐发，而且有时为了解释不同的语句而使得自己主张前后有所分歧，用语枯涩难解，缺乏宋

---

① 北京大学哲学系中国哲学教研室著：《中国哲学史》，北京大学出版社2003年版，第372、373页。

明语录体那种清晰流畅性。

　　王夫之的著作很多，但是他的著作在当时很少见之于世，因此当时知道船山书的人较少。而且，在王夫之去世时，吩咐他的儿子将其著作藏起来，不要流通。但他的儿子不愿父亲的著作湮没无闻，于是从王夫之一生所传下的著作中选取 27 种，包括《周易大象解》《春秋世论》《老子衍》《庄子解》《张子正蒙注》《思问录》等，共 60 余卷，刊刻行世，是为《王船山先生书集》。此书流通获得当朝学者的好评，并有专门研究者。在《四库全书总目》中，收录了船山的《周易稗疏附考异》《尚书稗疏》《诗经稗疏附考异、叶韵辨》《春秋稗疏》，而《尚书引义》和《春秋家说》未收全文，仅存目。不过，王夫之的书中难免有激愤之词或引用反清文人的词句，在乾隆年间所起的文字狱中，他的一些书也遭到查禁。而且由于清代学术风气重于考据之学，船山所论义理之学既不为人所喜，也较少为人所知，故在清季之前船山之学可谓十分冷寂。

　　直到晚清，湖南学者始关注到王夫之的思想之特异，决意流通他的著述，由此而打开了王夫之思想影响中国近代学术界的门径。道光二十二年（1842 年），湖南学者邓显鹤与友人欧阳兆熊、邹汉勋等搜集编校王夫之的其他遗著，刊布了《周易内传》《周易外传》《尚书引义》《诗广传》等 18 种，150 卷，总题为《船山遗书》（称为"守遗经书屋"版）。道光二十八年（1848 年），衡阳学署重刻

《船山遗书》5种58卷。同治四年（1865年），由曾国藩和曾国荃兄弟二人多方搜求王夫之的著作，刻成《船山遗书》，通称"金陵本""曾刻本"，其中收录王夫之著作56种，288卷，内容包括经、史、子、集，王氏重要著作基本纳入此书。曾国藩极为推崇船山为人为学，亲自校阅了部分著作，并为《周易外传》和《周易内传》《船山遗书》作序。曾氏兄弟刊刻和推广王夫之学问，使得王夫之的思想在近代大行于世，与当时启蒙思潮相对接，一时成为显学，颇受近人推崇。① 近代的蒋介石等都深受王夫之的思想影响，对王学也都颇为推崇。

二、今必胜古

在历史观方面，王夫之提出了许多超越前人的新见解。他认为，历史是一个不断进化与发展的过程，后来者必胜于往古者，上古时代并不是人们理想中的社会，秦汉以后的情况事实上就比夏商周三代要更好一些。

古今之争，贯穿中国学术界与文化界的分歧始末。

历史上，从孔子开始，就有众多道学家认为尧舜及夏商周三

---

① 王月清主编：《影响中国文化的十大哲人》，江苏人民出版社2016年版，第257—258页。

代是最好的时代，以后的政治是一代不如一代。王夫之则根据他
对中国历史情况的研究与考察，得出明显不一样的结论。他说：
"唐虞以前，无得而详考也，然衣裳未正，……婚姻未别，……
人之异于禽兽无几也。""至于春秋之世，弑君者三十三，弑父
者三，卿大夫之父子相夷，兄弟相杀，姻党相灭，无国无岁而无
之。……孔子成春秋而乱贼始惧，删诗书定礼乐而道术始明。"
"然则治唐虞三代之民难，而治后世之民易，亦较然矣。"①

　　王夫之认为，尧舜以前，中国文明未开，人们衣服尚不完整，
婚姻制度也没有建立起来，社会生活与鸟兽虫鱼相去不远。到了
春秋时代，社会文明虽然较前有所发展，但政治文明却十分糟糕，
社会道德十分低下，杀君杀父的事情屡见不鲜，孔子提倡教化以后，
这种情况才逐渐变好了一些。即使如此，春秋时代也比尧舜禹三
代要好一些，今明显胜于古。王夫之今胜于古的观点，打破了长
期以来文化士人所谓上古时代是理想境界的神话。

　　王夫之将夏商周三代与秦汉时代政治制度相比较后指出，三
代是分封诸侯，贵族世袭；秦汉以后改为郡县制度，地方官吏不
能世袭。官吏选择不当也会残害民众，但可随时撤换，比起世袭
的贵族政治来说是好多了。秦汉以后，每一朝代的年数比三代为短，
所以郡县制度并非于天子有利，但对于百姓的害处则是比较轻些

----

① 王夫之：《读通鉴论》卷二。

了。这样，王夫之就肯定秦汉以后的政治制度比上古三代要好，人类社会是前进上升的历史进化观。

根据他的历史进化观，王夫之进一步认定，在历史的发展过程中，有其必然的发展趋势，而这发展趋势中有其内在的客观规律。历史事件是由于必然趋势形成的，而趋势表现了事情变化过程中固有的规律，历史的发展趋势是不以人的意志为转移的。历史向前发展，常常是通过一些皇帝与大臣的活动，这些皇帝、大臣图谋自己的私利，却不一定能够实现自己的愿望，然而却促进了历史的向前发展，使历史前进了一大步。对于这种情况，王夫之以秦始皇、汉武帝为例证说："秦以私天下之心而罢侯置守，而天假其私以行其大公。"[1] "武帝之始闻善马而远求耳，……然因是而贵筑昆明，垂及于今，而为冠带之国，此岂武帝张骞之意计所及哉？故曰天牖之也。"[2] 王夫之用秦皇汉武的事例来讲述自己的历史进化观点，秦始皇为巩固自己的政权，废弃分封诸侯的办法，采取郡县制度。他的政权只两代就灭亡了，郡县制度却从此得以在中国确立起来，历史是前进了。汉武帝为了实现自己的欲望，寻找宝马，开通"西夷"，结果使贵州云南等西南一带变成为文明地区。秦始皇建立郡县制，汉武帝开发西南，主观上是追求私利，

---

① 王夫之：《读通鉴论》卷二。
② 王夫之：《读通鉴论》卷三。

客观上却是历史的客观规律与必然趋势在那里发生了作用。王夫之阐明历史进化的观点，并且认为在历史发展过程中有其客观规律，而这规律即在于历史发展的必然趋势之中。这些都是深刻的见解。①

三、"循天下之公"

在王夫之那里，"公天下"是他所追求的最高政治价值标准。

而要实现"公天下"，就必须做到"不以天下私一人"的政治清明。

王夫之说："以天下论者，必循天下之公。"② "一姓之兴亡，私也；而民之生死，公也。"③ 他坚持天下为公、君为私的标准，主张"不以一人疑天下，不以天下私一人"，并据此对秦汉以来的政治作了深刻的分析与批判，力主"濯秦愚，刷宋耻"，"绝孤秦、陋宋之丰祸"④。所谓"秦愚""宋耻"，即君主以天下为自己的私产，实行绝对君权，而招致颠覆、外侮。在他看来，秦

---

① 北京大学哲学系中国哲学教研室著：《中国哲学史》，北京大学出版社2003年版，第381—383页。

② 王夫之：《读通鉴论》卷末。

③ 王夫之：《读通鉴论》卷十七。

④ 王夫之：《黄书·宰制》。

汉之制虽客观上实现了"天下大公",而君心之私仍为天下之大弊。许多帝王"欲思其子孙以长存",违背"天下大公"[1]的原则,这是导致天下动乱的根源。

王夫之着重从三个方面分析批判了历代君主因为私心而导致的政治弊端:

其一,帝王"独富"是民生疾苦的政治根源。王夫之认为,导致社会混乱的根本原因不在于豪强兼并,而在于政府横征暴敛和官吏的贪污腐败。不均、不公是天下之大弊,"天子无大公之德以立于人上,独灭裂小民而使之公,是仁义中正为帝王桎梏天下之具"。要根治这种弊端,就必须实行这样的制度:"天子不独富,农民不独贫,相仿相差而各守其畴。"[2]

其二,帝王"独尊"是导致君臣关系恶化的主要原因。王夫之认为,帝王本应"贵士大夫以自贵,尊士大夫以自尊"[3],而秦汉以降"天子孤高于上",视臣下为犬马、土芥,"身为士大夫,俄加诸膝,俄坠诸渊,习于呵斥,历于桎梏"[4],备受凌辱。这就必然造成大臣在君主面前阿谀奉承无耻,对国家事情因循苟且;对下层官员贪欲无礼,对于百姓盘剥变本加厉,从而导致政治腐败,

---

① 王夫之:《读通鉴论》卷一。
② 王夫之:《读通鉴论》卷五。
③ 王夫之:《读通鉴论》卷八。
④ 王夫之:《读通鉴论》卷二。

引起社会关系的极端紧张。

其三，法制之弊是导致政治腐败的重要原因。在郡县制下，"其治九州也，天子者一人也"[①]，辅臣人数不多，且难于广开言路，一旦帝王肆意横行，大臣奸佞枉法，就会引发政治灾难。

王夫之虽然对秦汉以来的政治制度多有非议，但是，他历史地考察三代之制和汉唐之制的利弊得失，肯定后者的历史进步及合理性。在这一点上，他的思想明显地优于同时代的其他思想家。[②]

四、"得理自然成势"

王夫之自称是一个"观变者"。在他的政治哲学和历史评论中，有着丰富的政治变革思想。他认为理是"当然而然"，势是"不得不然"，"得理自然成势"，顺"势"亦即合"理"，势因理成，理因于势，"理势不可以两截沟分"[③]。王夫之以理势相成的哲理，系统地阐释了政治变革的必然性。

王夫之根据理势合一的哲学观，提出"时异而事异，势异而

---

① 王夫之：《读通鉴论》卷二十。

② 刘泽华、葛荃著：《中国古代政治思想史》，南开大学出版社2001年版，第531—532页。

③ 王夫之：《读四书大全说·离娄上》。

理亦异矣"的变化观。他说："洪荒无揖让之道，尧舜无吊伐之道，汉唐无今日之道，则今日无他日之道多矣。"①他认为"事随势迁而法必变"②，治国平天下之法不能一成不变。在王夫之看来，历史是不断进化的，"法无有不得者也，亦无有不失者也"，任何具体的制度、法律、规范都会有自身的缺陷，历代制度皆有利弊得失，"法弊而必更，不可复矣"，三代的分封制被更为合理的郡县制所取代就是典型事例。

王夫之提出，对于历史上的成功经验，无论"三代之隆、两汉之盛"，还是"一事之效，一时之宜，一言之传"，都要正确对待，不能盲目效法。历代的政治方略、制度、法令、政策都是适应那个时代而构建的完整的体系。对这种因时因势而形成的政治模式，无论其整体，还是局部，都不能生搬硬套。将古代的某些成功的案例照搬过来的做法尤为不妥。历史经验一再证明，"未有慕古人一事之当，独举一事，杂古于今之中，足以成章者也。""举其百，废其一，而百者皆病；废其百，举其一，而一可行乎？"在他看来，王莽改制、王安石变法失败的原因之一就在于此，王安石"偏举《周礼》一节，杂之宋法之中"，这就像"庸医杂表里，兼温凉

---

① 王夫之：《宋论》卷十。
② 王夫之：《思问录·内篇》。

以饮人，强者笃，弱者死"，结果不仅"王不成王，霸不成霸"^①，
而且容易导致天下大乱。

　　针对宋明以来的制度之弊，王夫之主张仿效隋唐制度，恢复
并完善宰相制度、会议制度、封驳制度、谏议制度，中央与地方
都实行逐级负责制，并强化地方权力。

　　王夫之主张天子、郡县、乡邑分级而治。他认为，"天下之
治，统于天子"，而所谓天下一统就是分级而治。如果违背分级
而治的原则，天子越级而治，则天下乱；州郡越级而治，则州郡乱。
汉唐宋明实行中央集权，剥夺封疆大吏的擅兵专杀之权，这是自
取衰弱灭亡之道。因此，王夫之主张从中央到地方各级政府一律
实行分级而治，逐级负责，上级不得越级干预地方政务。每个地
方都有不同的人情风俗和自然环境，"不可以一切之法治之"。
一个地方实行的政策，应先由当地民众提出意见，地方官与士大
夫斟酌商量，报有关部门裁决，最终由天子批准。总之，"一统"
即"分统"，分级而治才能使"一统"可靠而有效。^②

　　王夫之继承儒家的人禽之辨，并作为其政论的主要依据。王
夫之把"三代以下无盛治"，国家丧乱、天下沦亡、世道衰弱，
归咎于人极不立，具体而言就是夷狄乱华夏，小人居上位，盗贼

---

① 王夫之：《读通鉴论》卷二十一。
② 王夫之：《读通鉴论》卷十九。

叛君上。因此，他认为夷狄、小人利欲熏心，"人道几于永灭"，"故均是人也，而夷、夏分以其疆，君子、小人殊以其类，防之不可不严也"①。"禽兽"一词是儒家指斥违逆纲常的常用词。人禽之辨的主旨是肯定礼教中心论。维护礼教、纲常是王夫之全部政论的基点和主干。

王夫之是倡导"大变"的，但他所谓的"大变"，归根结底是还对"大常"的恪守。

因为在王夫之看来，"三纲五常，是礼之本原"②。纲常就是礼，礼是纲常之显，"天道、人性、中和化育之德皆于礼显之"。因此，"礼为君柄"。"君之所以自正而正人者，则惟礼而已矣。礼所以治政，而有礼之政，政即礼也。故或言政，或言礼，其实一也。"③他在《周易外传·系辞下传》中提出，"圣人反常以尽变，帝立而变不出其范围"。千变万化不能脱离一个特定的范围，而这个范围就是儒家学说中的"礼"。"何云因变而变邪？故圣人于常治变，于变有常，夫乃与时偕行，以待忧患；而其大用，则莫若以礼。"礼是衡量常与变的合理性的标准。王夫之言："《易》兼常变，礼惟贞常。"④这就是说，世道虽然常变，礼是不易不变

① 王夫之：《读通鉴论》卷十四。
② 王夫之：《读四书大全说·为政》。
③ 王夫之：《礼记章句》卷九。
④ 王夫之：《周易外传·系辞下传》。

的。纲常、礼法不可变，这是儒家政治学说的命根子，智慧如王夫之者也未能从这个大限中跳出来。[①]

五、道统与治统合一

王夫之以圣人论道统，以心术论治者，把政治企盼寄托于某一个特定的主体，冀望当政者能够君师合一。他批判暴君暴政的目的是想建立合乎"天理人心"的一套君主制度，他提出的道统与治统分二合一论，堪称这方面的典型代表。

王夫之寄希望于帝王的心术，即君主有"君天下之心"，"始于大公，终于至正"。换句话说，即道统与君统合一。他说："天子者，化之原也。"[②]"天下所极重而不可窃者二：天子之位也，是谓治统；圣人之教也，是谓道统。"[③] 所谓道统，即孔孟之道，亦即礼仁政治的基本原则。所谓治统，即君统、帝统、帝王之统。君统或治统是道统的一种传绪形式。道统与君统有所区别：道统是对治平天下一般原则的传承，其传承者未必身居大位；君统是治平天下一般原则的实施和运作，其传承者必须居天子之位。所

---

① 刘泽华、葛荃著：《中国古代政治思想史》，南开大学出版社2001年版，第532—533页。
② 王夫之：《读通鉴论》卷十二。
③ 王夫之：《读通鉴论》卷十三。

以王夫之又分别称之为"儒者之统"和"帝王之统"。

王夫之认为道统与君统是分二合一的关系，其分与合决定国家的治与乱。他说："儒者之统，与帝王之统并行于天下，而互为兴替。其合也，天下以道而治，道以天子而明；及其衰，而帝王之统绝，儒者犹保其道以孤行而无所待，以人存道，而道不可亡。"有些朝代，"天下无道""天下无君""上无教，下无学，是二统者皆将斩于天下"，幸赖"儒者有统""斯道亘天垂地而不可亡者也"①。

王夫之提出道统与治统分二合一论，旨在否定"舍天下之道而论一姓之兴亡"的传统史论和政论。他以"大公至正"为准则，在驳论中立论，提出了论史、论政、论君的四条原则，即正与窃、合与离、治与乱、德与功。依据这四条原则，王夫之将历史上的多数朝代和大多数帝王列入批判、抨击乃至否定的对象。

道统与治统合一是王夫之探讨政治制度中的最高政治理想。王夫之说："君天下者，道也，非势也。"②"德立而后道随之，道立而后政随之"③，方称其为帝王。这种政治思维方式注定了王夫之的政论以批判为起点，以肯定为终点，把全部希望寄托在"圣

---

① 王夫之：《读通鉴论》卷十五。
② 王夫之：《读通鉴论》卷十五。
③ 王夫之：《读通鉴论》卷十六。

人垂训，天子行法"上，这就又回到了儒家政治学说的传统老路上。[1]

六、天下惟器，人法并重

王夫之反对历史上各种片面夸大道或器的作用的道器论，以道器合一论为基础来论述他对国家治理的观点和看法。

王夫之提出"天下惟器"的学说。他说："天下惟器而已矣。道者器之道，器者不可谓之道之器也。无其道则无其器，人类能言之；虽然，苟有其器矣，岂患无道哉？……无其器则无其道，人鲜能言之，而固其诚然者也。"[2]道器相须，道丽于器，所以"据器而道存，离器而道毁"[3]。他将"尽器明道"与"尽道审器"结合起来，以此论证礼与法制在国家政治生活中的作用，提出任人与任法并重的重要主张。

王夫之把道器关系从哲学领域引向政治领域以论说政治原则、伦理规范与社会制度、政治设置的关系。他认为："礼因器以载道，器用上达。"礼乐之道是通过一系列礼器、礼仪体现的，离开具

---

[1] 刘泽华、葛荃著：《中国古代政治思想史》，南开大学出版社2001年版，第536页。

[2] 王夫之：《周易外传·系辞上传》。

[3] 王夫之：《周易外传·大有》。

体的君臣、父子关系就不存在相应的道德规范；社会政治制度和
人际关系在变化，礼乐原则、伦理规范也在变化。"故古之圣人，
能治器而不能治道。治器者谓之道，道得则谓之德，器成则谓之行，
器用之广则谓之变通，器效之著则谓之事业。"① 在王夫之看来，
治器、尽器、审器是知道、得道、行道的关键。道器合一，道丽于器，
道与器都是不断变化的，各种具体的社会政治制度不是一成不变
的。因此，必须重视"法"及"变法"在政治中的作用。②

　　王夫之主张任人与任法并重。在《读通鉴论》中，王夫之结
合历史上不同的历史事件对法治与人治的关系进行了多方辨析和
探讨，概括起来主要有以下几点：一是礼法是道的体现，国家应
以法制规范政治，整饬吏治，否则"治道之裂，坏于无法"③。二
是人是弘道者，"治之弊也，任法而不任人"④，君主不能单靠法
制治国。三是必须任人任法并重，"举一废一，而害必生焉"⑤。
四是"法者因人"，政治的关键是"先有制法之主"⑥。弘道之君

---

① 王夫之：《周易外传·系辞上传》。
② 刘泽华、葛荃著：《中国古代政治思想史》，南开大学出版社2001年版，第
535页。
③ 王夫之：《读通鉴论》卷十七。
④ 王夫之：《读通鉴论》卷六。
⑤ 王夫之：《读通鉴论》卷十一。
⑥ 王夫之：《读通鉴论》卷三十。

才是政治之本。在王夫之看来，"治天下以道，未闻以法也"①，而"道者因天，法者因人"②，因此，"任人任法皆言治也，而言治者曰：任法不如任人"③。归根结底，王夫之还是人治论者。

七、王夫之思想对近代的影响

王夫之是一位思想巨人。他"集千古之智"，几乎在所有传统哲学范畴和命题上，都提出汇聚精华或超越前人的见解。经过王夫之的反刍和重构，中国传统政治哲学发展到"前无古人，后无来者"的新高度。王夫之的学说体系汇聚并强化了传统哲学思辨内蕴的各种理性成分，代表着明末清初群体性政治批判思潮在哲学上的新思维及其局限性。在一定意义上可以说，王夫之的哲学与政治思辨，标志着中国古典哲学与政治思想发展到了一个新的高峰。

前面已经说过，王夫之学问虽然博大而细密，但在很长时间里却因为各种原因而默默无闻，只是在晚清曾国藩整理出版了《船山遗书》之后，其思想影响力才真正逐渐为世人所知。首先受到

---

① 王夫之：《读通鉴论》卷五。
② 王夫之：《读通鉴论》卷十七。
③ 王夫之：《读通鉴论》卷十。

王夫之思想影响的自然是曾国藩，曾国藩为这样一位故乡大哲的思想所震撼，他特别感兴趣于王夫之对于中国政治和历史的评论，认为"船山先生《宋论》，如宰执条例时政、台谏论宰相过失及元祐诸君子等篇，讥之特甚，咎之特深，实多见道之言"①。由于王夫之的思想与学说为曾国藩所推动，由曾国藩所倡导的"洋务运动"，自然在思想上也多有王夫之思想的影响，如"中体西用"说的提出等。

王夫之的思想与学说对清末谭嗣同影响很大。谭嗣同为清末戊戌维新变法之关键人物。他早年喜读王夫之的著作，并私淑为船山弟子。他曾说："三代以下无可读之书。更以论国初三大儒，惟船山先生纯是兴民权之微旨；次则黄梨洲《明夷待访录》，亦具此义。"② 王夫之的思想对谭嗣同的影响是深入和多方面的，如道器、变易等思想。但由于清末时代变革风气的兴起，王夫之的政治经济思想成为谭嗣同最为感兴趣的部分。谭嗣同所提出的君主由民众共同选举，也可由民众共同废除的思想就是受到了王夫之关于君权"可继、可禅、可革"的影响。同时，谭嗣同接受西方科学思想的观念，对王夫之重视实用科学、反对巫术迷信等观

---

① 曾国藩：《致郭嵩焘一通》（同治五年十二月初五日），转引自《船山全书》第16册，岳麓书社2011年版，第560页。

② 谭嗣同：《上欧阳中鹄》，转引自《船山全书》第16册，岳麓书社2011年版，第724页。

点也深表赞成。而王夫之所论"一圣人死，其气分为众贤人"的气论思想，使谭嗣同认识到："知身为不死之物，虽杀之亦不死，则成仁取义，必无惮怖于其衷。"① 后戊戌变法失败，谭嗣同慷慨引颈就义，不为死亡所动的心怀，可说与王夫之此论不无关系。

梁启超说："船山学术，二百多年没有传人，到咸同间，罗山泽南像稍微得著一点，后来我的畏友谭壮飞嗣同研究得很深。我读船山书，都是壮飞教我。但船山的复活，只怕还在今日以后哩。"② 戊戌变法失败后，知识界对于清统治者的倒行逆施更加不满，改革才是出路已经成为国人的共识，王夫之的思想受到很大追捧。梁启超说：

> 自将《船山遗书》刻成之后，一般社会所最欢迎的是他的《读通鉴论》和《宋论》。这两部自然不是船山第一等著作，但在史评一类书里头，可说是最有价值的。他有他的一贯精神，借史事来发表。他有他的眼光，立论往往迥异流俗。所以这两部书可以说是有主义有组织的书。若拿出来和吕东莱的《东莱博议》、张天如的《历代史论》等量齐观，那便错了。"攘

---

① 谭嗣同：《仁学一》，转引自《船山全书》第16册，岳麓书社2011年版，第719页。

② 梁启超：《中国近三百年学术史》，东方出版社2004年版，第93页。

夷排满"是里头主义之一种，所以给晚清青年的刺激极大。[1]

王夫之书中的民族主义倾向也为章太炎所推重，他说："康氏（康有为）之门，又多持《明夷待访录》，余常持船山《黄书》相角，纵为不去满洲，则改政变法为虚语，宗旨渐分。"[2]他后将王夫之称为民族主义之师，可见也是受晚清学术与政治风气导向之影响。但这样一来，王夫之的思想便被作为革命的精神宣传品不断流传，尤其是对湖湘之地的知识士人产生了甚大的影响。毛泽东的老师杨昌济对中国传统文化造诣很深，他曾对王夫之的学说颇有研究，不仅研读了王夫之的部分史论著作，对于《张子正蒙注》也曾看过，并对极其推崇王夫之学说的曾国藩、康有为、梁启超、谭嗣同等人的著作也认真研读过。现存《达化斋日记》中就有许多他专心读书的心得体悟。杨昌济很受王夫之经世致用和民族主义思想影响，认为这是王夫之思想的关键。[3]毛泽东作为杨昌济特别器重的学生，最早接受到王夫之的学术思想，这其中自然有杨昌济的因素在内。民国时期，王夫之思想对于政治精英进行中国现实的社会变革也颇有影响，许多志士仁人都以王夫之

---

① 梁启超：《中国近三百年学术史》，东方出版社2004年版，第93页。

② 章太炎：《太炎先生自定年谱》，转引自《船山全书》第16册，岳麓书社2011年版，第803—804页。

③ 王月清主编：《影响中国文化的十大哲人》，江苏人民出版社2016年版，第276页。

作为自己为中国未来奋斗的精神良师。贺麟在《文化与人生》中就这样高度评价王夫之的成就：

> 王船山乃是王阳明之后第一人。他在历史上的地位，远较与他同时代的顾亭林、黄梨洲为高。他的思想的创颖简易或不如阳明，但体系的博大平实则过之。他的学说乃是集心学和理学之大成。道问学即所以尊德性，格物穷理即所以明心性。表面上他绍述横渠，学脉比较接受程朱，然骨子里心学、理学的对立，已经被他解除了，程朱陆王间的矛盾，已经被他消融了。①

① 贺麟：《文化与人生》，商务印书馆1988年版，第258页。

主要参考与引用文献

（一）经典文献

《论语》

《大学》

《中庸》

《孟子》

《礼记》

《史记》

《汉书》

《老子》

《庄子》

《商君书》

《韩非子》

《荀子》

《墨子》

《管子》

《左传》

《国语》

《战国策》

《今古文尚书》

《春秋繁露》

《吕氏春秋》

《朱子语类》

《陆九渊集》

《四书章句集注》

《朱文公文集》

《王阳明全集》

《宋元学案》

《明儒学案》

《顾亭林文集》

《明夷待访录》

《读通鉴论》

《船山全书》

（二）学人著作

沈善洪、王凤贤著：《王阳明哲学研究》，浙江人民出版社
1981 年版。

张锡勤、霍方雷著：《陆王心学初探》，黑龙江人民出版社
1982 年版。

贺麟著：《文化与人生》，商务印书馆 1988 年版。

邹永贤主编：《朱熹思想论丛》，厦门大学出版社 1993 年版。

张觉撰：《荀子译注》，上海古籍出版社 1995 年版。

俞荣根著：《儒言治世——儒学治国之术》，四川人民出版社 1995 年版。

任继愈主编：《中国哲学史》1—4 册，人民出版社 1996 年版。

郭沫若著：《十批判书》，东方出版社 1996 年版。

王引淑著：《中国传统政治哲学》，华语教学出版社 1999 年版。

冯友兰著：《中国哲学史》（上下册），华东师范大学出版社 2000 年版。

王遽常：《秦史》，上海古籍出版社 2000 年版。

梁启超：《中国近三百年学术史》，东方出版社 2004 年版。

钱穆著：《中国历代政治得失》，三联书店 2005 年版。

丁小萍著：《中国古代政治智慧》，浙江大学出版社 2005 年版。

刘泽华著：《中国政治思想史集》（1—3），人民出版社 2008 年版。

刘泽华、葛荃主编：《中国古代政治思想史》，南开大学出版社 2011 年版。

陶希圣著：《中国政治思想史》（上下册），中国大百科全书出版社 2011 年版。

黄坚著：《思想门——先秦诸子解读》，上海社会科学院出版社 2013 年版。

廖明春著：《荀子新探》，中国人民大学出版社 2014 年版。

周桂钿著：《十五堂中国儒学课》，北京师范大学出版社

2014 年版。

周桂钿著：《秦汉思想研究》（1—7），福建教育出版社
2015 年版。

卞朝宁著：《〈论语〉人物评传》，江苏人民出版社 2015 年版。

王觉仁著：《王阳明心学》，民主与建设出版社 2015 年版。

陆永胜著：《心学集大成者王阳明》，西南交通大学出版社
2015 年版。

周桂钿著：《中国政治智慧》，福建教育出版社 2016 年版。

王月清主编：《影响中国文化的十大哲人》，江苏人民出版
社 2016 年版。

周桂钿著：《中国传统哲学》，福建教育出版社 2017 年版。

跋：新思想之旧途径

"华夏传统政治文明"书系即将付梓，此马平安先生所作也，其著述之苦心孤诣，于自序中已言之甚详，此不论。权且写几句编外话，以代跋。

近来，读史、读诗风行，传统文化之复兴正以其燎原之势横扫神州，国学已然复为显学，可谓昌明时代之盛举。张之洞尝劝学云："世运之明晦，人才之盛衰，其表在政，其里在学。"诚哉斯言！

然则何为"文化"？"经纬天地谓之文"，"文化"即以文教化，以文化育。何为"传统"？"统"可以解为"本"、"始"、"纲纪"……那么传其本、传其始、传其纲纪就是传统么？"五帝不同道，三王不同法"，时移世易，古圣人之文治武功尚能改造今日之世界么？其本始之道统尚可复制于今日么？旧时代之纲常倘能复制于今日，尚复可用么？此人所共知也，不待赘述。传统，不是僵化的一成不变，而是动态的传承更新，其根本还在于传承绵延千年的文化精神，使合之当世，简言之，传统不在复制过去，而恰在开创未来。否则，即是

"糟糠鄙俚叔孙通"之泥古不化，抑或"以往圣人法治将来"之劳而无功，于今何益？

钱穆先生治国学志在"抉发中国历史和文化的主要精神及其现代意义"，是以"周虽旧邦，其命维新"，正其宜也。俞樾治经谈到"著述之经解"不同于"场屋中之经解"，"句梳字栉，旁征博引，罗列前人成说，以眩阅者之目，而在己实未始有独得之见，此场屋中之经解也，著述家则不然，每遇一题，则必有独得之见，其引前人成说，或数百言，或千余言，要皆以证成吾说。合吾说者，吾从之；不合吾说者，吾辨之、较之，而非徒袭前人之说以为说也。"以此来论，马平安先生对华夏传统政治文明的梳理无疑乃著述家之新解也，其著史论政，旨在创新，持论审慎，务求精微，于义理、考据、辞章几方面颇见功力：

一、挖掘渊源，直接元典，而不囿于历代章句之繁琐。

其治学沿袭"六经注我"之旧途径，并不忘旧道统之真谛，因此特别注重经史互证，以加深对元典的解读。

二、务求通博，慎思审问。

作者于史料之拣择可谓弘而审，弘备于史又能审慎拣择；于文则能博而粹，博明万事又约文申义；于义理能明而辨，明觉精察以辨析疏通。酌古以御今，摧陷廓清，而见一家之言。

三、"意古而不晦于深，文今而不坠于浅"。

行文雅正，用典古奥，但不觉其晦涩。说理透彻，不惮其烦，而不流于庸浅。因之以接通学术殿堂与江湖，学术思想得以走出象牙塔，而能经世致用也。

该四书立意高远，以通史之格局，"举其宏纲，撮其机要"，深入探究中华传统政治之治乱成败，国运盛衰，文化消长，政教得失，以为鉴戒，宣张资政，启迪后学。华夏的政治文明，肇于轩黄之大一统，历周秦、汉唐、明清数千载不断建构、完善，终将走向现代化，此作者立言之大端，亦其谋篇之根基也。十九世纪以来，清之君臣因循盛世，固步自封，与海洋文明失之交臂，我国现代化之进程直被延误近一百年！国家昏乱，疮痍满目，政乱世衰矣，其学亦颓败不堪。是以本书作者论及有清一代之政治史，皆本于教训、本于鉴戒立言，切中肯綮，不徒为盛世烟幕所惑，是卒以儆世也。

温故而知新，述往而思来者，吾固知文章乃"不朽之盛事"，然士之读书治学尤当以道德经济为己任也，是所寄望于此四书哉！

赵真一

2018年6月20日